AIDER L'ENFANT EN DIFFICULTÉ SCOLAIRE

Jeanne SIAUD-FACCHIN

AIDER L'ENFANT EN DIFFICULTÉ SCOLAIRE

Odile Jacob

15, RUE SOUFFLOT, 75005 PARIS

www.odilejacob.fr

ISBN 2-7381-1702-3

Sommaire

ET SI C'ÉTAIT LE VÔTRE ?

Alors, si c'était le vôtre ? Est-ce que vous diriez … 14

Chapitre premier
LE SPECTRE DE L'ÉCHEC SCOLAIRE

L'enjeu de la réussite 23
La place de l'école 27
Les chiffres de l'échec scolaire 30
Faire la part des choses : quand parler d'échec scolaire ? 31
La spirale de l'échec scolaire 37
À la recherche de réponses 42

Première partie
Apprendre, oui, mais comment ?

Chapitre 2
APPRENDRE : DE QUOI S'AGIT-IL ?

Savoir apprendre 54
Apprendre, est-ce penser ? 75
La peur d'apprendre 77

« S'il te plaît, laisse-moi apprendre tout seul » 79
C'est pas ma faute ! 82
Peut-on vraiment parler du plaisir d'apprendre ? 85
Comment retrouver le désir d'apprendre ? 86
Dis-moi comment tu apprends et je te dirai qui tu es 89
Et à la récré, est ce que j'apprends ? 95
Fille ou garçon ? Apprendre a-t-il un sexe ? 96
Apprendre, c'est grandir un peu… 99

Chapitre 3
L'ENFANT NE PENSE PAS COMME PENSE UN ADULTE

De la représentation du monde de l'enfant à celle de l'adulte : tout un monde ! 101
La pensée pas à pas 106
Que veut dire penser ? 109
Laissons-le rêver ! 111
Il s'ennuie ? Tant mieux, il pense ! 112

Deuxième partie
Mais qu'est-ce qui l'empêche d'apprendre ?

Qu'est-ce qu'un trouble d'apprentissage ? 121

Chapitre 4
LES TROUBLES COGNITIFS

L'intelligence ne suffit pas ! 123
Déficients et surdoués : des fonctionnements intellectuels particuliers 130
Les troubles « dys » 146

Le trouble d'hyperactivité avec ou sans déficit de l'attention (THADA) 169
Les troubles de la mémoire 191
Les troubles du raisonnement et de la logique 193

Chapitre 5
LES TROUBLES PSYCHOLOGIQUES
QUAND LA SOUFFRANCE PSYCHOLOGIQUE DE L'ENFANT FAIT OBSTACLE AUX APPRENTISSAGES

Estime de soi et réussite scolaire : une alchimie indispensable 200
D'un manque de confiance en soi à la dépression 205
Quand la pensée est « troublée » par l'angoisse 211
Quand l'enfant se fixe la réussite comme objectif central : l'anxiété de performance 217
Du trouble anxieux à la phobie scolaire 220
Le stress : une composante de l'anxiété 224
Les TOC 227
Les troubles du développement et de la personnalité 230

Troisième partie
Pour que votre enfant réussisse

Chapitre 6
LES PARENTS EN PREMIÈRE LIGNE

Quel parent êtes-vous ? 238
Halte à la culpabilisation abusive 241
Parents et enseignants : comment se positionner ? 250

Chapitre 7
ÊTRE MOTIVÉ

Comprendre les mécanismes de la motivation 258
Pour retrouver la motivation :
le chemin vers une nouvelle dynamique 264

Chapitre 8
RÉUSSIR POUR QUI, RÉUSSIR POURQUOI ?

« Tu dois travailler pour bien réussir
dans la vie » 270
L'enfant qui voulait faire plaisir... 274
« Et si je réussis,
est ce que tu m'aimeras encore ? » 280
Peur d'échouer ou... peur de réussir ? 283
C'est quoi un enfant normal ? 287
Ne pas assimiler l'enfant à ses difficultés 289
Tout ce que vous croyez savoir sur les difficultés
de votre enfant 294

Chapitre 9
POSER UN DIAGNOSTIC

Quand faut-il s'inquiéter ? 301
Consulter pour quoi faire ? 308
La démarche diagnostique 310
Le bilan psychologique : une étape essentielle 313
Le compte rendu de bilan :
des clefs déterminantes... 319

Chapitre 10
CHOISIR LA PRISE EN CHARGE ADAPTÉE

Pour prendre en charge efficacement un enfant 327
Les différentes prises en charge 332

Conclusion 349

Annexes 351
Vos croyances les plus intimes... Questionnaire 351
Où trouver des spécialistes ? 355
Pour essayer d'y voir plus clair 355

Ressources bibliographiques 359

Remerciements 361

Et si c'était le vôtre ?

Face à un enfant qui a des difficultés à l'école nous avons, nous les parents, une réaction souvent très spontanée. Les constats fusent, souvent les mêmes : manque d'effort, de volonté, trop d'agitation, pas assez de concentration, etc. Il nous semble évident que les raisons se cachent là… Rapidement inquiets, nous interprétons le comportement de notre enfant pour mettre du sens et tenter de comprendre ce qui se passe. Dans l'univers du travail scolaire, de nombreuses idées reçues existent et nous avons facilement tendance à les emprunter pour nous rassurer. Ou bien, nous avons notre propre interprétation des choses… que nous projetons sur nos enfants dès que la difficulté apparaît. Voici une galerie de portraits pour illustrer des situations courantes et des profils d'enfants : vous reconnaîtrez peut-être le vôtre ! Mais, nous le verrons, un comportement, un type de difficulté, un signe de souffrance… n'ont pas toujours la même signification. Ils sont des signaux qui doivent être entendus et compris pour aider et accompagner l'enfant. Il ne s'agit pas toujours d'enfants qui ont de réels troubles d'apprentissage, loin s'en faut ! Mais d'enfants dont le fonctionnement traduit une forme de malaise qu'il faudra toujours décrypter.

Alors, si c'était le vôtre ?
Est-ce que vous diriez…

➤ *« Il ne fait aucun effort, il est paresseux, il fait tout pour ne pas faire son travail… »*

Dans ce cas, les parents sont souvent en colère, découragés. L'enfant semble ne jamais faire le moindre effort face à son travail scolaire. Pour faire ses devoirs, c'est chaque soir le même drame. Il ne veut pas s'y mettre et, quand il est devant sa table, impossible de le faire travailler sérieusement. Il râle, conteste, ne veut pas suivre les conseils qu'on lui donne. Le plus souvent, cela se termine par un conflit, une dispute. Et tout le monde pleure… Face à ce type d'enfant, les parents se sentent souvent coupables : et si c'était ma faute ? Et si je ne savais pas comment l'aider ? Et s'il faisait cela uniquement pour m'embêter ?…

> Paresseux ou plutôt confronté à une difficulté qu'il ne parvient pas à surmonter, même si c'est simple et rapide pour les autres ? Certains troubles spécifiques des apprentissages conduisent à ce type de malentendu : on s'énerve contre un enfant qui semble ne faire aucun effort alors même qu'il met une grande énergie pour essayer d'accomplir le moindre travail. Ou s'agit-il d'un enfant qui témoigne par cette attitude d'un malaise, d'un mal-être qu'il exprime par des stratégies d'évitement face à l'effort ? D'un enfant qui appelle à l'aide ?

➤ *« Il n'est pas motivé, il ne travaille pas… »*

Celui-ci ne semble pas intéressé par la « chose scolaire ». Peu ou pas concerné par ses résultats, par ses notes, rien ne semble avoir de prise sur lui. Les punitions, il s'en moque ! Les menaces, il n'en a pas peur ! De toute façon, il s'en fiche ! Le travail n'est pas fait ou fait à la va-vite. En classe, il n'écoute pas, ne prend qu'une partie des cours, ne note pas le travail à faire sur son agenda. Les parents ne savent plus comment le prendre, comment lui faire comprendre que c'est pour lui qu'il travaille, que c'est son avenir qui se joue. L'angoisse des parents est forte, très forte. Les parents pensent que l'enfant refuse d'utiliser ses capacités, alors qu'il a tous les moyens de réussir. L'inquiétude pour l'avenir monte… Parents et enfant se braquent !

Et si tout cela cachait une difficulté réelle ? Et si le fait de ne pas travailler masquait en fait les difficultés d'un enfant qui pense que de toute façon, il ne pourra pas réussir ? S'il ne s'agissait pas de manque de motivation, mais d'impossibilité à réussir comme il le voudrait ? Ou encore qu'il n'arrive pas à trouver de plaisir dans ce qu'il fait parce que cela lui demande trop d'efforts, parce que c'est trop difficile ? La motivation naît du plaisir de réussir. Sans réussite, l'envie de travailler s'éteint. Et ces difficultés viennent-elles de difficultés cognitives particulières (trouble de l'attention, de la mémoire, du raisonnement, etc.) qui n'ont jamais été diagnostiquées ou d'un problème affectif envahissant qui empêche de penser et de s'intéresser ? Les deux hypothèses sont possibles et connaître la cause des difficultés est essentiel pour mettre en place l'aide adaptée qui va permettre à l'enfant de retrouver le plaisir d'apprendre et d'être relancé sur son parcours. Interpréter le comportement de l'enfant comme une manifestation simple d'un manque de motivation lui fait courir le risque d'un échec dans tous les secteurs, scolaire et personnel. Le risque aussi d'une rupture des relations harmonieuses avec ses parents. Pour l'enfant, c'est un terrible sentiment de solitude et sa souffrance va se manifester sous une forme passive, d'isolement, de retrait, ou active, pleine d'agressivité et de troubles bruyants du comportement. Dans tous les cas, la spirale de l'échec va se refermer.

➤ « *À l'écrit c'est une catastrophe, il est lent, il ne finit jamais ses contrôles…* »

Et pourtant à l'oral, tout se passe bien. Il est même brillant cet enfant ! Mais dès qu'il s'agit d'écrire, rien ne va plus. Non seulement il est lent, très lent, il n'arrive jamais au bout de ses contrôles, il prend la moitié des consignes, des cours, il ne finit jamais son travail… mais en plus il est brouillon, les feuilles sont raturées, l'écriture est irrégulière, peu lisible. Avec l'orthographe, c'est le mystère : il ne fait jamais les mêmes fautes et se trompe encore plus lorsqu'il copie un texte ! Cet enfant manque aussi de méthode, il ne sait pas s'organiser, oublie la moitié de ses affaires. Dans son cartable, c'est la panique la plus totale : tout est en vrac, en boule, chiffonné… Alors on s'énerve, on trouve qu'il ne s'applique pas, qu'il ne fait pas les efforts suffisants, qu'il le fait exprès. Et puis, on pense qu'il ne travaille que lorsqu'il en a envie, que lorsque le sujet l'intéresse. Les parents s'énervent encore. Et l'enfant est puni, souvent. En classe, les enseignants sanctionnent et les résultats sont médiocres. Sur les bulletins, on lit : « Peut mieux faire, ne s'applique pas, manque d'effort, risque de redoublement. » L'enfant se décourage, souffre en silence, se sent coupable de ne pas y arriver ; puisque tous les adultes le disent il devrait pouvoir réussir. Alors quoi ?

Alors il existe un trouble spécifique, encore très peu connu, rarement diagnostiqué, et qui pourtant représente un réel « handicap invisible » pour les apprentissages : la dyspraxie visuo-spatiale. Un trouble qui touche tout ce qui concerne le passage à l'écrit et l'organisation spatiale et qui, lorsqu'il est repéré, se rééduque très bien et très vite. Ce qui change la vie de l'enfant… et des parents. Ce n'est qu'une des origines possibles du problème, nous le verrons.

Ce type de manifestation n'est que rarement l'expression d'une opposition de l'enfant face au travail. Il souffre de son trouble dont il ignore l'existence, comme ceux qui l'entourent. Mais un trouble oppositionnel peut alors s'y ajouter, parce que l'enfant en a marre de se faire gronder et de ne pas parvenir à contenter ses parents et lui-même. Et puis tout cela peut aussi conduire à des sentiments dépressifs, l'enfant n'en peut plus, pense qu'il n'arrivera jamais à rien, et tout s'aggrave, quelquefois au péril de l'avenir scolaire et personnel de l'enfant.

➤ *« Il ne tient pas en place, il n'arrive pas à se concentrer, son travail est toujours bâclé... »*

Véritable « pile électrique », cet enfant ne peut rester concentré longtemps sur la même tâche. Il a besoin de bouger, de passer d'une activité à une autre, de nouveauté. Il ne finit rien, commence tout et... recommence. Il se précipite, ne réfléchit pas, ne repère jamais ses erreurs. Il s'embrouille vite dans son travail, a du mal à finir, saute d'une idée à une autre. Jamais calme, jamais posé, sa vie est en perpétuel mouvement. Il s'épuise et épuise. Le soir, impossible de dormir : ses idées continuent à courir dans sa tête. L'agitation mentale et physique ne s'arrête jamais.

Alors s'agit-il d'un enfant THADA, vous savez, ce trouble « à la mode » : hyperactivité avec déficit de l'attention. Ou d'un enfant anxieux, voire dépressif ?

Ce type de manifestations, de symptômes peut cacher des troubles bien différents. Et il est impératif d'en repérer la cause. Un enfant THADA, c'est-à-dire souffrant d'un authentique trouble neuropsychologique, ne va pas bénéficier de la même prise en charge qu'un enfant dépressif. Cela paraît bien évident. Et pourtant, combien d'enfants anxieux se retrouvent soignés par cette fameuse Ritaline®, sans aucun succès bien sûr, ou pire encore avec une aggravation des troubles et surtout une souffrance psychologique toujours présente et non prise en compte. Mais, à l'inverse, on retrouve des cohortes d'enfants qui sont suivis en psychothérapie alors que leur difficulté ne se trouve pas sur le versant psychologique et qu'il s'agit de… THADA ! Non soignés pour leur trouble, rien ne s'arrange, ni pour les uns ni pour les autres, et les difficultés s'amplifient sur les doubles plans scolaire et personnel. Dans les familles, à l'école, les conflits font rage et tout le monde s'y perd. L'enfant est en péril…

On pourrait poursuivre longtemps :

- « Ses résultats sont fluctuants, il peut avoir 2 comme 16. »
- « Il fait l'imbécile à l'école, il a des problèmes du comportement, il a des observations tout le temps. »
- « Il n'a pas d'amis, dans la cour il reste toujours tout seul. »
- « Le matin, c'est un drame pour partir à l'école, il pleure, ne veut pas y aller, il a des maux de ventre terribles. »
- « Ses résultats sont catastrophiques, il ne fait rien. »
- « À la maison, il apprend bien ses leçons, il connaît son cours et au moment des contrôles il ne sait plus rien. Il travaille le mieux qu'il peut, il s'applique et pourtant ses résultats sont mauvais »…
- Etc.

Mais, vous l'avez déjà compris : un trouble peut en cacher un autre ! Ce qui veut dire que l'on ne doit pas, que l'on ne peut pas, s'arrêter à une interprétation trop rapide, au risque de passer à côté du problème réel. Il est essentiel de comprendre, bien, pour aider, efficacement.

Les parents qui consultent sont souvent épuisés, ils ne savent plus quoi faire, ils sont parfois découragés face à leur enfant. Ils ne savent plus par quel bout prendre le problème. Ce qu'ils veulent, c'est comprendre : qu'est-ce qui se passe avec *mon* enfant ? Comment l'aider ? J'ai reçu des centaines de familles avec, toujours, ces mêmes questions, ces mêmes inquiétudes. Normales, légitimes. Mon expérience et ma formation m'ont permis de comprendre à quel point il était nécessaire de répondre clairement et que pour cela il fallait d'abord explorer avec précision la nature des difficultés de l'enfant. Pour savoir précisément où est le problème et pouvoir déterminer la prise en charge la mieux adaptée. Il faut avoir une visibilité approfondie du fonctionnement de l'enfant, de ses zones d'ombre mais aussi de ses ressources, pour cibler l'aide dont il a besoin. Lui. Pour cette raison je trouve incontournable de faire un bilan, le plus complet possible, qui prenne en compte à la fois la compréhension du fonctionnement intellectuel de l'enfant mais aussi son fonctionnement affectif, l'organisation émotionnelle de sa personnalité. L'un ne va pas sans l'autre. Je trouve dangereux de faire des impasses. Nous n'avons – presque – pas le droit de nous tromper, de tâtonner. Et puis il est important de savoir, de pouvoir déterminer le mode d'intervention. Sans être restrictif, en intégrant l'ensemble des difficultés et sans se limiter à une seule modalité de prise en charge. On ne peut pas proposer uniquement ce que l'on sait faire. Ce n'est pas honnête. Il faut offrir à l'enfant et à sa famille une palette de possibilités qui correspondent au trouble ou à la difficulté de l'enfant. Telle qu'elle a été repérée. Seule une approche globale peut être efficace.

Ce livre a été écrit pour vous aider, vous éclairer, vous permettre de faire un premier point, vous donner des pistes. Je voudrais vous transmettre le maximum de ce que j'ai appris, compris.

Pour que vous deveniez des parents « experts ». Des parents qui comprennent mieux et qui savent comment faire. Car vous êtes les premiers concernés. Au quotidien. Un enfant en difficulté à l'école, c'est inquiétant. Très vite. Et l'école ne vous laisse aucun répit. Rapidement, la sonnette d'alarme est tirée. Et vous laisse souvent désemparés et bien seuls.

J'ai voulu ce livre le plus concret possible. L'idée est de vous expliquer comment ça marche. Pour que vous compreniez bien. Et de vous donner des conseils, pour que vous sachiez comment faire. Pour cela j'ai choisi de vous parler d'abord de ce que signifie apprendre. On croit souvent que l'on sait et pourtant apprendre suppose toute une série de mécanismes. Mieux on les connaît et mieux on peut aider nos enfants à être performants. Je vous ferai ensuite cheminer dans le paysage varié de tous ces troubles, intellectuels ou affectifs, qui peuvent empêcher votre enfant d'apprendre et de réussir. Connaître ces troubles et leurs conséquences aiguisera votre regard et vous donnera des indices pour ne pas passer à côté de quelque chose. C'est votre intention, n'est-ce pas ? Les parents le disent bien souvent. Et je les comprends ! Enfin, dans la dernière partie de ce livre je vous parlerai de la motivation (sujet brûlant !), de la réussite, de votre place de parent et je vous apporterai des éléments sur les différents types de prise en charge : laquelle choisir et pourquoi ? Il est important de le savoir. Cela permet de mieux suivre l'évolution de son enfant et de s'assurer que les difficultés s'améliorent. Cette approche n'est pas si courante : les psys n'aiment pas toujours qu'on entre dans l'intimité de leur travail. Moi si ! Car j'ai observé que c'était beaucoup, beaucoup, plus rassurant pour les parents et pour les enfants. Nous n'avons aucune raison de ne pas travailler dans la transparence et de ne pas accepter l'éventualité d'une critique.

Mon objectif, mon métier, ce qui me tient à cœur, c'est de donner à l'enfant tous les moyens de s'épanouir et de grandir heureux.

Alors avec quelques clefs, vous serez plus forts pour aider votre enfant à surmonter sa difficulté et à l'accompagner vers son projet de vie. Mieux armé pour réussir votre projet de parents : donner à votre enfant tous les atouts pour être heureux. Dans la vie qui sera la sienne. Et qui, pour lui, sera réussie !

CHAPITRE PREMIER

Le spectre de l'échec scolaire

Aborder la question de l'école est difficile. L'école est au centre d'un débat et d'un conflit toujours très vif. Parler de l'enfant à l'école, c'est prendre le risque de réveiller de vieux démons ou plutôt des démons très actuels. Instantanément, beaucoup de représentations s'activent, y compris nos propres souvenirs, du temps où nous étions nous-mêmes à l'école. La question de l'école est ainsi un thème à la fois très familier et très complexe.

Les apprentissages sont au centre de l'école, l'école est au centre de la vie de l'enfant : un échec scolaire retentit sur toutes les sphères de sa personnalité, sur toute sa vie affective, sur tout son développement.

C'est pourquoi l'apprentissage à l'école est un enjeu majeur dans la santé psychologique de l'enfant.

L'enjeu de la réussite

➤ *Quand la difficulté scolaire apparaît*

Un enfant en difficulté scolaire est une source authentique de souffrance pour les parents. La difficulté scolaire attaque le narcissisme des parents. L'école devient source de désillusion.

Les parents se faisaient une idée de la réussite et leur enfant n'est pas conforme à cette représentation de l'*enfant idéal*. L'école passe alors au centre de toutes les préoccupations, de toutes les inquiétudes, de toutes les discussions entre les parents et l'enfant mais aussi entre les parents et ceux qui l'entourent.

En psychologie de l'enfant et de l'adolescent, près de 80 % des demandes de consultation sont liées à un problème à l'école. Et le nombre de demandes de consultation est en augmentation constante. Entre 1991 et 1997, on notait déjà une augmentation de 50 % de consultations psychologiques, et les demandes sont de plus en plus importantes. En 1999, 420 000 enfants en France avaient consulté[1].

Devant des difficultés scolaires, les parents s'inquiètent vite, très vite. Curieusement ils peuvent juger sans grande importance le comportement d'un enfant qui ne dort pas bien, qui ne mange plus, qui s'enferme dans sa chambre et refuse de voir du monde… mais si ce même enfant revient deux trimestres de suite avec un bulletin catastrophique et des appréciations négatives des profs, alors c'est l'alerte générale et la mobilisation maximum.

Aujourd'hui, réussir à l'école dépasse le simple cadre des apprentissages.

L'école est devenue le baromètre de la santé mentale avec des raccourcis parfois très dangereux :

– si tout va bien à l'école c'est que l'enfant va bien,
– si ça se passe mal à l'école c'est qu'il y a un problème à régler.

C'est vrai parfois, mais pas toujours. Pour certains enfants, au contraire, réussir à l'école, et même y réussir très

1. Source Dress, Direction de la recherche, des études, de l'évaluation et des statistiques.

bien peut témoigner d'un malaise profond. Un enfant angoissé peut utiliser le travail scolaire comme excipient à ses angoisses : mobilisé sur une tâche intellectuelle, il apaise ses inquiétudes. Et à l'adolescence ce système de protection peut craquer brusquement. Tout le monde sera alors surpris, et l'adolescent le premier, de se retrouver dans une situation que personne n'avait anticipée. Restons attentifs.

Réussir à tout prix ?

Une étude récente[1] bouscule beaucoup d'idées reçues : les bons élèves deviennent, certes, des adultes pour la plupart bien intégrés mais, ô surprise ! vivent à l'âge adulte plus de dépressions et d'angoisses (12 %) que les enfants au parcours chaotique (8 %). Il ne s'agit pas non plus de faire des raccourcis abusifs et considérer qu'il vaut mieux être en échec scolaire pour se prémunir de troubles psychologiques à l'âge adulte. Mais ces chiffres doivent encore faire réfléchir à la place que l'on donne à la réussite : l'équilibre, là encore, est de mise. Ni trop ni pas assez !

➤ *La réussite scolaire comme marque de valeur personnelle*

De bons résultats à l'école renvoient aux parents la satisfaction d'avoir rempli leur mission, d'être de bons parents. Et pour l'enfant, être un bon élève est une source importante de reconnaissance. Pour être reconnu comme un « bon enfant », un enfant intéressant, on demande à l'enfant

1. A. C. Fonseca, M. H. Damiao, J. A. Rebelo, M. F. Oliviera, S. I. V. Pinto (Université de Coimbra), *Que deviennent les enfants normaux ?*, Congrès de psychopathologie de l'enfant et de l'adolescent, Paris, 29 octobre 2004.

de « bien travailler à l'école ». La réussite est gratifiante pour les enfants comme pour les parents. Quand on réussit, on devient « valable ». L'association réussite et reconnaissance des autres est très forte. L'enfant est *assimilé* à sa réussite.

➤ « *Il joue son avenir* »

Jouer donne l'idée que l'on peut gagner ou perdre. Et, avec l'école il n'est vraiment pas question de perdre ou plus exactement c'est bien l'idée que l'on peut perdre qui fait peur aux parents et à la société tout entière. Et c'est bien ce message-là que l'on fait passer à nos enfants. C'est cette idée, présente dans beaucoup d'esprit, que l'on « joue son avenir à l'école » qui crée la pression et les attentes parfois démesurées.

En consultation, l'expression consacrée (à Marseille !) est : « Vous vous rendez compte, il est en train de se gâcher ! » Ce qui signifie que l'équation entre difficulté scolaire et vie « gâchée » est omniprésente dans les esprits. Un enfant qui rate sa scolarité est vécu comme celui qui aura du mal à réussir sa vie. Et cette peur taraude les parents. Qui « traquent » leurs enfants. Qui ne les « lâchent » pas. Qui sont prêts à tout pour que leur enfant ait lui aussi le droit à la réussite.

« La scolarité de mes enfants c'est quelque chose qui m'angoissait avant qu'ils naissent », confesse cette maman d'un petit garçon de 5 ans qui… va très bien !

La pression de l'école est devenue majeure. Pression ressentie surtout. On ne peut plus penser développement de l'enfant sans l'associer systématiquement à réussite scolaire.

La place de l'école

La place de l'école et de ses enjeux a considérablement augmenté au cours de ces dernières années. Face à l'école les attentes des parents sont considérables et pas seulement en terme scolaire. Ils attendent de l'école qu'elle témoigne de la bonne santé psychologique de leur enfant, de leur compétence de parents. La réussite à l'école est devenue le témoin d'un « enfant réussi ». Pour les parents bien sûr mais aussi pour l'école et pour la société tout entière. Et c'est bien là que toute cette attente devient inquiétante et pèse sur les épaules de l'enfant. L'école est au centre de l'éducation de l'enfant. On « mesure » l'enfant à sa réussite scolaire.

Cela vous paraît excessif ? Essayez autour de vous.

Dites par exemple : « Julien est en difficulté. » Implicitement il sera compris par votre interlocuteur qu'il a des difficultés à l'école.

Ou encore si vous vous confiez à votre meilleure amie en parlant de votre angoisse de voir votre fille en échec, croyez-vous que votre amie pensera spontanément à un autre échec qu'à celui de l'école ? Malheureusement, non !

L'enquête récente de la Sofres[1] l'illustre. À la question : *Quand vous pensez à votre enfant, qu'est-ce qui vous préoccupe en premier au quotidien ?* Pour 53 % des familles ce sont ses résultats scolaires ; loin devant son épanouissement extrascolaire (5 %) ou même la qualité des relations qu'il entretient avec sa famille (12 %).

Plus inquiétant encore : les parents attendent trop souvent de l'école des « résultats » bien au-delà des seuls résul-

1. TNS Sofres, étude réalisée en 2004 pour les éditions Atlas auprès de 534 parents d'élèves âgés de 10 à 16 ans.

tats scolaires. L'école est investie d'une mission d'éducation au sens large. Les parents d'aujourd'hui manquent souvent de repères dans l'éducation de leurs enfants. Toutes les normes ont évolué, les parents ne savent plus bien quand ils doivent permettre ou interdire, ce qui est acceptable et ce qui ne l'est pas, ce qui est *normal* et ce qui ne l'est pas.

Par exemple : est-ce que je peux autoriser ma fille à se faire un piercing dans la lèvre ? Mon fils a-t-il l'âge du portable ? Est-ce que c'est acceptable, parce que c'est l'époque qui le veut, que mon adolescent me réponde sur ce ton ?

Et, insidieusement, les parents pensent que l'école saura inculquer à leur enfant des normes éducatives avec lesquelles ils sont perdus. Mais aussi régler certains problèmes de comportement ingérables à la maison. Ils demandent implicitement à l'école d'endosser une mission éducative qu'ils ne parviennent pas ou plus à assumer. Et pensent que l'école saura réussir là où ils ont eux-mêmes échoué. Les parents parfois dépassés démissionnent et confient à l'école un rôle qui ne lui appartient pas : l'éducation de leur enfant ! L'école sera alors rapidement désignée comme responsable de tous les dysfonctionnements de l'enfant.

Et, de son côté, l'école renvoie sur les parents la responsabilité de ces élèves souvent difficiles qui acceptent peu ou pas les limites et les contraintes imposées par les adultes.

Avec, au centre, l'enfant qui ne trouve plus de repères ni dans son milieu familial, ni dans son milieu scolaire. Il va alors chercher les limites, pour se rassurer, à la maison et à l'école… et, comme personne n'arrive à les poser, le risque d'une escalade de la violence est difficile à éviter. Et chacun des partenaires « éducatifs », école et famille, se rejette mutuellement la responsabilité de cette violence.

À quoi sert l'école ?

Les attentes par rapport à l'école diffèrent considérablement selon qu'il s'agit des parents, des enseignants ou de l'enfant lui-même. Et pourtant nous avons tendance à penser que nous sommes tous d'accord sur les raisons d'aller à l'école.

— Pour les parents : l'école doit donner aux enfants un socle solide d'acquisition et de culture générale (60 % !) et très accessoirement la préparation au futur (18 % pour la vie professionnelle et 14 % pour la suite des études).

— Pour les enseignants : l'école a pour mission d'enseigner les bases de la socialisation (25 %) et de la culture générale (25 %).

— Pour les enfants : 61 % attendent de l'école qu'elle les prépare à la vie professionnelle et qu'elle leur délivre des connaissances utiles pour la suite de leurs études[1].

Surprise ! Ce sont les enfants qui sont les plus concrets dans leurs attentes et les plus concernés par leur avenir ! Ce sont eux qui considèrent l'école comme une ressource indispensable pour leur vie future et pour leur réussite. Les adultes, profs et parents, restent dans des concepts plus intellectuels et de connaissances générales plus larges. Et plus surprenant encore est la part accordée par les enseignants au rôle que doit jouer l'école dans l'acquisition de la socialisation ! Ils se perçoivent eux-mêmes comme des partenaires éducatifs bien au-delà de leur rôle de transmission de connaissances et de savoirs.

Ces données renforcent la confusion sur la mission de l'école : que doit-on en attendre ? Et si on écoutait les enfants et que l'école devienne vraiment un lieu qui les prépare efficacement à leur vie active ?

1. Source : étude *La Croix*-TNS Sofres sur « Le goût d'apprendre », novembre 2003.

N'avez-vous jamais entendu vos enfants se plaindre que ce qu'on apprend à l'école ne sert à rien et qu'ils n'en auront jamais besoin ?

Même si on ne doit pas non plus prendre ces remarques au pied de la lettre et qu'il est important pour nos enfants d'acquérir des bases de connaissances générales et un entraînement à l'exercice de la réflexion et de la logique, il n'en reste pas moins vrai que l'école est souvent bien loin des besoins de cette génération d'enfants.

Prenons un exemple concret : nos enfants vivent une génération de l'image. Toute la journée ils en sont abreuvés : TV, pub, jeux vidéo, BD… mais aussi le réseau Internet qui offre des millions d'infos avec de nombreuses bases visuelles. Mais à l'école, aucun enseignement ne permet aux enfants de décoder ces images, d'en comprendre les messages implicites et les sens cachés. Et ils reçoivent tout ça de façon brute, sans filtre et sans capacité d'analyse !

Les chiffres de l'échec scolaire

D'une façon globale, les chiffres de l'échec scolaire sont inquiétants :

- 160 000 élèves (environ 10 %) quittent le système scolaire en France chaque année sans diplôme.
- 16 à 25 % des élèves européens sont en difficulté (étude de l'European Association for Special Education).

Que signifient ces chiffres ?

Leur interprétation est paradoxale : d'un côté le temps passé à l'école augmente et plus de 80 % d'élèves sortent avec le bac, et, de l'autre, l'échec scolaire est en augmentation constante. Mais le nombre de bacheliers ne prend en compte que les élèves ayant poursuivi jusqu'en terminale. Et les difficultés scolaires conduisent à des orientations souvent précoces ou, pire, à des exclusions du système scolaire. Sans compter tous ces enfants qui se retrouvent jeunes adultes sans avoir obtenu aucune qualification malgré de longues années passées sur les bancs de l'école.

Et pourtant la scolarité est désignée comme priorité nationale : le budget de l'Éducation nationale est le premier budget de l'État !

Faire la part des choses : quand parler d'échec scolaire ?

➤ *Ne pas confondre difficulté et échec*

Attention aux raccourcis ! Devant des difficultés scolaires on peut avoir tendance à parler trop rapidement d'échec. On associe finalement l'échec à la difficulté de réussir. Au risque d'une confusion dangereuse car les significations sont très différentes. Et si on prononce le mot d'échec, l'enfant l'enregistre comme tel. Des phrases comme « vous comprenez il est en échec à l'école » renvoie d'emblée à l'enfant une image très négative de lui-même à laquelle il va s'identifier. Il devient un enfant « en échec » et la construction de son identité et son développement psychologique s'en trouvera marquée.

La difficulté est normale et utile. Elle est inhérente à tout parcours : il n'existe pas de parcours sans obstacle. La difficulté fait partie de la formation, elle est indispensable. C'est face à la difficulté que l'on mobilise toutes ses ressources, que l'on crée un savoir nouveau pour affronter, dépasser l'obstacle. La difficulté est source de créativité !

On peut parler d'échec lorsque l'enfant ne parvient plus à surmonter les difficultés, lorsque le poids des difficultés le fait basculer. Les difficultés entravent son chemin et l'enfant ne parvient plus à avancer. L'échec c'est finalement quand l'enfant est immobilisé et qu'il ne trouve plus de ressources pour rebondir.

Mais comment mesurer l'échec ? À partir de quand peut-on considérer qu'il y a échec ?

La notion d'échec est relative. Elle dépend de facteurs à la fois externes et personnels à chacun. Selon l'époque, la culture de référence, le milieu socioculturel, la notion d'échec aura des valeurs distinctes. L'échec scolaire tel qu'il peut être perçu dans nos sociétés occidentales n'a aucun sens dans des sociétés traditionnelles. Et lorsqu'on parle d'échec scolaire au XXIe siècle, il n'a que très peu de commune mesure avec ce qu'il signifiait au XXe.

La représentation de l'échec scolaire diffère considérablement selon les points de vue.

Parents, enfants, société ne considèrent pas l'échec sous le même angle. Les plus rapides à parler d'échec, de probabilité de l'échec, de peur de l'échec, sont les parents. Ici encore c'est l'inquiétude pour l'avenir qui conduit à prononcer ce mot fatidique. Et le mot échec est souvent employé alors que le développement de l'enfant et de la scolarité est normal, au sens statistique. Mais c'est le décalage entre les attentes des parents et les résultats de l'enfant qui leur font trop rapidement et improprement parler d'échec. Aujourd'hui un enfant, aux yeux de ses parents, peut être ressenti comme en échec seulement parce qu'il n'est pas dans les premiers de sa classe, ou encore qu'il n'est pas « en avance ». La *normale* pour les parents s'est décalée vers le haut.

Combien de parents parlent de problème scolaire pour un enfant qui a 14 de moyenne ! Et les parents précisent devant notre étonnement : mais vous vous rendez compte, il n'est qu'au CM2, qu'est-ce que ça va être au collège ! Et au collège, ce même 14 pourra encore être perçu comme une note inquiétante *pour la suite* !

**Et pour vous,
où commence l'échec ?**

Faire le point sur sa propre notion d'échec peut permettre de relativiser et de modifier le regard sur l'enfant.
Prenez quelques minutes pour réfléchir : pour vous, quand considérez-vous qu'il y a échec ? Vos critères sont-ils rationnels ? De quoi avez-vous peur exactement ? Se poser la question, c'est déjà se rapprocher de son enfant.

Pour l'Éducation nationale et le système scolaire en général l'échec scolaire s'exprime en termes de retard, de décalage de niveau atteint par rapport à l'âge. Le système scolaire est construit de telle sorte qu'à chaque niveau correspond un âge *normal.* On parle alors d'échec lorsque l'enfant a deux ou trois ans de retard. L'échec est finalement relatif à une norme imposée par des programmes et un rythme d'acquisition prévu par un cursus national théorique. L'école est faite pour des élèves standard supposés rentrer dans le cadre établi par la règle scolaire. Aucun écart à la norme n'est toléré. Tout enfant qui ne pourra entrer dans ce cadre sera rapidement mis à l'écart et aura du mal à reprendre le rythme.

On retrouve bien cette idée de décalage lorsqu'on parle de *rattrapage.* Il faut rattraper les autres, ceux qui sont devant !

➤ *Soyons vigilants !*

Un enfant qui ne lit pas à Noël en CP n'est pas obligatoirement un enfant dyslexique ou, pire encore, un enfant qui ne peut se détacher de sa mère (si, si, on entend ça aussi !), celui qui a des difficultés en calcul n'est peut-être pas un enfant déficient, celui qui s'agite en classe n'est probablement pas un authentique hyperactif, l'enfant seul dans la cour n'est peut-être pas un enfant avec des problèmes familiaux…

Laissons à nos enfants le temps de grandir à leur rythme et sans les mettre en péril en raison d'une normalisation d'un système qui exige une réussite identique et simultanée pour tous. Acceptons, en vrai !, que nos enfants soient uniques et qu'ils aient le droit d'évoluer avec une marge personnelle de déviance à la norme et même d'erreurs. Mettre un enfant en échec scolaire et ce, de façon souvent très prématurée, a des conséquences trop graves pour ne pas être d'une grande prudence.

Il est aussi essentiel de repérer de réelles difficultés lorsqu'elles existent que d'accepter l'enfant dans sa différence.

➤ *Et pour l'enfant, c'est quoi l'échec scolaire ?*

Face à l'école l'enfant a vite peur. Il perçoit bien les enjeux de sa réussite. Les attentes qui pèsent sur lui. On sait bien que pendant très longtemps, et plus longtemps encore qu'on ne le croit, les enfants travaillent pour faire plaisir, à leurs parents d'abord mais aussi à leurs profs. Jusqu'à la grande adolescence (et encore !) les enfants ne travaillent pas pour eux. Ils n'ont pas peur de l'échec pour eux-mêmes, mais pour les autres. Ils ont peur de décevoir, de ne pas être à la hauteur de ce que l'on attend d'eux.

Leur objectif ? Être le plus proche possible de l'enfant imaginaire que leurs parents portent en eux.

L'enfant est pris dans ces regards qu'on lui porte et qui lui assurent d'être aimé. Et l'enfant se sent en échec dès lors qu'il trahit les attentes de ceux qui l'entourent. La perception de l'échec sera donc fonction du niveau d'exigence de l'environnement. Plus les parents placent la barre haute, plus le sentiment d'échec apparaîtra de façon disproportionnée en regard de la réalité scolaire de l'enfant. La notion d'échec est différente selon les parents et elle sera en symétrie de celle perçue par l'enfant. Il n'existe que peu d'adéquation entre ce que l'enfant est objectivement capable de fournir et les attentes que les parents ont pour lui. Les attentes des parents sont établies selon leur propre grille de référence et non pas ajustées en fonction de l'enfant lui-même et de ses ressources mais aussi de ses limites. Il s'agit d'une projection des parents en fonction de ce qu'ils considèrent, eux, comme réussite. Et c'est dans cet écart que se développe l'angoisse de l'enfant.

> Martin, 14 ans, est content : sa prof de français lui a rendu un devoir avec des appréciations positives. Pour la première fois ! Mais la note reste en dessous de la moyenne et les parents punissent Martin… Pour eux ce qui compte c'est la note qui traduit la valeur du travail. Pour Martin l'important ce sont les efforts qu'il a fournis et qui ont été reconnus par l'enseignante…

L'échec scolaire est la première cause d'angoisse des enfants vis-à-vis de l'école. Un peu plus pour les filles : 69 %, que pour les garçons : 59 %.

L'angoisse de l'échec est en première place dans les préoccupations de l'enfant. N'est-ce pas inquiétant ? Et surtout, quelle tristesse que le plaisir d'apprendre, le plaisir de la découverte, le plaisir de penser, de comprendre ne soient pas les moteurs prioritaires de l'enfant dans le cadre scolaire. En réalité l'enfant mobilise son énergie pour éviter l'échec plutôt que de se consacrer au plaisir de l'investissement des apprentissages et de la réussite.

La peur de l'échec affaiblit la confiance de l'enfant dans ses capacités à réussir. Or une image de soi positive est directement associée aux capacités de réussite.

Une estime de soi solide est de meilleur pronostic pour la réussite scolaire que tout autre type de compétences, y compris l'intelligence. Il vaut mieux avoir une image de soi positive qu'un QI élevé !

Les deux équations qui influent sur le parcours scolaire

Peur de l'échec = angoisse → risque d'échec élevé.
Sentiment de compétence = confiance en soi → probabilité de réussite élevée.
La réussite est directement proportionnelle à la confiance en soi… et réciproquement.

➤ *L'école aussi…*

L'école a sa part de responsabilité dans les difficultés scolaires. On ne peut considérer uniquement la part de l'enfant ou encore celle des parents. L'école, le système scolaire doit assumer sa part.

Et quelle est-elle ? Aujourd'hui, on l'a vu, le système scolaire est conçu pour une norme d'enfants supposés apprendre de la même façon et au même rythme. Malgré les textes les plus récents qui parlent d'*intégrer toutes les différences*, c'est ce qu'attendent trop souvent les enseignants. À quelques exceptions près, bien entendu, d'enseignants sensibles et concernés par la prise en charge plus individualisée de leurs élèves. Cette standardisation de l'enseignement conduit très vite un élève un peu différent à décrocher. Un décalage même très léger avec ce qui est attendu, va mettre l'enfant dans une situation difficile alors qu'il ne présente par ailleurs aucune difficulté particulière.

Il faut savoir que cela concerne un nombre important d'enfants qui seront trop rapidement considérés comme des élèves en difficulté et pour lesquels les parents vont s'inquiéter et des mesures prises. Or, ne s'agit-il pas plutôt d'une démission trop rapide de l'école, elle aussi soumise à cette obligation de réussite ?

Si l'enseignant, et en particulier au primaire, ne parvient pas à amener l'enfant au même niveau que les autres au même moment, il peut se sentir lui-même en difficulté, il peut ressentir lui aussi un sentiment d'incompétence et va alors désigner l'enfant (ou la famille !) comme le responsable de son échec.

Nous sommes dans une société qui se décharge facilement de ses responsabilités et le système scolaire n'est pas épargné par ce fonctionnement social actuel. Et ceux qui vont en devenir rapidement les victimes innocentes sont ces enfant prisonniers d'exigences dont ils sont étrangers et qui vont les entraîner sur un chemin dangereux.

La spirale de l'échec scolaire

Lorsque l'enfant est confronté à l'échec, tout un tourbillon de conséquences réciproques peut se mettre en place. Et, très vite, on a du mal à dissocier les liens et à déterminer l'origine du malaise. Un trouble ne peut être isolé. Il va entraîner avec lui une cascade de difficultés plus ou moins graves. Le trouble initial ne pourra alors que se renforcer lui aussi.

Voici la spirale classique de l'échec scolaire et de ses nombreux liens de cause à effet :

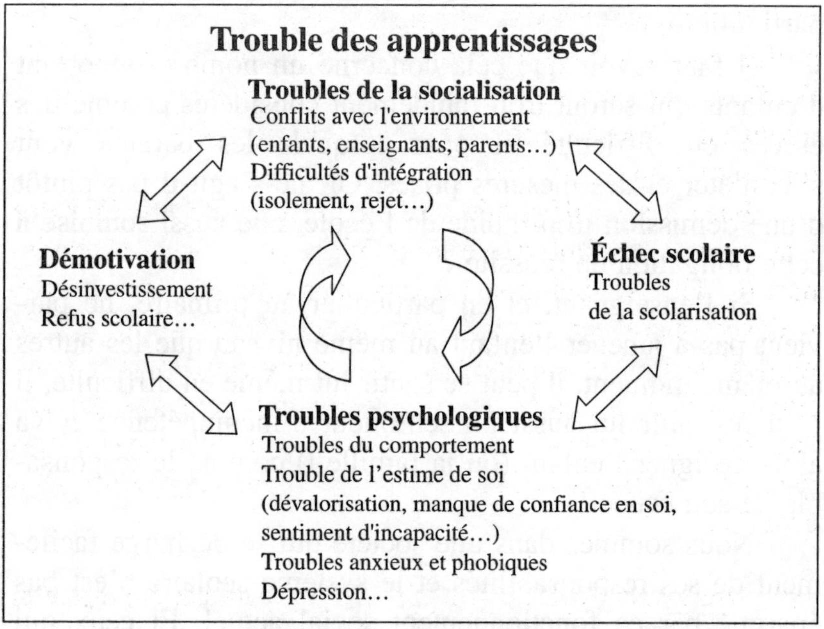

La spirale de l'échec scolaire suit une logique interne qui risque d'emprisonner l'enfant. Toute la dynamique interne et externe sera alors entravée. On voit combien tous les éléments sont en étroite interaction et combien est grande la nécessité d'aider l'enfant.

✔ **Il faut agir et intervenir rapidement face à un enfant en difficulté : la souffrance est toujours présente.**

L'enfant est rapidement confronté à un sentiment d'incompréhension et de rejet. Dans sa famille d'abord où les conflits autour du travail scolaire deviennent incessants. Tous les rapports entre l'enfant et ses parents vont tourner autour des résultats scolaires. L'enfant est assimilé à ses notes et l'image qu'on lui renvoie l'installe dans un profond sentiment d'incompétence et de dévalorisation. Les bases narcissiques de sa personnalité sont attaquées. À l'école le rejet des camarades voire l'agressivité sont fréquents. Et les professeurs vont trop souvent renforcer l'image négative de l'enfant. « Je suis nul » ou, pire encore, « je suis *un* nul », traduisent l'assimilation de l'évaluation scolaire avec la représentation de soi-même.

Face à ses difficultés scolaires et pour se protéger des « attaques » l'enfant va mettre en place ses propres mécanismes de défense. Selon son âge, sa personnalité, le contexte, il développera par exemple une forme d'agressivité, ou de repli, il fera le pitre, s'agitera, ou encore fuira devant toute situation d'apprentissage… Tous ces comportements devront être bien compris. Il ne s'agit pas de troubles psychologiques de l'enfant mais de réactions de défense à sa souffrance scolaire.

✔ **Tant que le trouble de l'apprentissage n'aura pas été repéré et traité, une spirale d'incompréhension – de tous – se met en place et l'enfant s'enfonce dans sa souffrance. Les manifestations de cette souffrance, quelles qu'en soient les formes, s'amplifient. L'expression du profond malaise de l'enfant envahit tout et… renforce l'échec !**

La spirale de l'échec peut engloutir l'enfant et sa famille. Les conséquences peuvent être graves pour la santé psychologique et l'avenir de l'enfant. Tous les voyants de risque sont allumés. L'insertion sociale future est également menacée.

Pour enrayer le mouvement de cette spirale, quelques règles de base :

• *Dépister la difficulté le plus tôt possible.* Il ne s'agit pas de s'inquiéter inutilement et de se focaliser en permanence sur l'évolution de l'enfant, mais de ne pas hésiter à se poser des questions lorsque l'on repère une difficulté réelle. En primaire, les enseignants alertent en général assez vite les parents face à des difficultés qui semblent inhabituelles, mais certains parents ont du mal à l'accepter. Ils pensent parfois que c'est exagéré ou que cela s'arrangera avec l'âge. Lorsque les enfants sont plus grands, on a parfois tendance à mettre sur le compte de la paresse ou de la démotivation ses difficultés. Plus le trouble aura été repéré tôt, plus l'évolution est favorable. Et surtout, l'enfant ne sera pas stigmatisé par un échec.

• *Repérer l'origine des difficultés.* De la précision du diagnostic va dépendre l'efficacité de la prise en charge. Un trouble mal compris ou dont la nature n'aura pas été précisément identifiée ne peut être correctement traité. Son maintien, malgré la prise en charge, va renforcer le malaise de l'enfant et accentuer l'échec et les difficultés qui lui sont associées.

• *Ne jamais négliger la souffrance de l'enfant.* Même si l'enfant semble détaché de son problème ou qu'il se montre très opposant, il faut savoir qu'un trouble non repéré met l'enfant dans une situation douloureuse. Et ce d'autant plus qu'il ignore lui aussi la cause de sa difficulté et qu'il pense qu'il en est totalement responsable. Et responsable de la déception qu'il inflige également aux autres et en particulier à ses parents.

• *Ne pas hésiter à se remettre en cause, que l'on soit parent ou enseignant.* Dans certains cas l'enfant n'a pas de difficulté réelle mais souffre de ne pas réussir comme on l'attend de lui. Ses troubles d'apprentissage seront ici la conséquence et non la cause de ses échecs. Il n'arrivera plus à fonctionner car l'écart entre ce qu'il peut objectivement faire et ce qu'on lui demande de faire est trop important.

• *Encourager l'enfant le plus possible lorsqu'il réussit et ce quel que soit son niveau de réussite.* Il n'y a pas de grandes et de petites réussites. Toute réussite doit être encouragée et valorisée. La réussite et le plaisir partagé de réussir donnent envie de poursuivre les efforts pour réussir à nouveau.

✔ **L'objectif : inverser la spirale afin de créer une SPIRALE DE RÉUSSITE !**

Savoir repérer une difficulté réelle

— On considère qu'il existe une difficulté lorsque l'enfant semble bloqué dans son évolution et ne parvient plus à avancer.
— Une difficulté *normale* mobilise l'enfant qui cherche à la dépasser, la difficulté constitue une étape nécessaire à l'apprentissage.
— Une difficulté *anormale* fige l'enfant ou le conduit à éviter l'obstacle. Il peut par exemple mettre en place des stratégies d'évitement sous forme passive (désintérêt apparent, plaintes somatiques, paresse…) ou active (refus, opposition, agitation…), ou encore développer des troubles associés (mal au ventre, à la tête, pleurs, tristesse, anxiété, problèmes de sommeil, de comportement, agressivité…).
Toute manifestation psychologique ou comportementale qui vient en rupture avec un comportement antérieur doit faire penser à une difficulté réelle qu'il faut correctement diagnostiquer et prendre en charge.

À la recherche de réponses

Lorsque la difficulté scolaire se révèle ou que l'échec scolaire s'installe, les parents cherchent des réponses, des explications. Ils veulent comprendre et aider leur enfant. Ils se remettent aussi beaucoup en question en cherchant quelle est leur part de responsabilité, quelles « fautes » ils ont commises. Les parents culpabilisent très vite car, d'une façon générale, ils sont souvent désignés par l'ensemble de la société comme les responsables.

Et les alertes peuvent être précoces. Souvent dès la maternelle, les enseignants, qui sont en général des enseignantes, des « maîtresses », tirent – déjà – le signal d'alarme. L'enfant ne répond pas aux normes : il s'intègre mal au groupe, parle peu ou mal, ne comprend pas les consignes, ne parvient pas à manipuler ciseaux, crayons, etc., n'est pas à l'aise dans son corps… Alors on envoie les parents « consulter ». Ce terme générique est porteur de beaucoup d'inquiétudes car d'emblée il signifie pour les parents que leur enfant n'est pas « normal ». Et cette première injonction de l'école, « il faut que vous consultiez », va stigmatiser l'enfant qui portera la marque de ce premier « faux pas ».

Une situation souvent très banale peut ainsi se transformer en première situation d'échec : pour l'enfant, mais il n'en prend pas encore bien conscience, et surtout pour les parents qui se sentent coupables. Bien sûr, certaines situations demandent une prise en charge précoce et seule cette précocité de soins permettra par la suite à l'enfant de se développer tranquillement et d'avoir un parcours scolaire sans histoires. Mais ces alertes témoignent aussi trop souvent de la nécessité de répondre à une norme. Tous les enfants sont supposés savoir ou savoir faire un certain nombre de choses selon leur âge et la moindre déviation n'est pas admise par le « système » scolaire. Les enseignants veulent avoir des groupes classes homogènes avec des enfants tous au même stade de développement.

Dans les petites classes, au moment crucial de l'apprentissage de la lecture, c'est souvent vers l'orthophoniste que l'école dirige les enfants en difficulté. L'hypothèse de la présence d'une difficulté « indépendante » de tout autre trouble rassure parents, enfants et enseignants. Mais on retrouve ainsi des enfants longtemps suivis en orthophonie parce que c'était plus facile de considérer la difficulté sous cet angle, plus rassurant. Or, quelquefois, cette prise en charge au long cours a masqué une autre difficulté plus sérieuse sur le plan psychologique ou cognitif et qui, avec le temps passé, sera plus difficile à prendre en charge.

Mais c'est le recours au psy qui reste le plus fréquent. Ce qui motive la demande est l'idée qu'une cause psychologique est à l'origine de la difficulté. Que l'enfant a tous les moyens de réussir et que s'il ne travaille pas, s'il n'est pas motivé, s'il s'agite, c'est forcément « psy ». Ce qui est, aussi, une idée reçue.

Le psy est en effet devenu familier dans le paysage du développement de l'enfant. Autrefois considéré comme le « docteur des fous », il est aujourd'hui celui qui règle les tourments de la vie quotidienne, celui qui apaise, celui qui aide à aplanir les difficultés, à retrouver la sérénité nécessaire pour avancer sur son chemin. C'est vers le psy que les parents se tournent pour obtenir des réponses à leurs inquiétudes, pour s'assurer qu'ils accomplissement correctement leur mission de parents, qu'ils adoptent les attitudes éducatives adaptées. Et les parents attendent des réponses. Et des réponses précises. Car pour eux les difficultés ou l'échec scolaire de leur enfant les renvoie à la peur d'être de mauvais parents. Si l'enfant ne réussit pas, c'est qu'ils ont raté quelque chose, qu'ils n'ont pas su faire. C'est LEUR échec !

➤ *Tout n'est pas psy*

Se tourner vers le psy signale déjà qu'on oriente le diagnostic vers des causes psychologiques ou encore que l'on attend que le psy puisse faire la part des choses. On lui demande de nous donner des conseils pour savoir ce qui se passe et ce qu'il convient de faire.

Mais les causes d'une difficulté à l'école sont multiples et, pour comprendre et intervenir efficacement, il faut pouvoir en envisager toutes les facettes. Or, aujourd'hui, les psys, et plus particulièrement les pédopsychiatres, n'ont reçu aucune formation sur les troubles des apprentissages et fonctionnent essentiellement avec des repères médicaux. Ils peuvent connaître et comprendre les difficultés psychologiques, déterminer les troubles psychiques qui peuvent être à l'origine des difficultés que rencontre l'enfant. Mais lorsque la difficulté ne se situe pas sur le versant psychologique, qu'il s'agit d'un trouble spécifique des apprentissages qu'il faut diagnostiquer avec précision, les compétences du psychiatre ne suffisent plus. N'envisager que l'angle psychologique peut être nuisible pour l'enfant et son avenir.

✔ **Il est aussi dangereux de ne pas prendre en charge un trouble psychologique que d'assimiler un trouble des apprentissages à une difficulté psychologique.**

Si l'enfant souffre par exemple d'un authentique trouble de l'attention, d'une difficulté intellectuelle, d'une impossibilité à accéder au raisonnement logique… l'abord psychologique n'aura aucun effet et conduira au découragement de l'enfant et de sa famille. L'absence d'amélioration va en effet cristalliser la difficulté et la souffrance de l'enfant. Il peut en résulter un désinvestissement massif des apprentissages et de l'école, voire des conduites déviantes pour éviter la confrontation permanente à l'échec.

Par exemple, imaginons que le psy perçoive que l'enfant a une image de lui-même très négative, qu'il est triste face à ses échecs. Il donne pour objectif à la thérapie de redonner confiance en lui à l'enfant. Les causes premières étant ailleurs, les difficultés scolaires vont cependant persister, la thérapie ne permettra donc pas à l'enfant d'avancer : le bénéfice acquis avec le psy, pendant les séances, va instantanément disparaître dès que l'enfant sera de nouveau face à ses difficultés à l'école. Il s'y rend « regonflé » par ses séances de psy, mais il n'y arrive toujours pas. Il se décourage à nouveau, de plus en plus, au fur et à mesure que le temps passe et que rien ne s'améliore… Et comment pourrait-il en être autrement quand le trouble cognitif à l'origine de toutes ses souffrances et de toutes ses difficultés n'a pas été traité !

Un trouble des apprentissages qui n'a pas d'origine psychologique ne sera jamais amélioré par une approche psychothérapeutique. On pourrait le rapprocher de l'image de quelqu'un qui tenterait de remplir un seau sans fond : rien ne peut rester, ne peut être contenu, ne peut être maintenu. On cherche à redonner à l'enfant toutes ses ressources mais les tentatives restent vaines puisque le trouble reste présent. Les efforts du psy et de l'enfant ne peuvent aboutir tant que les fondations ne sont pas restaurées et que l'on n'a pas donné à l'enfant les moyens de dépasser ses difficultés.

Combien d'enfants errent ainsi de psy en psy avec des difficultés qui s'aggravent sur tous les fronts : à l'école, les difficultés persistent et l'écart avec le groupe classe se creuse. Les lacunes deviennent de plus en plus nombreuses et les profs remplissent les bulletins d'appréciations négatives. Le « tu ne fais pas d'efforts » est probablement, dans ce contexte, la plus destructive ! Sur le plan personnel, l'enfant est de plus en plus mal, de plus en plus en souffrance.

➤ *Du tout psy au tout neuro : attention danger*

À l'inverse, le formidable essor des neurosciences et des sciences cognitives a permis l'émergence de tout un courant théorique et clinique qui considère l'enfant et en particulier son fonctionnement intellectuel sous l'angle de la neuropsychologie. L'enfant est considéré sous l'angle de « zones » de cerveau qui fonctionnent plus ou moins bien. À chaque trouble sa localisation cérébrale, son déficit neurologique *a minima* (il s'agit d'une insignifiante anomalie du cerveau, isolée, et sans autre conséquence que la difficulté précise repérée), son explication neurophysiologique. Mais cette approche des troubles, à l'extrême inverse de l'explication psychologique, n'en présente pas moins de nouveaux dangers. En quelques années, nous sommes passés du « tout psy » pour expliquer les difficultés de l'enfant au « tout cerveau ». Le développement spectaculaire de la neuropsychologie a véritablement révolutionné notre compréhension du fonctionnement de la pensée. Et a permis de décrire un certain nombre de troubles spécifiques aux modalités de prises en charge bien définies. Mais le nouveau danger est de perdre l'enfant dans sa globalité, de ne regarder que les dysfonctionnements de certaines sphères cérébrales, de techniciser à outrance notre compréhension de ses difficultés. Or, en oubliant la clinique, c'est l'enfant que l'on oublie, dans la dynamique globale qui est la sienne, dans l'inscription dans sa propre histoire, dans son parcours personnel. Et toute la sphère affective est négligée. L'intrication des affects et des émotions avec le fonctionnement intellectuel est ignorée.

➤ *Pour une approche globale*

Seule une approche globale des troubles, explorant à la fois les causes psychologiques et cognitives, permettra de donner à l'enfant les moyens de retrouver sa propre dynamique de réussite et de le relancer sur son parcours scolaire. Un trouble des apprentissages, au cœur de l'échec ou des difficultés scolaires, ne peut être correctement diagnostiqué que par une démarche qui intègre les perspectives intellectuelles, cognitives, biologiques, affectives. Une démarche limitée à une seule hypothèse théorique fait courir le risque d'erreurs diagnostiques et de prises en charge inadaptées, lourdement préjudiciables pour l'avenir de l'enfant.

Pour en renforcer l'efficacité, les parents doivent impérativement être associés à la prise en charge, devenir des partenaires actifs. Ils ont besoin d'être guidés pour aider leur enfant au quotidien, ils ont besoin d'être rassurés sur leur compétence de parents, ils ont besoin d'être compris dans leur désarroi, ils ont besoin d'être restaurés dans l'image qu'ils ont d'eux-mêmes en tant qu'adultes responsables.

Et l'école aussi a besoin de réponses précises mais aussi parfois de conseils pour donner, en classe, l'aide dont l'enfant a besoin. Il ne faut pas sous-estimer la détresse de certains enseignants confrontés à des enfants qu'ils ne parviennent pas à comprendre et dont les difficultés leur échappent. La formation là aussi n'est pas toujours celle qui serait nécessaire et les enseignants sont très demandeurs d'une collaboration et de conseils.

C'est aussi le rôle du psy d'être le médiateur au centre de cette triade directement concernée par le trouble de l'enfant : la famille, l'école et bien sûr l'enfant lui-même.

L'enfant est pris dans un faisceau qui concerne à la fois les différents axes de son développement personnel et l'ensemble des adultes concernés par son éducation. Ce qui signifie que les dimensions physiologiques, physiques, psychomotrices, affectives, cognitives, de son développement s'expriment simultanément, à chaque instant et dans tous les actes de sa vie quotidienne, de son comportement, de son attitude, de sa relation aux autres… L'adaptation et la réussite scolaire en sont une expression.

Mais l'enfant est aussi pris dans des représentations et des attentes multiples et pas forcément identiques à celles des adultes qui l'entourent. Chaque adulte a sa place propre : parents, enseignants, médecin et tout adulte référent (personnes et amis de la famille, moniteur, animateur, etc.), et projette sur l'enfant sa représentation de ce qu'il attend de lui et ses critères personnels de réussite.

Toutes ces dimensions seront à considérer lorsqu'une difficulté apparaît. On ne peut isoler l'enfant ni d'une partie des composantes de son fonctionnement, ni du contexte sociofamilial dans lequel il grandit.

Ce qui signifie clairement qu'on doit comprendre différemment un enfant qui a du mal à apprendre selon qu'il a ou non un trouble des apprentissages, un trouble affectif ou encore selon le milieu familial auquel il appartient. Sa difficulté n'aura pas le même sens et l'aide à lui apporter sera différente.

Récapitulons : la nécessité d'une compréhension globale

— Les enfants qui montrent des difficultés à l'école sont le plus souvent dirigés vers des consultations à seule visée psychologique, ce qui ne résoudra pas le problème dans un grand nombre de cas et risque de décourager parents, enfants et enseignants.

— Le « tout neuro » présente les mêmes risques pour l'enfant : un éclairage unilatéral qui, au final, ne lui permet pas de sortir de ses difficultés.

— Seule une approche globale qui intègre les aspects intellectuels et affectifs des difficultés permet de comprendre l'enfant et donne les moyens de mettre en place une prise en charge précisément adaptée.

PREMIÈRE PARTIE

Apprendre, oui, mais comment ?

CHAPITRE 2

Apprendre : de quoi s'agit-il ?

« Il faut que tu apprennes tes leçons ! » Combien de fois répétons-nous cette phrase ?

Mais finalement de quoi parle-t-on ? Que veut dire *apprendre* ? En interrogeant un groupe de parents, un groupe d'enseignants ou un groupe d'élèves, on s'aperçoit que chacun a sa propre idée de ce que cela signifie. Pourtant, lorsque nous demandons à un enfant d'apprendre, nous avons l'illusion que nous parlons tous de la même chose et qu'il sait bien ce que nous entendons par là. Et nous attendons de lui une attitude face à son travail qui corresponde à ce que nous concevons nous-mêmes de la notion d'apprendre. Mais si cette notion n'a pas le même sens pour tous, ne serait-il pas utile d'en clarifier le sens ? Comment faire si enseignants et parents ont des représentations différentes et parfois opposées et si l'enfant lui-même est convaincu qu'il a appris ? Alors, régulièrement, l'enfant s'entendra reprocher : « Tu n'as pas appris tes leçons ! »

C'était le cas de Louis, un enfant que je suivais en consultation. Son professeur de français lui avait dit : « Louis, il faut que tu apprennes tes leçons sérieusement. » Il était alors en sixième. Et Louis, naïvement, avait répondu : « Je veux bien, mais qu'est-ce que ça veut dire ? Dites-moi ce que je dois faire, exactement. » Or, son professeur s'était montrée en grande difficulté pour lui répondre. Elle manquait d'explication claire sur la méthodologie à employer et sa réponse se résumait à : « Apprendre c'est apprendre, tu sais bien ce que ça veut dire, ne te moque pas de moi ! » Et Louis, perplexe, n'a jamais su comment faire ou plutôt a sûrement fait à sa façon. Pour quels résultats ? Je ne connais pas la fin de l'histoire…

Savoir apprendre

Apprendre cela semble évident, aller de soi. On ne devrait pas se poser la question du sens de ce verbe. Et pourtant ! Tout le monde est supposé savoir ce qu'apprendre veut dire : nous apprenons tous et tout le temps. Et si on se réfère à l'école, on devrait savoir, nous les adultes, anciens enfants, anciens élèves, comment on apprend à l'école et comment il faut faire ! Pourtant, apprendre reste une notion complexe et rien n'est plus difficile à aborder que la notion d'apprentissage.

Étymologiquement, apprendre signifie « prendre en soi ». Du latin *apprehendere*, « saisir ». Apprendre suppose donc qu'il existe un « objet » extérieur, un « objet de connaissance » à l'extérieur de soi et que nous devons mettre en marche des mécanismes pour s'approprier ce savoir externe.

Mais cette définition est-elle proche de ce que l'on entend par apprendre lorsqu'on se trouve dans le cadre scolaire ? Sans compter qu'un autre terme s'y superpose vite, la notion de *travail*. Avec tous ses attributs : le travail scolaire, d'abord, ce qui signifie le travail de l'école, à l'école, pour l'école et qui lui-même renferme de nouvelles notions : le travail en classe, le travail personnel, le travail à la maison, le travail en groupe… De véritables poupées russes avec des notions emboîtées les unes dans les autres et que chacun comprend et interprète à sa façon. La confusion peut être source de… manque de travail !

➤ *« Ne travaille pas assez »*

Si vous dites à votre enfant « tu n'as pas assez travaillé » ou si l'enseignant vous fait remarquer que votre enfant ne « s'est pas encore mis au travail », combien de fois l'entendez-vous répliquer : « Mais si j'ai travaillé ! » Et c'est peut-être vrai ! En tout cas dans sa conception des choses ! Oui, il a passé du temps dans sa chambre penché sur ses livres ou ses cours, oui, il a « appris » ses leçons, oui, il a révisé son contrôle… Mais il l'a fait en fonction de ses propres critères.

Si, pour lui, apprendre c'est lire rapidement son cours, si réviser son contrôle de maths, c'est penser savoir faire les exercices parce qu'il a compris le principe, si connaître son cours d'histoire, c'est en avoir mémorisé les grandes lignes pendant le cours parce qu'il a bien écouté le prof… alors il est honnête (à sa façon !) lorsqu'il vous dit qu'il a travaillé ! Et pourtant vous serez fâché car vous l'accuserez de ne pas avoir vraiment travaillé… et vous aurez aussi raison car selon vos propres conceptions il n'a effectivement pas… travaillé !

On se retrouve, dans ce contexte du travail scolaire, dans un problème de communication classique où chacun est convaincu que l'autre a parfaitement compris ce que l'on a dit ou ce que l'on attend. C'est l'illusion de la pensée commune ! Et si votre interlocuteur semble ne pas comprendre ou comprendre l'inverse de ce que vous vouliez ou encore fait le contraire de ce que vous attendiez, vous serez alors convaincu qu'il le fait exprès ou qu'il se moque de vous. Souvent, expliciter clairement ce que l'on dit ou plus exactement le sens précis des mots ou des concepts que l'on emploie, clarifier les attentes que l'on a et la façon dont on souhaite que les choses soient faites, est utile. On est ainsi sûr de parler de la même chose et on peut, objectivement, ne pas être d'accord ou considérer que ce qu'on a demandé n'a pas été fait. Cela permet aussi à l'autre d'être rassuré sur ce qu'il a à faire et sur la façon de le faire. Le dialogue devient possible et la compréhension mutuelle est un bénéfice pour tous, petits et grands.

➤ *« Je sais »*

Tout le monde aimerait savoir mais pas nécessairement apprendre. Et en particulier les enfants. Ils veulent savoir, savoir faire, tout, et tout de suite. Sans délai. Sans les efforts et les contraintes associés à toute forme d'apprentissage. Sans passer par ces phases de doute, d'incertitude, que comportent les mécanismes de l'apprentissage. Apprendre correspond à un mouvement dynamique. C'est une attitude cognitive et psychologique active face à une tâche à résoudre ou une connaissance à intégrer. Combien d'enfants répondent « je sais » quand on leur demande d'apprendre leur cours, leur leçon ou de faire un exercice d'application, d'entraînement. Apprendre correspond précisément à ce mouvement, à cet acte mental qui va conduire du « je ne sais pas encore » à « je le sais ». Apprendre c'est *avan*t savoir et pour savoir il faut… apprendre !

L'apprentissage suppose un moment de déséquilibre entre *ce que je sais* et *ce que je ne sais pas encore*. Certains enfants ont tendance à dire rapidement « je sais » dès qu'on leur pose une question, comme si le fait de ne pas savoir pouvait les mettre en danger. C'est difficile de lâcher ce que l'on connaît bien, que l'on a appris pour aborder quelque chose de nouveau, d'inconnu. Ça peut faire peur car on quitte un terrain familier pour aller vers un terrain inconnu. Or dire d'emblée « je sais » bloque toute possibilité d'apprendre quelque chose de nouveau. C'est un peu comme si on descendait les grilles d'un château fort et qu'on remontait le pont-levis. Rien ne peut entrer, tout reste à l'extérieur. On se ferme à toute possibilité nouvelle.

De plus, lorsqu'un enfant dit « je sais », on va spontanément le croire. Et on ne s'attachera plus à lui communiquer ce que l'on souhaitait lui enseigner. Et l'enfant, malgré son « je sais » ne le saura toujours pas. Soyons prudents face à cette toute petite phrase que des enfants inquiets utilisent trop vite pour se protéger de la peur de l'inconnu. Il est toujours plus facile de maîtriser quelque chose que de prendre le risque de lâcher ce que l'on contrôle pour quelque chose dont on ignore encore tout.

Quand l'enfant répond systématiquement qu'il sait, il est essentiel de lui dire que le fait de ne pas savoir est une chance formidable. Dire « je ne sais pas » offre mille et une possibilités d'apprendre quelque chose de nouveau. On ouvre alors tous nos sens pour recevoir la connaissance à venir. Sans peur, sans crainte de la déstabilisation passagère. Parce que c'est vrai qu'au moment où on apprend, il y a un petit passage ou on est en déséquilibre. Comme un enfant qui apprend à marcher : entre deux pas il doit lâcher le sol avant de reposer son pied… Chaque fois qu'il tente un pas, il est momentanément dans une situation de déséquilibre qui peut le faire chuter. En apprenant à gérer cette peur de tomber, le petit enfant va progressivement maîtriser son geste et consolider sa marche. L'apprentissage suit le même processus. Il faut savoir surmonter et « enjamber » ce moment où on abandonne ce que l'on savait sans connaître encore ce que l'on va apprendre…

> En consultation, la première fois que je les vois, en présence de leurs parents, certains enfants ne répondent pas aux questions de base que je leur pose. Si par exemple je leur demande leur adresse, ils vont se figer, rougir, se retourner vers leurs parents et rester muets. Quand je leur dis : « Tu peux me répondre "je ne sais pas", c'est une bonne réponse ! », souvent leurs yeux s'illuminent. Je leur explique que c'est important de pouvoir dire qu'on ne sait pas, qu'on a le droit, que ça permet d'apprendre.

Remettre en question ce que l'on sait est le préalable indispensable à toute démarche d'apprentissage. On ne peut rester fermé sur ses positions, ses connaissances au risque de rester fermé à toute connaissance nouvelle et ne plus évoluer. « Il est têtu comme une mule ! », cette expression illustre bien ce refus d'accepter tout changement dans sa façon de penser. L'enfant n'entendra plus rien et ne voudra pas avancer dans son apprentissage.

Pour apprendre il faut accepter de ne pas savoir

— Apprendre suppose la capacité de tolérer la frustration (ne pas tout savoir et ne pas tout savoir tout de suite).

— Apprendre suppose d'avoir confiance en soi pour ne pas se sentir menacé dans cette situation transitoire que constitue la situation d'apprentissage, c'est-à-dire accepter de ne pas savoir pour acquérir la connaissance nouvelle.

— Apprendre suppose de pouvoir supporter ce sentiment passager d'incompétence.

— Apprendre suppose de prendre le risque d'être confronté à ses limites, de ne pas y arriver. Et de l'accepter.

— Apprendre est une démarche qui peut aussi être douloureuse.

— Apprendre, c'est courageux.

➤ « *J'ai compris* »

Pour un grand nombre d'enfants, le fait d'avoir compris est synonyme d'avoir appris. Quand ils disent « j'ai compris », c'est à la fois une satisfaction car le fait de comprendre leur donne une maîtrise, un contrôle sur la connaissance, mais c'est aussi une façon de refuser tout investissement supplémentaire. En disant « j'ai compris », l'enfant montre qu'il a appris et qu'il n'a plus rien à faire. C'est un prétexte pour refuser de travailler davantage. Certes le fait de comprendre est indissociable de toute forme d'apprentissage réussi. On ne peut pas intégrer ce que l'on n'a pas compris. La compréhension précède l'apprentissage. Pourtant, comprendre ne suffit pas toujours.

Apprendre suppose aussi un travail d'élaboration. C'est-à-dire qu'il faut mettre en rapport la connaissance nouvelle avec ce que l'on a déjà appris, la comparer avec d'autres connaissances, faire des liens pour l'amarrer solidement aux acquisitions précédentes, la mettre en perspective et la critiquer, s'assurer qu'on saura la restituer ou la réutiliser… Et ce travail d'élaboration suppose de revenir plusieurs fois et sous différentes formes sur ce qu'il faut apprendre. Assimiler durablement et efficacement quelque chose suppose un réel travail d'appropriation, d'apprentissage. Et puis, on le sait, on peut apprendre certaines choses même si on ne les comprend pas. Par exemple on peut apprendre par cœur une leçon de grammaire sans savoir l'appliquer et avoir une bonne note parce qu'on saura restituer parfaitement la leçon.

Marie, chez l'orthophoniste :
« Tu sais ce que c'est un nom propre ?
– Oui, la maîtresse nous l'a expliqué.
– Tu peux me dire ce que tu as compris ?
– C'est un nom quand on l'écrit on doit pas le raturer » (pour qu'il reste propre, bien sûr !).

Et pourtant, Marie avait eu une bonne note au contrôle sur les noms propres !

Aujourd'hui, beaucoup d'enfants connaissent par cœur les paroles anglaises de chanteurs à la mode, sans en comprendre le sens, et sans montrer par ailleurs de compétences particulières en cours d'anglais !

✔ **Une question importante avec les enfants quand on les fait travailler ou même dans la vie quotidienne : « Qu'est-ce que tu as compris ? », ou « Explique-moi ce que tu comprends », qui sont souvent des questions plus pertinentes et efficaces pour leurs apprentissages qu'une phrase comme « As-tu bien travaillé ? », qui finalement ne veut pas dire grand-chose…**

Accepter aussi de ne pas tout comprendre... tout de suite

Mais l'enfant doit aussi accepter de ne pas tout comprendre... Lorsqu'on aborde une tâche difficile, certaines choses ne pourront être comprises d'emblée. Il arrive également que l'on comprenne bien certains points et que d'autres parties restent obscures. Au fur et à mesure de l'apprentissage, nous allons progressivement comprendre des étendues de plus en plus importantes. Si on reste fixé sur ce qu'on ne comprend pas en voulant absolument tout maîtriser et tout de suite, on peut rester bloqué et se décourager. Ne plus avoir l'envie de continuer. Il faut parfois du temps et l'accepter.

Les adultes connaissent bien ce processus : quand on démarre un livre technique ou ardu, on sait à l'avance qu'on ne comprendra pas tout. Mais petit à petit on comprend de mieux en mieux et de plus en plus, et les passages difficiles s'éclaircissent. Si on n'avait pas toléré ces « coupures » dans la compréhension du texte, on ne serait jamais parvenu à appréhender le sens global de ce qu'on lisait et à en acquérir la maîtrise.

On insiste souvent auprès des enfants sur l'effort à fournir pour comprendre. Et pourtant certaines fois il est important de les inciter à passer sur ce qu'ils ne comprennent pas. À leur proposer d'avoir d'abord une vue d'ensemble. Le reste, ils le comprendront plus tard... Vouloir absolument tout maîtriser peut ralentir l'apprentissage.

➤ *Mieux utiliser sa mémoire*

On a longtemps cru qu'apprendre était synonyme de mémoriser. On pensait que le cerveau était une surface vierge sur laquelle aller venir se fixer chaque nouvel apprentissage. On croyait ainsi que les connaissances se superposaient progressivement les unes aux autres pour construire nos connaissances générales.

La psychologie cognitive actuelle a depuis montré combien les mécanismes en jeu dans l'apprentissage sont à la fois plus nombreux, plus complexes et interdépendants les uns des autres. La mémoire en représente une part importante, mais non exclusive.

De plus, la mémoire n'est pas un module simple et unique qui nous permettrait d'enregistrer et de stocker les connaissances toujours sous la même forme. Les recherches sur la mémoire montrent la coexistence de plusieurs formes de mémoire, toutes actives dans le processus d'apprentissage. Pour être efficace dans notre apprentissage il faut aussi savoir que les méthodes à utiliser sont différentes pour stimuler chacune de ces mémoires.

Quelques explications pour mieux comprendre la mémoire et mieux l'utiliser :

Il existe trois formes principales de mémoire : la mémoire à court terme, la mémoire de travail et la mémoire à long terme.

La mémoire à court terme

C'est cette toute petite mémoire qui vous permet de stocker temporairement les informations à traiter. Aucune donnée ne peut passer directement de l'extérieur à la « boîte noire », ne peut être durablement enregistrée sans le passage par ce premier sas de la mémoire. Pour cela, vous allez garder en mémoire une donnée quelques secondes, pas plus. Et vous ne pouvez maintenir dans cette mémoire que plus ou moins 7 éléments à la fois. C'est pour cette raison que l'on regroupe les numéros de téléphone en 5 « blocs » : il est plus facile de mémoriser un numéro de téléphone en regroupant les chiffres plutôt que de retenir la série de 10 chiffres. Essayez !

On ne peut enregistrer des informations en mémoire si on est distrait ou anxieux.

La mémoire à court terme est très sensible à la distractibilité et à l'anxiété. Pour garder un numéro de téléphone en tête il faut que personne ne me parle entre le moment ou j'ai relevé le numéro dans l'annuaire et le moment ou je le compose. Si quelqu'un me parle entre-temps ou si je pense à autre chose il y a de grandes chances qu'au moment de faire le numéro je ne m'en souvienne plus ou que partiellement.

De la même façon l'anxiété sature les capacités de la mémoire immédiate. Quand l'information veut entrer dans le système, l'anxiété occupe toute la place et l'information… ressort. On ne peut rien apprendre quand on est anxieux.

La mémoire de travail

La mémoire de travail est celle qui permet de traiter les informations pendant que la mémoire à court terme les garde présentes à l'esprit.

Le calcul mental est un bon exemple. Pour faire l'opération de tête, il faut maintenir en mémoire les nombres à manipuler et les résultats des opérations intermédiaires et calculer le résultat final.

Autre exemple : la traduction simultanée. L'interprète doit traduire et transmettre le message tout en retenant les informations de l'autre langue qui arrivent en même temps.

En mémoire de travail les informations vont être analysées, comprises, associées… Véritable petite usine de traitement, cette « mémoire active » exécute un travail cognitif sur les données nouvelles. D'une certaine façon, elle les « digère » avant de les envoyer en mémoire à long terme où elles seront durablement stockées.

• Répéter, s'entraîner, faire des exercices… ne sont pas des méthodes dépassées ! Elles sont au contraire très efficaces pour apprendre !

Quelques idées pour jouer à mémoriser

Idéal en voiture, le jeu de *Je pars en vacances. Dans ma valise je mets...* Le premier joueur ajoute un objet, le deuxième joueur doit répéter la phrase avec l'objet déjà ajouté et en proposer un autre. Le troisième joueur répète l'ensemble et donne un nouvel objet, etc. Le joueur qui n'arrive plus à répéter dans l'ordre tout le contenu de la valise a perdu. Les joueurs s'éliminent ainsi petit à petit.

On peut aussi faire ce que l'on appelle en psychologie cognitive de la *fluence verbale.* On choisit une lettre, exemple A, et l'on doit dire chacun son tour un nom d'animal. Il ne faut pas répéter un nom déjà dit sinon on est éliminé. Le perdant est celui qui ne trouve plus de nom. Nombreuses variantes avec pays, prénoms, tout est bon pour entraîner ma mémoire.

Tous les jeux de mémoire visuelle sont également intéressants : les Memory, où il faut retrouver des paires. Mais on peut aussi improviser en posant sur une table un certain nombre d'objets hétéroclites. On invite l'enfant à bien les regarder et à les mémoriser. On les recouvre d'un drap, on enlève un objet et l'enfant doit découvrir quel est l'objet disparu.

• Pour être performant en mémoire de travail, il faut s'entraîner à activer la représentation visuelle ou sonore de ce que l'on vient de voir ou d'entendre. Je lis quelque chose, je le *regarde dans ma tête* ou je le *réécoute* mentalement avant de passer à autre chose. En fait, je prends conscience de ce que j'ai vu ou entendu. Je produis un *geste* mental qui rend mon cerveau actif face à l'apprentissage en cours. Ce geste mental de garder consciemment en tête quelques secondes me donne la maîtrise et le contrôle de ce que j'apprends. La mémorisation en sera grandement facilitée. Vous pouvez facilement entraîner vos enfants à cette gymnastique mentale. Le temps gagné et l'efficacité leur donneront envie d'en faire une méthode systématique quand ils auront quelque chose à apprendre. Mais essayez vous aussi et vous prendrez un plaisir supplémentaire à apprendre car vous découvrirez la sensation nouvelle d'être aux commandes de votre propre fonctionnement cognitif. Et ces exercices entraînent également les capacités d'attention soutenues par la prise de conscience de ce que l'on fait. Dommage de s'en priver !

• Pour augmenter la capacité de la mémoire de travail, il est important d'automatiser certains apprentissages. C'est le principe de l'apprentissage qui permet de maîtriser progressivement certaines compétences pour pouvoir en aborder d'autres. Par exemple, si un enfant doit mobiliser toute son attention sur le déchiffrement d'un texte, il ne peut pas en même temps comprendre ce qu'il lit.

Le système cognitif devient de plus en plus complexe au cours du développement par l'augmentation progressive de l'empan de la mémoire de travail. Plus l'empan est important, plus je peux me confronter à des apprentissages ou à des problèmes difficiles, plus je peux mémoriser de connaissances nouvelles en ayant automatisé les connaissances anciennes.

• Apprendre transforme notre cerveau. Plus on répète, plus on implique les mêmes neurones et plus on modifie ainsi certaines connexions cérébrales : la trace des circuits empruntés par la circulation d'informations prend du volume, notre cerveau change de configuration…

Faut-il ou non apprendre par cœur ?

Cela dépend… de ce que l'on a à apprendre et de ce pourquoi on l'apprend.

Il ne sert à rien d'apprendre par cœur quelque chose que l'on n'a pas compris car on ne saura pas l'utiliser. Mais l'apprentissage par cœur est, en revanche, très utile pour automatiser certaines connaissances car on libère ainsi des ressources cognitives pour faire autre chose. Ce qui permet à la fois d'être plus performant et plus rapide. Je m'explique : apprendre par cœur ses tables de multiplication permet, au moment du contrôle de maths, de réfléchir à la résolution du problème plutôt qu'au résultat du calcul. Si je suis obligé de faire des calculs mentaux pour trouver le résultat, je mobilise mon attention sur ce calcul. Or, nos ressources cognitives ne sont pas extensibles : l'attention que j'utilise pour faire le calcul ne sera plus disponible pour comprendre et résoudre le problème posé. Si je ne connais pas mes tables de multiplication, je perds du temps, de l'énergie, des ressources et je risque, en plus, de faire d'inutiles erreurs de calcul ! Et cette démonstration rapide est valable pour de nombreux apprentissages « par cœur » : les dates historiques, les exceptions grammaticales, les verbes irréguliers d'anglais, les formules de physique, les théorèmes de maths…

Un autre argument pour le « par cœur » est l'idée que si on se répète plusieurs fois la même chose on crée une trace dans la mémoire qui sera plus profonde à chaque répétition. À l'image du chemin dans la forêt qui sera d'autant plus marqué et tracé qu'il sera fréquemment emprunté. Et ce sillon dans la mémoire sera durablement imprimé, ce qui facilitera l'accès à l'information stockée. Au moment où on me posera la question j'arriverai rapidement et efficacement à l'information car le chemin sera direct et net.

Alors, quand les enfants râlent face à une leçon à apprendre par cœur ou quand ils vous expliquent que « c'est débile d'apprendre comme ça », expliquez-leur à quoi ça sert et comment ils peuvent faire du « par cœur » une arme précise, utile et « intelligente » pour leurs apprentissages et leur réussite. On n'apprend que ce que l'on comprend, alors ils ont besoin eux aussi de comprendre pourquoi on leur demande une chose pareille !

La mémoire à long terme

Elle est souvent considérée comme la plus noble car c'est elle qui stocke, enregistre, classe, organise nos connaissances, nos savoirs, nos compétences mais aussi nos souvenirs et toute notre histoire.

Elle a elle aussi plusieurs facettes :

• La *mémoire explicite* nous permet d'expliquer nos connaissances et de les transmettre. Elle comporte la *mémoire sémantique* (le sens des choses, toutes nos connaissances sur le monde), et la *mémoire épisodique* (nos souvenirs personnels, la chronologie de notre histoire, les contextes affectifs et émotionnels dans lesquels se sont produits les événements).

• La *mémoire procédurale* est une mémoire implicite, qui automatise les apprentissages et que nous utilisons de façon inconsciente, à notre insu. Elle nous permet de mémoriser les « savoir-faire », les compétences. Faire du vélo ou écrire est possible grâce à cette mémoire.

✔ **Prenons une leçon de maths à apprendre et remontons schématiquement la chaîne de la mémoire :**

1. Je perçois les informations (mémoire sensorielle).

2. Je les garde quelques secondes en tête (mémoire à court terme).

3. J'effectue le traitement des données : analyse, compréhension, association avec d'autres connaissances... (mémoire de travail).
4. Je mémorise l'explication, l'argumentation que je pourrai réutiliser (mémoire explicite).
5. J'intègre le sens, ce que j'ai compris du principe à apprendre (mémoire sémantique).
6. J'enregistre les étapes de raisonnement, du développement et la méthode pour résoudre ce type de problème (mémoire procédurale).
Pour que le cours de maths soit *appris* il faut que *toutes* ces mémoires fonctionnent correctement.
Si je discute avec mon voisin, je perds une partie des informations, la mémoire à court terme n'a pas fonctionné à plein régime. Si en plus je parle de quelque chose qui m'inquiète, l'anxiété réduit encore les informations qui pourront être enregistrées. Si je ne comprends pas ce qu'explique le prof, aucune chance d'activer la mémoire sémantique. Si j'ai compris le principe du cours mais que je ne sais pas l'appliquer, que je ne sais pas refaire l'exercice, que je n'ai pas intégré la méthode, aucune chance d'avoir une bonne note au prochain contrôle.

• La mémoire procédurale, celle du savoir-faire, est souvent centrale dans les apprentissages scolaires.

Il ne suffit pas de savoir ou d'avoir compris pour apprendre, encore faut-il mémoriser le savoir-faire. Et à l'école c'est souvent cette mémoire qui permet d'être un bon élève. On peut être fort en histoire ou en maths parce que l'on a un intérêt pour ces matières mais ne pas être performant au moment des contrôles ou des examens dans le cadre scolaire. Pourquoi ? Simplement parce que le fait de savoir, de comprendre, empêche certains élèves d'aborder le savoir-faire scolaire. Et ce savoir-faire scolaire correspond à ce qu'attend le prof pour noter le devoir. Pour réussir à l'école, il faut intégrer et mémo-

Impliquer tous nos sens pour bien mémoriser

Les études précisent que l'on retient :

— 10 % de ce qu'on lit

— 20 % de ce que l'on entend (et que l'on se redit)

— 30 % de ce que l'on voit (et que l'on revoit mentalement)

— 50 % de ce que l'on lit, voit ET entend

— 80 % de ce qu'on est en mesure d'expliquer à autrui

— 90 % de ce que l'on écrit, dessine, fabrique, après avoir bien regardé, entendu, traduit dans nos propres mots, expliqué à autrui… c'est-à-dire lorsqu'on s'implique activement dans l'apprentissage.

Ne… l'oublions pas !

riser la forme sous laquelle doit être restituée la connaissance, la méthode à utiliser, le raisonnement à appliquer…

> En histoire, la difficulté est courante : l'enfant connaît bien sa leçon mais il ne sait pas faire une synthèse de documents en utilisant ses connaissances, et il a une mauvaise note… Ou encore en maths : souvent, plus l'enfant est doué en maths, c'est-à-dire qu'il comprend vite et bien la logique mathématique, et moins il prend la peine de s'entraîner à démontrer son raisonnement. Mais en classe ce n'est pas le résultat qui compte, c'est la justification ! Et si l'enfant n'a pas intégré ce savoir-faire, son talent en maths sera vite insuffisant !

Il est souvent plus utile d'aider nos enfants à entraîner leurs compétences et leur mémoire procédurale qu'à enregistrer, mémoriser simplement le cours. Il faut qu'ils sachent en faire quelque chose d'utile face à la demande scolaire !

CRÉER DES LIENS

Une plainte est fréquente chez les parents ou même chez les profs : « Ah, si cet enfant pouvait enregistrer ses cours comme il apprend les textes de chansons ou le nombre de buts marqués par son équipe de foot favorite ! » En général on ne comprend pas d'où vient cette différence.

En mémoire à long terme il existe des unités de mémoire spécifique qui enregistrent chacune une partie de l'information. On ne mémorise pas de la même façon des contenus différents. Par exemple, la mémoire des noms propres n'est pas la même que la mémoire des visages. En plus chaque notion est « rangée » dans une unité distincte : l'image du mot ou sa forme écrite ne sont pas stockées au même endroit. On ne retrouvera pas à la même place le mot « bateau » et la représentation visuelle du bateau.

Or, lorsqu'on enregistre des informations à mémoriser, il faut créer des liens entre elles pour s'assurer de former une chaîne, un réseau qui permettra de remonter le système pour retrouver l'information.

Plus on créera d'associations entre une information nouvelle et celles que l'on a déjà enregistrées, plus on fera de liens en mémoire, et plus les données à mémoriser seront « contextualisées ». Reprenons l'histoire du foot : ses souvenirs des buts marqués se fait parce que cette information appartient à un « monde », un monde à lui que l'enfant connaît et aime bien. Chaque fois qu'un match se joue, il intègre le résultats à tout un univers, un réseau de données qu'il a déjà en mémoire. Or, les savoirs scolaires appartiennent rarement à des univers (en tout cas ce n'est pas enseigné comme ça) à partir desquels l'enfant pourrait créer un réseau de sens et de significations. Ce serait sûrement efficace d'insister sur les liens qui existent entre l'histoire des manuels scolaires et notre monde actuel, les principes de physique et les recherches scientifiques contemporaines, les notions mathématiques et la compréhension de certains mécanismes au quotidien… Bref de contextualiser davantage l'apprentissage scolaire pour faciliter la mémoire des connaissances à apprendre ! Le principe de suivre et d'appliquer le « programme » laisse souvent peu de place et de temps à cette démarche même pour les enseignants qui ont pris conscience de cette nécessité.

Les moyens mnémotechniques sont-ils utiles pour mémoriser ?

Ce terme savant parle des « trucs » que l'on invente pour mieux mémoriser une information. Cela correspond effectivement à une façon de la rendre plus familière, de l'intégrer à un contexte que l'on connaît et à faire des liens. Par exemple, si je dois mémoriser le nombre 137569, je peux penser aux numéros des trois départements de Marseille, Paris, et Lyon. J'ai ramené à quelque chose de connu un nombre sans signification.
On peut aider nos enfants à apprendre certaines choses en les invitant à s'imaginer l'information dans un contexte différent (se raconter une histoire pour apprendre des verbes irréguliers) ou à l'associer à des choses qu'ils connaissent déjà bien.

• Plus on mémorise, plus on apprend et plus on apprend, plus on mémorise.

La mémoire a besoin de bases pour fonctionner. Une nouvelle donnée va s'ancrer sur ce qui existe déjà en mémoire. Une connaissance isolée qui ne peut s'associer à aucune autre aura plus de mal à être stockée. Plus la mémoire est enrichie, comme la terre, plus les connaissances s'enracinent et se développent, comme les plantes…

Pour mémoriser, il faut déjà savoir et plus on sait de choses, plus on peut en apprendre de nouvelles…

LA MÉMOIRE VIENT EN DORMANT

Le sommeil joue un rôle capital dans la mémorisation. Pendant la nuit et principalement pendant les phases de rêve, notre cerveau continue à apprendre. Les connaissances nouvelles, celles que l'on a apprises la veille, les traces « fraîches » vont s'associer avec nos connaissances et nos souvenirs plus anciens. Et, comme le dit la sagesse populaire, *la nuit porte conseil* : le rêve est efficace dans la résolution de problèmes et dans l'inspiration créative. De nombreuses expériences le confirment.

Le sommeil n'est pas une « petite mort », bien au contraire, c'est une situation active. Voilà une idée intéressante à proposer aux enfants qui ont peur de s'endormir !

Récapitulons : qu'est-ce qu'apprendre ?

— Apprendre correspond à une démarche intellectuelle active face à un savoir nouveau. L'apprentissage consiste à s'approprier ce savoir en mettant en jeu différents mécanismes : l'analyse, la compréhension, la mémorisation. Pour parvenir à l'acquisition et à la maîtrise de la connaissance nouvelle (le savoir), il faut en avoir la volonté et l'envie et se représenter clairement l'objectif à atteindre.

— Apprendre = alchimie complexe :

1. Accepter de ne pas savoir (qui renvoie à l'estime de soi).
2. Activer ce que l'on sait déjà (qui suppose de faire des liens et de confronter la connaissance nouvelle aux savoirs déjà intégrés).
3. Inhiber ce qui ne convient plus (ce qui demande des repères internes stables et d'être bien dans sa tête).
4. Être acteur du processus (s'approprier les connaissances).

— Apprendre : on est obligé ! Le cerveau ne peut s'empêcher d'apprendre. Il ne sait rien faire d'autre. Il est programmé pour ça. Il faut qu'il soit dans le coma pour s'arrêter d'apprendre !

➤ *Mieux comprendre son fonctionnement pour mieux apprendre*

Savoir comment faire

« Je sais ou je ne sais pas ? », entre les deux il faut choisir ! Pour apprendre, il faut savoir faire cette différence. Savoir ce que l'on connaît déjà et l'évaluer. Si je pense que j'ai un niveau d'anglais suffisant, je considère que je suis capable d'apprendre cette leçon.

Mais il faut aussi prendre conscience des stratégies dont on va avoir besoin pour apprendre et savoir les contrôler : ce sont les processus métacognitifs. Ce qui littéralement signifie ce que je sais sur ma façon de faire face à un travail intellectuel, c'est-à-dire mes connaissances sur mes propres connaissances (méta = ce qui englobe, ce qui dépasse et cognitif = ce qui permet d'acquérir les connaissances). Par exemple, pour faire ce devoir de maths, j'ai besoin de connaître telle ou telle formule. Pendant mon exercice je m'assure que mon raisonnement va me permettre de trouver le résultat. Si j'ai l'impression que ça ne marche pas, je cherche une autre façon de faire. Et à la fin je vérifie que ce que j'ai fait correspond bien à ce qu'on m'a demandé et que mon résultat est correct. Ce sont toutes les étapes de l'apprentissage. Quand la tâche est facile on n'en prend pas conscience, quand ça devient plus difficile, alors je dois maîtriser cette procédure.

Récapitulons :

1. Je prends conscience qu'il y a un problème à résoudre, c'est-à-dire quelque chose que je dois surmonter.

2. J'évalue ce que je sais et ce que j'ai à apprendre ou à faire.

3. Je choisis les stratégies qui me semblent les mieux adaptées.

4. Je change ou j'ajuste mes stratégies si ça ne fonctionne pas correctement.

5. Je vérifie que c'est pertinent et que mon objectif est atteint.

Il est important d'entraîner les enfants à prendre conscience de ces processus. Et on peut le faire avec eux, à la maison. Souvent, les enfants en difficulté fonctionnent de manière impulsive : ils ne prennent pas le temps de se poser la question du *comment faire* et se précipitent pour *faire,* sans se poser dans leur tête, sans réfléchir. Quand on sait activer les processus métacognitifs, on devient efficace et performant.

Savoir ce que je vais en faire

Quand on apprend, il est essentiel de savoir comment l'apprentissage devra être restitué : dans quel contexte et sous quelle forme.

Il est également important d'adapter notre façon d'apprendre aux exigences du « correcteur », de l'« examinateur ». Et puis, on doit procéder différemment selon la finalité de l'apprentissage : ce n'est pas la même chose d'apprendre pour un exposé oral, pour maîtriser un raisonnement mathématique, pour être capable de faire une dissertation écrite ou pour réciter « par cœur » des définitions.

Certains enfants perdent beaucoup de temps en apprenant toujours sur le même modèle et parfois de manière inutile, car ce qu'ils ont appris ou plus exactement la façon dont ils ont appris ne leur permettra pas d'avoir une bonne note. Ils ont quelquefois passé beaucoup de temps et travaillé de façon laborieuse pour un maigre résultat.

Se représenter dans la situation de restitution permet de gagner beaucoup de temps au moment de l'apprentissage.

Quand deux « têtes » valent moins qu'une !

Le travail en groupe augmente la réussite individuelle de chaque membre du groupe, mais donne confiance dans ses… erreurs car tout le monde est d'accord ! Prudence quand on encourage les élèves à travailler en groupe ! Il faut avoir conscience de cet effet paradoxal[1].

Apprendre, est-ce penser ?

Voilà un grand malentendu et une réelle déception pour certains enfants : à l'école on ne demande pas toujours de réfléchir mais d'acquérir des connaissances « prêtes à penser »… Penser suppose d'activer une réflexion personnelle face à un savoir nouveau. Mais aussi créer nos propres liens, nos propres représentations pour assimiler la connaissance. L'école demande peu aux élèves de penser, ni n'affiche comme vocation d'apprendre à penser. On est plutôt dans une pédagogie vouée à l'intégration passive de connaissances. De façon paradoxale on peut même leur demander d'éviter de penser : « Je ne te demande pas de penser mais d'apprendre ! » Penser par eux-mêmes peut certaines fois être néfaste pour les élèves, car cela devient synonyme de remise en cause de ce qui est enseigné ou de la manière dont c'est enseigné.

Ainsi, dans sa course à la réussite, l'école peut avoir tendance à oublier que le développement de la pensée

1. J. M. Punochar et P. W. Fox, « Confidence in individual and group decision making : when two heads are worse than one », *Journal of Educational Psychology*, vol. XCVI, n° 3, septembre 2004.

devrait faire partie de l'apprentissage. On transfère des savoirs aux enfants, on leur demande de les considérer comme vrais, comme valables, et de les réutiliser pour prouver qu'ils les savent et qu'ils les ont compris. Un enfant qui réussit peut être celui qui a seulement intégré les connaissances sous la forme préétablie et qui a su les restituer sous cette même forme. Mais est-il capable de développer, d'activer une pensée personnelle sur ces connaissances ? A-t-il appris à penser ? Sait-il être critique par rapport à ce que l'environnement délivre constamment comme information ? Probablement pas. Et l'on peut craindre que cet enfant devenu grand soit peu armé face à la complexité de la vie et à la nécessité d'utiliser ses ressources de pensée personnelles pour s'y adapter constamment et y trouver *sa* place.

Chez les adolescents, leur opposition au cadre scolaire peut être une forme d'expression constructive. Il peut s'agir d'une revendication légitime à restaurer une pensée personnelle et à refuser une forme de pensée imposée. C'est d'ailleurs au moment de la pleine adolescence, en terminale, que la philosophie entre au programme. On pourrait se dire que c'est finalement une façon de leur redonner le goût de penser. Mais n'est-ce pas un peu tard et est-ce vraiment sous la bonne forme ? Car malheureusement la philo suit de près la trame des apprentissages scolaires : il ne s'agit pas de *faire penser* mais d'enseigner comment d'autres ont pensé ! Et c'est le clash, car c'est une imposture que de faire croire à ces adolescents qu'on allait leur demander et respecter leur propre façon de penser ! Et quand certains enseignants tentent malgré tout de le faire, ils sont eux-mêmes coincés par ces sacro-saints programmes !

Et que dire de l'enfant en difficulté en expression écrite : on considérera vite qu'il ne parviendra pas à apprendre car l'écrit est au centre de l'école. Alors que cet enfant est probablement largement capable de penser. Mais qui s'en préoccupe ? Et, pour cet enfant en particulier, cette insistance sur le langage écrit est une forme d'inhibition de sa pensée.

D'une façon générale, exprimer oralement sa pensée est plus naturel et permet de la déployer et de la développer. Ce que le passage à l'écrit bloquera, ne serait-ce que par le goulot d'étranglement qu'il suppose. À l'école il y a une très grande place pour l'écrit. Bien sûr l'école est là aussi pour aider nos enfants à apprendre à écrire, mais cela en pénalise certains. Et pas seulement par rapport à ces fameux résultats scolaires, mais parce que cela les empêche aussi de développer leur pensée et leur capacité réflexive.

Parler c'est penser un peu. Pour éprouver sa pensée, l'enfant a besoin de parler. C'est en parlant qu'il prend conscience de sa façon d'analyser et de comprendre le monde. C'est en partageant sa pensée avec d'autres qu'il évalue la différence entre ses capacités de penser, ses limites et celle des autres. Parler entraîne à penser et à accepter la critique des autres sur sa pensée ! C'est courageux de parler ! On dévoile aux autres sa pensée.

La peur d'apprendre

Une nouvelle connaissance est un « objet inconnu » qui à la fois attire et fait peur. On a envie de s'en approcher et en même temps on s'en méfie. Réaction normale. Dans ces moments-là, si on bouscule l'enfant il se détournera de cet objet inconnu et s'en désintéressera. Et les nouveaux apprentissages vont lui faire peur. Il faut un temps d'appropriation qui doit être respecté. En respectant ce temps on respecte la pensée de l'enfant et l'enfant lui-même.

Si on dit à l'enfant : « Fais comme ci, pas comme ça, mais non tu te trompes, ce n'est pas une bonne idée ce que tu fais… », on l'empêche d'expérimenter son mouvement de pensée pour aller vers un apprentissage nouveau. L'inhibition de pensée guette l'enfant avec son cortège de difficultés ultérieures que l'on ne comprendra plus. Les stratégies d'évitement face à la difficulté peuvent également provenir de ce type d'attitude.

✔ **Pour accepter d'apprendre, il faut être en terrain connu.**

Pour pouvoir apprendre quelque chose de nouveau, il faut réussir à trouver des savoirs familiers pour s'y appuyer. Faute de trouver des repères, on peut refuser de prendre le risque de se perdre dans la confusion ressentie face à quelque chose que l'on ne sait pas et que l'on ne comprend pas encore. Pour aider votre enfant face à une notion nouvelle, cherchez avec lui les éléments qu'il connaît et sur lesquels il peut s'appuyer.

✔ **Et puis on peut également résister aux savoirs. On peut ne pas avoir envie de connaître, de comprendre. Cela permet de maintenir une forme d'illusion, mais aussi de dépendance. Lorsque l'on sait, on peut faire tout seul. On n'a plus besoin des autres. Chez certains enfants, cette crainte peut bloquer ou en tout cas freiner l'apprentissage. Si je peux l'apprendre, je n'ai plus besoin de la présence attentive de mes parents, si je peux le faire, alors mes parents ne le feront plus pour moi.**

Apprendre à lire, c'est renoncer au plaisir de l'histoire racontée le soir avant de s'endormir, et d'autant plus que les parents souvent vont dire : « Puisque maintenant tu sais lire, tu peux lire ton livre tout seul. » Et d'un moment privilégié, ce moment de lecture du soir risque de se transformer en une contrainte. En tout cas avant que la lecture soit totalement maîtrisée et que le plaisir de lire soit installé. N'hésitez donc pas, s'ils l'apprécient, à continuer à lire des histoires à vos enfants même s'ils savent lire.

« S'il te plaît, laisse-moi apprendre tout seul »

Il faut être vigilant à ne pas imposer systématiquement de l'extérieur ce que l'enfant doit apprendre. Apprendre suppose une construction personnelle du savoir. Se confronter à quelque chose que l'on ne comprend pas crée un bouleversement intérieur, une déstabilisation cognitive inconfortable qu'on va chercher à dépasser en analysant, en comprenant puis en maîtrisant la difficulté. C'est un véritable travail de recherche que produit notre cerveau. Nous créons de nouvelles ressources pour affronter ce qui nous résiste. Face à la difficulté on mobilise une énergie qui construit un nouveau savoir et un nouveau savoir-faire : on apprend. Et notre curiosité, notre envie de comprendre, notre plaisir de penser s'activent. Dans ces moments-là l'enfant est au centre de sa dynamique d'apprentissage.

Au cabinet, sur mon bureau, est posé un puzzle en trois dimensions qui permet de construire un cube. Régulièrement les enfants s'en emparent et tentent d'assembler les pièces. L'entreprise est très difficile et les enfants tâtonnent, essaient, se trompent, font tomber les pièces, essaient à nouveau. Et souvent, trop souvent sûrement, les parents interviennent : « Mais non, ce n'est pas comme ça qu'il faut faire, si tu fais comme ça, tu n'y arriveras jamais, regarde, je vais te montrer. » Et ils essaient… vainement car il s'agit d'un véritable casse-tête ! L'enfant muettement victorieux va alors s'emparer une nouvelle fois de l'objet et réessayer de résoudre l'énigme. Si, à l'inverse, l'enfant n'a pas une confiance en lui suffisante, il abandonne et ne s'intéressera plus jamais à mon puzzle. Il a perdu le goût d'apprendre, de comprendre et de réussir. Ce processus, expérimental à toute petite échelle dans mon bureau, traduit bien la différence entre penser et réfléchir par soi-même et le désintérêt que l'on peut ressentir face à une connaissance subie.

Et on voit aussi combien les critiques que l'on adresse à l'enfant sur sa façon de penser ou de faire, ou pire encore les moqueries, peuvent bloquer toute démarche personnelle et toute envie de persévérer.

➤ *« J'en suis capable ! »*

Faire les expériences par soi-même permet de prendre conscience que « je peux m'en sortir », c'est-à-dire trouver des solutions pour surmonter la difficulté et réussir. Alors j'éprouverai du plaisir à être compétent et je serai prêt à aborder une nouvelle expérience.

Aider l'enfant à faire son travail ne veut pas dire faire son travail à sa place. Quand on fait travailler un enfant, il est indispensable de lutter contre cette tentation de faire à sa place ou même de ne pas laisser à l'enfant le temps de comprendre et de savoir faire par lui-même.

Le temps de l'assimilation doit être respecté. Chacun son rythme. Attention à l'envie que les enfants apprennent trop vite au risque d'un apprentissage désordonné et superficiel, non intégré ni consolidé. En primaire, on voit parfois des parents qui veulent que leur enfant maîtrise rapidement les subtilités de la grammaire française. Alors, les verbes à tous les temps sont récités à la queue leu leu, mais l'enfant n'a pas assimilé quand et comment les appliquer. Et, au grand désespoir de ses parents qui diront : « Mais il a tout appris ! », l'enfant aura du mal à utiliser correctement les conjugaisons…

Quand on aide un enfant à faire ses devoirs, on peut être rapidement agacé de le voir hésiter, se tromper, prendre la mauvaise direction… et on s'énerve, on le gronde.

« Mais non, tu vois bien que c'est pas ça ! Tu n'y comprends vraiment rien, t'es nul ou quoi ? C'est incroyable que tu ne saches pas le faire ! », etc. Phrases assassines qui ôtent à l'enfant toute envie d'éprouver ses capacités, son intelligence, ses ressources... Ensuite, il attend qu'on lui explique, qu'on lui montre, qu'on fasse à sa place... Il n'est plus acteur de ses apprentissages, mais spectateur. Il perd toute envie d'apprendre, toute motivation... et les parents vont s'inquiéter de ce désintérêt pour les apprentissages. Alors les parents se mettent à la recherche de moyens pour aider leur enfant à mieux travailler. Ce sont eux qui réfléchissent et qui *trouvent* des solutions, qu'ils imposent à leur enfant. « On m'a trouvé un prof de maths », dira l'enfant.

Une bonne façon de faire est d'impliquer systématiquement l'enfant : qu'est-ce qu'il sait déjà sur le sujet, comment il ferait pour résoudre le problème, l'encourager à être créatif dans sa logique, dans son raisonnement, lui proposer de faire à sa manière et de comparer avec celle du prof, le laisser chercher, se tromper... autant de techniques qui permettent à l'enfant de se positionner face à son travail et surtout d'évaluer, par lui-même, ce qu'il sait faire et ce qui lui reste à apprendre.

Trop aider un enfant est aussi néfaste que de ne pas l'accompagner du tout : l'enfant doit pouvoir éprouver, exercer sa propre façon d'apprendre. On projette trop souvent sur les enfants notre manière personnelle de fonctionner sans respecter la sienne propre. Et on le dépossède ainsi de sa pensée.

✔ **Aider un enfant, c'est lui apprendre à... apprendre tout seul !**

Message de l'enfant à ses parents

« S'il te plaît, laisse-moi réfléchir, me tromper, et avoir le plaisir de trouver. Alors j'aurai envie de recommencer, encore et encore, même si c'est dur. N'aie pas peur, fais-moi confiance, admets que je fonctionne différemment de toi et que ça peut me permettre d'y arriver. Mais reste près de moi, encourage-moi et soutiens-moi quand c'est trop difficile. Ce dont j'ai besoin, c'est d'un guide qui m'accompagne sur MA route. »

C'est pas ma faute !

Face à l'apprentissage, on rencontre deux attitudes radicalement opposées dont les conséquences sont singulièrement importantes. Il s'agit de notre façon d'expliquer les causes de nos réussites ou de nos échecs. Quand on rate quelque chose, on cherche en général des explications. Et selon les cas, ou les personnalités, on considérera que c'est ou non de notre faute : « Si j'ai échoué c'est en raison de facteurs extérieurs », ou : « Je suis responsable de mon échec. »

Les apprentissages sont en général plus efficaces chez ceux qui attribuent leurs réussites et leurs échecs à des causes internes que chez ceux qui les considèrent comme dépendants de causes externes.

➤ « *Le devoir était trop difficile* » *(cause externe), ou : « Je n'avais pas suffisamment appris ma leçon » (cause interne)*

Un grand nombre d'enfants considèrent que s'ils ont des difficultés *ce n'est pas de leur faute*, et le plus étonnant est que, à les entendre, ce n'est *jamais* de leur faute !

Et ils vous expliqueront toujours et longuement que s'ils ont eu une mauvaise note c'est : parce que le devoir était trop difficile, parce que le prof note trop sévèrement, parce que la question posée n'avait pas été suffisamment traitée en cours, parce que leur voisin les a distraits... Bref, ce n'est jamais de leur faute mais de la faute... des autres !

Or pour avancer il faut être capable de se mettre en perspective, d'analyser son fonctionnement et ses erreurs afin de se réajuster par rapport à ce qui nous est demandé. Être *responsable* permet de se situer au centre de son projet et de s'approprier ses échecs mais aussi sa réussite. On peut *agir*. Quand on fonctionne avec un style d'attribution causale externe, on devient une victime impuissante et rien ne peut être mis en place pour progresser. On ne peut rien y faire puisqu'on n'est pas responsable de ce qui nous arrive.

➤ *Quand on pense qu'on n'y est pour rien, réussir ou échouer, c'est pareil !*

L'effet de la réussite n'a aucun poids chez l'enfant qui pense que la raison de son échec est extérieure à lui. S'il réussit, il n'y est pour rien... comme lorsqu'il échoue. Et il perdra ainsi tout le bénéfice que procure la réussite : l'envie de recommencer.

➤ *S'attribuer la cause de ses erreurs permet de réussir*

Considérer qu'on est actif face à ses erreurs, qu'on en est responsable, nous donne par symétrie le plaisir de s'attribuer les raisons de ses réussites. C'est le bon côté de la médaille. Si je sais pourquoi et comment je réussis, si je suis capable d'analyser comment je fais pour réussir, quelles sont mes méthodes et mes stratégies, alors je peux le reproduire et réussir à nouveau. Réussir suppose une prise d'autonomie : si je réussis, c'est grâce à moi ; je suis responsable de ma réussite et je dois en prendre soin !

Le bon dosage : être responsable, pas coupable

Le risque de l'attribution causale interne est que l'excès peut conduire à un sentiment excessif de culpabilité. Si on pense toujours que c'est de notre faute, cela peut se retourner contre nous. Comme toujours l'équilibre est de mise.
Être responsable c'est indispensable, se considérer systématiquement comme responsable de tout, c'est dangereux.

En admettant que l'on peut être responsable de ses échecs, on n'est plus prisonnier de soi-même ni des autres. C'est une vraie forme de liberté ! Nos enfants doivent le comprendre, les bénéfices sont énormes.

Peut-on vraiment parler du plaisir d'apprendre ?

On exploite fréquemment dans le cadre des apprentissages scolaires l'idée qu'il faudrait développer le plaisir d'apprendre pour favoriser la réussite. Et on tente des expériences pédagogiques, des « pédagogies du succès », pour parvenir à cet objectif. Mais on a quelquefois tendance à confondre envie de connaître, désir de savoir et plaisir d'apprendre. Les notions ne sont pourtant pas superposables malgré leurs liens étroits.

➤ *Plaisir d'apprendre ou plaisir de savoir ?*

Apprendre n'est pas forcément synonyme de plaisir. Apprendre, au contraire, renferme des contraintes et un inconfort. Une capacité à tolérer et à surmonter la frustration. Apprendre demande une série d'efforts qui sont à l'inverse du principe de plaisir. Mais la conséquence de l'acte d'apprendre peut être une grande source de satisfaction. La satisfaction de connaître et d'avoir appris.

Attention à la confusion entre l'aboutissement d'un projet, celui d'avoir appris, et le mécanisme pour atteindre cet objectif, apprendre. Vouloir à tout prix que les apprentissages plaisent aux enfants relève de ce malentendu.

> Prenez l'exemple du vélo. Apprendre à faire du vélo sans petites roues est laborieux. On tombe, on se fait mal, on a peur, on doit recommencer de nombreuses fois. Mais quand enfin l'enfant y arrive : quelle fierté et quel plaisir !

➤ *Se faire plaisir ou faire plaisir aux autres ?*

On peut aussi apprendre non pour se faire plaisir à soi mais pour se sentir aimé, pour faire plaisir aux autres ou encore montrer que l'on est capable[1]. Ou même pour ne pas être exclu. Le plaisir sera là aussi lié à l'aboutissement du projet, mais le processus même de l'apprentissage ne sera pas toujours associé à une quelconque forme de plaisir.

Comment retrouver le désir d'apprendre ?

> « Donnez à l'enfant le désir d'apprendre et toute méthode sera bonne. »
>
> J.-J. Rousseau.

Le désir d'apprendre vient du plaisir que l'on éprouve à connaître, comprendre, maîtriser de nouvelles connaissances et de la certitude que ce plaisir peut être infini.

Apprenez ce qui vous plaît

Dans la vie, on sélectionne ce que l'on décide d'apprendre : on se met dans une attitude mentale pour apprendre une chose ou l'ignorer. À chaque instant de la vie les possibilités d'apprendre sont infinies. C'est notre choix et il est totalement personnel !

1. Ce point est développé dans le chapitre 8 « Réussir pour qui, réussir pourquoi ?, p. 269.

Le désir d'apprendre ne vient pas de la quantité de connaissances que l'on va intégrer, mais de la satisfaction que l'on ressent dans la rencontre avec ces connaissances.

Pour un enfant, le désir d'apprendre se fait aussi par identification aux parents. Plus les parents sont curieux, ouverts, intéressés par la nouveauté et montrent eux-mêmes du plaisir à apprendre, et plus les enfants seront dans cette même dynamique de désir.

Le rôle d'un enseignant, d'un professeur, est aussi celui du « passeur ». Celui qui va transmettre, non pas uniquement le savoir, mais l'envie, le désir d'apprendre. On se souvient tous dans notre scolarité de professeurs qui nous ont marqués car ils ont su nous transmettre leur enthousiasme, leur passion et leur plaisir de nous faire partager leur savoir. Et qui nous ont soudain permis de prendre un réel plaisir à aller vers la connaissance qu'ils nous enseignaient. L'école ne doit pas oublier ce rôle essentiel : transmettre le désir d'apprendre.

✔ **Lorsque le désir d'apprendre s'intègre à l'organisation psychique de l'enfant, c'est un moteur, une pulsion, qu'il gardera probablement toute sa vie et qu'il exercera dans tous les domaines.**

Plus on apprécie son prof, mieux on apprend

La relation affective joue un rôle essentiel dans l'apprentissage. Lorsqu'on aime bien son enseignant et que l'on ressent que c'est réciproque, le désir d'apprendre est plus vif et le plaisir réel. Et pourtant, dans la formation des jeunes enseignants, on leur recommande d'éviter les relations affectives avec leurs élèves. Alors même que l'on sait que sans dimension affective un enfant ne peut apprendre !

➤ *Quand le savoir est associé à l'obligation d'apprendre*

Le plus souvent l'enfant aime apprendre mais hors cadre scolaire, hors contraintes imposées. Selon ses centres d'intérêt, sa sensibilité, sa forme d'intelligence, l'enfant est en permanence dans une dynamique où il apprend et où il prend du plaisir à cela. La vie est un terrain d'apprentissage constant et les enfants poursuivent sans relâche une activité cognitive qui les pousse à explorer, comprendre, découvrir, acquérir des informations sur le monde extérieur, sur les autres et sur eux-mêmes. Et ils aiment ça. Vraiment. Mais à l'école, ils associent le fait d'apprendre aux apprentissages scolaires. Et là ils apprécient beaucoup moins et peuvent quelquefois perdre tout désir d'apprendre.

> Je dis souvent aux enfants en consultation : « Tu sais c'est sympa d'être intelligent ! Ça permet de découvrir et de comprendre plein de trucs. Et puis on peut se faire plaisir avec son intelligence ! C'est comme un sportif qui a du talent pour une discipline, il va éprouver beaucoup de satisfaction dans l'exercice de son sport. Toi c'est pareil avec tes possibilités d'apprendre. »
> L'enfant n'avait jamais vu les choses sous cet angle. Pour lui ses capacités n'avaient d'intérêt que pour obtenir des bonnes notes à l'école. Sûrement pas pour se faire plaisir et encore moins avoir envie d'apprendre !

➤ *Le plaisir de réussir donne envie d'apprendre*

Pour prendre du plaisir, il faut que régulièrement on éprouve la satisfaction d'avoir réussi, se sentir fort, compétent. Le plaisir d'apprendre vient du plaisir, parfois intense, que l'on peut ressentir lorsqu'on a accompli un effort pour atteindre un objectif, qu'on a rencontré des obstacles et qu'on a réussi à les surpasser pour réussir. Si chaque expérience d'apprentissage est vouée à l'échec, toute forme de satisfaction disparaît et l'idée même de plaisir s'éloigne inexorablement.

Pour prendre du plaisir il faut que l'ampleur de la tâche soit ajustée à la capacité de l'enfant à la surmonter. Une tâche trop difficile va le décourager et, contrairement aux idées reçues, ne lui donnera pas le goût de l'effort. La difficulté ne doit être que passagère, transitoire. Voilà une lapalissade incontournable dans les apprentissages scolaires et qui seule permettra de susciter de l'envie et du plaisir.

Cela ne sert à rien de laisser un enfant face à un devoir ou une leçon qu'il ne comprend pas sous prétexte que « ça va bien finir par rentrer ! », ou encore que « de toute façon il faudra bien qu'il sache le faire ! ». L'acharnement au travail peut produire l'effet inverse : l'enfant produit des efforts considérables pour un résultat insatisfaisant, pour lui et pour vous. Cela le décourage davantage et lui ôte toute envie de poursuivre. Le fait de ne pas y arriver risque de le détourner du plaisir d'apprendre.

Dis-moi comment tu apprends et je te dirai qui tu es

➤ *Quelle est ma conception de l'intelligence ?*

Nous avons chacun nos croyances sur l'intelligence et sur ses liens avec l'apprentissage scolaire. Ces croyances conditionnent notre attitude face à la situation d'apprentissage. Elles ont un impact puissant sur l'implication et la motivation.

Il existe deux façons de se représenter inconsciemment comment fonctionne l'intelligence. On peut soit considérer que l'intelligence est quelque chose d'inné, ou penser que l'intelligence est quelque chose qui évolue. Quelle que soit notre croyance ou théorie implicite, elle est profondément ancrée en nous et va s'activer dès que nous sommes confrontés à un travail intellectuel à fournir. Notre théorie va infléchir notre manière de travailler mais aussi nos émotions et notre comportement dans la confrontation à l'apprentissage.

Les enfants qui fonctionnent avec l'idée implicite que l'intelligence est un « don » de naissance pensent qu'on arrive au monde avec une quantité d'intelligence, une forme d'intelligence, qui restera la même toute la vie. Pour eux, c'est une donnée fixe sur laquelle ils n'ont aucune prise. Ils sont ainsi convaincus que, quels que soient les efforts qu'ils fournissent, cela ne peut rien changer de fondamental. Ils peuvent bien sûr apprendre de nouvelles choses mais leur niveau sous-jacent d'intelligence et par là même certaines de leurs compétences resteront les mêmes quoi qu'ils fassent. C'est une version moderne de la croyance à la « bosse des maths ». Croyance encore très vivace : si je ne suis pas un matheux (sous entendu que je ne suis pas né comme ça), je ne pourrai jamais être bon en maths. Et cette croyance conduira l'enfant à trouver normal de ne pas y arriver ou encore à abandonner, car de toute façon « ce n'est pas possible que j'y arrive ! ». On voit combien penser que l'intelligence est un trait de personnalité stable et immuable peut avoir des conséquences nocives sur le travail scolaire.

Dans le cas où l'enfant pense implicitement que l'intelligence est une qualité malléable, il pense que son travail, ses efforts vont avoir une incidence directe sur ses capacités intellectuelles. Pour lui, plus il apprend, plus il développe son intelligence. L'idée que l'on peut modifier et faire évoluer ses compétences engage plus fortement la motivation. Si je peux m'améliorer en fournissant un travail intellectuel, alors j'exerce un contrôle sur mon fonctionnement. Lorsqu'un enfant a la conviction de jouer activement un rôle sur son propre fonctionnement, il développe considérablement son investissement scolaire et sa persévérance face à la difficulté. Il accepte plus volontiers de travailler car ça va vraiment, pense-t-il, lui permettre de réussir. Et bien sûr, ça marche ainsi beaucoup mieux pour lui !

✔ **Notre théorie a souvent plus d'impact sur nos réussites que nos compétences réelles.**

Si je pense que j'ai les moyens de surmonter la difficulté, je peux réussir. Cela augmente ma confiance en moi et mon sentiment de compétence. Cela me rend optimiste sur mes possibilités de réussir à court et long terme.

Si je suis d'emblée convaincu que je ne suis pas capable d'y parvenir, je me décourage rapidement. Je me sens nul et j'ai une vision pessimiste de l'avenir. Je vais avoir tendance à fuir toute situation qui pourrait me révéler mon sentiment d'incompétence.

Avoir la conviction que l'on peut réussir permet de mobiliser toutes nos ressources pour atteindre l'objectif. C'est une croyance puissante pour réussir, indépendamment de nos compétences objectives.

➤ *Peut-on modifier les théories implicites de nos enfants ?*

Modifier une croyance est une tâche souvent difficile car on ne sait pas très bien comment se crée ce type de croyance. Ce que l'on sait, c'est qu'on a du mal à les infléchir directement. Tenter de faire travailler un enfant en lui disant « mais si tu peux y arriver », n'aura aucun impact s'il est lui-même profondément convaincu du contraire. On peut même arriver à renforcer encore un peu plus sa croyance qu'il est vraiment nul puisque, malgré notre idée qu'il peut réussir, il n'y arrive vraiment pas.

Prudence ! Les croyances sont solidement ancrées et seules des expériences différentes et positives peuvent permettre de les faire progressivement évoluer. Ce qui signifie que pour transformer la croyance « je ne peux pas réussir », il faut donner à l'enfant les moyens de… réussir ! Il faut confronter l'enfant à des tâches accessibles en lui montrant comment il y parvient et en quoi ça lui a permis de faire évoluer ses compétences. Alors il peut se rendre compte que, malgré ce qu'il pensait, il a un « pouvoir » sur les choses. Qu'il peut transformer sa façon de faire. C'est une démarche qui demande du temps et de la patience, mais le jeu en vaut largement la chandelle. Changer de théorie ouvre à l'enfant de nouvelles possibilités inconnues de lui-même jusque-là et diminue significativement ses conduites négatives devant la difficulté. En changeant sa vision des choses, l'enfant change son rapport à lui-même : je peux devenir *celui qui réussit* !

Pour intervenir sur les théories de l'enfant cela suppose qu'on les connaisse mais qu'on connaisse aussi… les nôtres ! Il est indispensable, pour mieux repérer l'origine de certaines difficultés de nos enfants, d'identifier ses conceptions face à l'apprentissage. Mais, au préalable, il faut prendre conscience de nos propres croyances. Elles influencent directement notre façon d'analyser et de comprendre le comportement de nos enfants face à leur travail scolaire. Les parents eux-mêmes convaincus que l'intelligence est une qualité innée et fixe seront plus facilement défaitistes face aux échecs de leurs enfants. À l'inverse, les parents persuadés que les efforts et le travail peuvent modifier les performances encourageront leurs enfants à persévérer.

✔ **Et vous, où en êtes-vous ? Vous trouverez en annexe un petit questionnaire pour savoir où vous en êtes de vos propres croyances. Cela vous aidera également à évaluer les théories de vos enfants et à vous donner les moyens d'intervenir plus efficacement sur leur façon de penser leur scolarité.**

➤ *Les profils cognitifs : à chaque enfant sa façon d'apprendre*

Nous avons chacun un profil, *style cognitif*, dans notre façon d'aborder un apprentissage. Le style cognitif correspond à notre approche personnelle privilégiée dans notre manière d'apprendre, de comprendre, de réfléchir, de mémoriser… Cette façon de faire, relativement stable, sera pour nous la plus efficace même si nous devons utiliser en complément d'autres mécanismes. Il est important de connaître son style pour optimiser ses apprentissages.

Quel est le profil cognitif de votre enfant ?

— Il comprend et mémorise mieux lorsqu'il écoute, il a besoin de parler et de répéter à haute voix pour apprendre une leçon, il retient facilement les informations qu'il entend… son intelligence est linguistique et son style est auditif.

— Pour se concentrer et comprendre il doit écrire sa leçon ou faire des schémas explicatifs, il comprend plus rapidement les informations présentées sous forme visuelle ou dessinée, il a besoin de surligner les informations essentielles dans un texte… il s'agit de l'intelligence et d'un style visuo-spatial.

— Une notion, une donnée qui ne lui semble pas logique, qui n'est pas en lien avec une autre, lui semble impossible à mémoriser, il a besoin d'avoir une explication rationnelle pour comprendre, il fonctionne pas à pas dans ses apprentissages

en associant les idées les unes à la suite des autres… c'est l'intelligence logico-mathématique qui est en œuvre. Le style logique prime, le sens est essentiel.
— L'enfant a besoin de toucher, de manipuler, pour comprendre et assimiler, il a besoin de données concrètes pour apprendre, il fait beaucoup de gestes quand il s'exprime… c'est un kinesthésique, la participation du corps intervient dans sa façon d'apprendre et il apprend essentiellement par la pratique.
— C'est dans la relation à l'autre qu'il devient le plus performant, lorsqu'il est en contact, en groupe, l'échange et la discussion lui permettent d'assimiler plus vite, seul face à une leçon il tourne en rond… Votre enfant montre une forme d'intelligence interpersonnelle. Il a besoin des autres pour fonctionner.
— Il est au contraire plutôt solitaire, passe beaucoup de temps à rêver, se montre créatif et inventif et a du mal à apprendre comme tout le monde… C'est un style intrapersonnel, individuel. C'est en lui-même que l'enfant trouve ses propres repères et ses propres ressources. Il doit avoir cet espace interne personnel pour assimiler les informations extérieures.

Connaître le style cognitif de son enfant c'est aussi lui permettre de mieux se connaître et de comprendre que chacun est différent. Les enfants comme les adultes pensent que tous fonctionnent pareil. Savoir qu'ils ont leur manière distincte d'apprendre, que c'est une manière que d'autres partagent mais, qu'à l'inverse, il en existe d'autres leur ouvre la voix à la possibilité d'appréhender les apprentissages avec des styles qui ne sont pas les leurs. C'est-à-dire qu'au lieu de s'enfermer dans leur propre style ils vont pouvoir enrichir leur fonctionnement de nouvelles façons de faire.

Découvrir son style c'est se donner la possibilité de le maîtriser : quand on ne sait pas comment l'on fonctionne on est victime de son propre fonctionnement sans aucune possibilité de contrôle. On le subit et on en devient prisonnier. De plus, les autres et en particulier les adultes vis-à-vis des enfants ont tendance à imposer leur propre style. Et ce le plus souvent car eux-mêmes ignorent tout de ces différences individuelles. Ils ne savent pas qu'ils emploient un style particulier et trouvent donc normal d'imposer leur façon de voir les choses[1].

Et à la récré, est-ce que j'apprends ?

La récréation est un moment de « flou cognitif » pour l'enfant, un moment où il perd ses repères habituels.

Dans la classe, le cadre est posé par l'enseignant ou par la nature des apprentissages proposés. Il existe peu de place pour la créativité ou pour la personnalité de chacun. En revanche, au moment de la récréation, tout, au sens étymologique du terme, est à *re-créer*. Pendant ce temps de récréation tout devient ou redevient possible et on va mettre en œuvre de nouvelles compétences pour assurer sa place : intégration aux autres, initiative des jeux… Dans la cour, il s'agit d'un apprentissage horizontal : de pair à pair. Les enfants ne sont plus en présence d'un adulte qui les domine mais d'autres enfants avec lesquels ils doivent composer.

La cour est un authentique terrain d'apprentissage social mais aussi un lieu où la personnalité de chacun va pouvoir s'exprimer. On « apprend » à faire fonctionner de

1. Tiens, quand j'écris leur façon de *voir* les choses, cela signifie probablement que j'ai moi-même un style visuel. Comme quoi les styles se révèlent automatiquement quel que soit le contexte !

nouvelles ressources ou encore on « apprend » en regard de ce que font ou agissent les autres… Moments singuliers avec des rites, des codes, des jeux, des associations de personnes ou d'idées qui à la fois seront identiques d'une récréation à une autre, mais qui aussi se renouvelleront à chaque nouvelle sonnerie de fin de cours. Observer des enfants en récréation permet de comprendre une autre dimension de leur fonctionnement et d'éclairer leur façon d'apprendre, en cours, et leur comportement dans le groupe classe.

Fille ou garçon ?
Apprendre a-t-il un sexe ?

La question peut surprendre, et pourtant…

Les filles d'un côté, les garçons de l'autre ?

Il était de tradition, jusqu'à la fin des années 1960, que les garçons et les filles soient scolarisés dans des écoles différentes ; cela correspondait alors à un fonctionnement social sans raison liée à l'apprentissage. Les mœurs ayant évolué, les filles et les garçons se sont retrouvés dans les mêmes classes. Mais, ironie de l'histoire, l'évolution des neurosciences a permis de mieux comprendre les processus qui permettent d'apprendre et ont démontré que les filles n'apprennent pas de la même façon que les garçons. Et qu'il serait peut-être plus efficace, par certains côtés, qu'existent des classes unisexes car l'enseignant pourrait s'adapter à la manière d'apprendre de chacun !

– La fille s'interroge sur : qu'est-ce qu'on attend de moi ? Par là même, elle s'adapte mieux.
– Le garçon se demande : comment ça marche[1] ?

Des recherches cognitives récentes confirmeraient que les filles et les garçons, à potentiel intellectuel identique, montrent des attitudes différentes face aux apprentissages scolaires.

Face à une tâche intellectuelle il existe, entre autres, deux modalités distinctes dans la manière d'aborder et de traiter l'information. Le mode « séquentiel » s'attache à découper l'information en petites unités, qui seront traitées les unes à la suite des autres. Le mode « simultané » permet d'appréhender l'information d'un seul coup d'œil, dans sa globalité. Selon notre mode de traitement privilégié mais aussi selon la nature de la tâche à traiter, nous solliciterons tel ou tel processus, le plus efficace. Par exemple, déchiffrer un texte, c'est du séquentiel. On lit syllabe après syllabe, son après son, mot après mot, etc. Prendre le sens global du texte revient au mode « simultané ».

Or, on sait aujourd'hui que les filles ont tendance à activer le mode séquentiel de façon privilégiée alors que les garçons préféreront le mode global.

Ce qui se retrouve bien à l'école, très saturée en séquentiel (lecture, écriture, explications orales…) où les filles sont spontanément plus à l'aise. Les tâches dites verbales leur conviennent bien. Les garçons vont de leur côté montrer de meilleures compétences dans les tâches visuo-spatiales, simultanées, où leur intuition et leur esprit de synthèse seront plus performants. Les maths illustrent cette aptitude des garçons, le français celle des filles.

---

1. Selon une formulation de D. Marcelli, Congrès des psychologues scolaires, Poitiers, juin 2004.

Il ne s'agit pas bien sûr de caricaturer mais seulement de soulever que la manière d'apprendre n'est pas, spontanément, la même. Certaines difficultés peuvent se comprendre à la lumière de ces spécificités.

Ajoutons que les filles partent avec un léger avantage, pour deux raisons :

• Elles entrent en général plus vite dans le langage et à l'école, quand on parle bien, on démarre plus vite les apprentissages.

• En primaire, les enseignants sont très majoritairement des femmes et ce sont les mères qui font le plus régulièrement travailler leur enfant : leur mode de fonctionnement est plus en symbiose avec celui… des filles. Face aux garçons les femmes utilisent leurs propres aptitudes pour les faire travailler, ce qui pour eux n'est pas forcément le plus direct et le plus évident.

> Prenons un exemple facile : les femmes expliquent longuement, elles utilisent donc le « verbal », ce qui casse les pieds aux garçons qui préféreraient qu'on leur montre (visuel) et qu'on leur démontre.
>
> Voilà pourquoi il est essentiel que les hommes, et les pères en priorité, s'impliquent dans le travail scolaire de leur fils.
>
> Et voilà encore une idée reçue à oublier : ce n'est pas parce que les mères ont un rapport affectif fusionnel avec leur fils que ça marche moins bien, mais seulement parce qu'ils ne fonctionnent pas de la même façon. Tant pis pour l'explication psy si souvent et rapidement avancée !

Par ailleurs, on s'inquiète plus vite pour les garçons que pour les fille. En psychologie de l'enfant et de l'adolescent on reçoit trois garçons pour une fille. Pourquoi ? On peut le comprendre pour deux raisons, une acceptable et une discutable :

Première raison :

Les filles montrent de meilleures capacités d'adaptation que les garçons. Elles exercent plus spontanément leur « métier d'élève ». Elles acceptent plus facilement les contraintes scolaires. Les garçons ont plus de mal à se soumettre et leurs manifestations d'opposition seront plus bruyantes. Ainsi ils seront plus vite repérés par les enseignants et inquiéteront plus rapidement les parents. Cependant, attention aux filles qui semblent correspondre en tout point à ce qu'on attend d'elles. À l'adolescence certaines d'entre elles finiront par « craquer » et alors il sera plus difficile de les aider.

Seconde raison :

Nous sommes encore soumis à une représentation collective tenace, même en ce début de XXIe siècle : une plus grande importance est accordée à la réussite des garçons. Si, si, je vous assure, on pense encore confusément, et j'espère inconsciemment, qu'une fille pourra toujours se marier avec un homme qui aura une bonne situation. Alors finalement, si elle ne réussit pas ses études elle sera sûrement une bonne mère de famille !

> « J'ai dit à ma fille : fais des études, même pour une fille c'est important », me confie cette mère en consultation. Une remarque comme celle-là, ça ne s'invente pas ! Malheureusement !

Apprendre, c'est grandir un peu…

« Il faut toujours se coucher un petit peu moins bête que ce qu'on était le matin en se levant », me disait régulièrement ma grand-mère.

Et c'est vrai, bien sûr, que chaque jour nous enrichit de connaissances et de savoirs nouveaux. Notre apprentissage se construit pas à pas, chaque nouveau savoir s'associant à ceux déjà intégrés. Les savoirs nouveaux peuvent modifier nos connaissances antérieures et demander un réajustement, une adaptation. Le psychologue Jean Piaget a nommé ce mécanisme le processus d'*accommodation* et le considère comme central dans le développement cognitif de l'enfant. Et ce processus se poursuit toute la vie.

Pourtant un discours est très fréquent chez les parents : « Maintenant que tu es un(e) grand(e) », « Ça y est, tu es grand(e) », ou : « Tu n'es plus un bébé » et sa variante, sous forme d'injonction : « Il *faut* que tu sois grand ! »

Ce discours varie d'une famille à l'autre mais aussi chez le même parent qui peut utiliser cette phrase à différentes périodes du développement de l'enfant.

Mais c'est quoi être grand ? Ces phrases de parents qui veulent être encourageantes peuvent au contraire être vécues comme inquiétantes pour l'enfant : est-ce que ça veut dire qu'il va falloir que je me débrouille tout seul pour certaines choses ? Et quelles choses ? Et à l'inverse : si je n'apprends pas, alors je reste un bébé, alors mes parents vont continuer à s'occuper de moi ?

Attention aux conséquences de ces phrases qui peuvent produire l'effet inverse de celui attendu !

L'enfant a besoin d'être rassuré : apprendre c'est grandir et grandir ouvre des possibilités passionnantes qui vont permettre de faire toute une série de nouvelles choses, impossibles jusque-là. Et puis, même lorsqu'on apprend, ce n'est qu'infime par rapport à toutes les possibilités d'apprendre. On n'a jamais fini d'apprendre : c'est important de bien l'expliquer aux enfants qui peuvent n'avoir de l'apprentissage qu'une vision à court terme et limitée aux apprentissages scolaires.

CHAPITRE 3

L'enfant ne pense pas comme pense un adulte

De la représentation du monde de l'enfant à celle de l'adulte : tout un monde !

Entre un adulte et un enfant, nous avons trop souvent l'illusion d'une pensée commune. Les enfants ont une pensée qui arrive à maturation progressivement. Un enfant n'a pas pour penser les outils d'un adulte. Cela peut entraîner des incompréhensions. L'adulte communique avec ses mots, l'enfant comprend avec les siens, qui correspondent à son âge de développement. N'oublions jamais, lorsque nous parlons à nos enfants, qu'ils ne comprennent pas toujours comme nous et que parfois, s'ils ne font pas ce que nous leur demandons, c'est tout simplement qu'ils ont compris différemment ou pas compris du tout !

Cette illusion de la pensée commune est un piège facile à éviter lorsqu'on en a pris conscience, et qui permet de résoudre mille et une petites difficultés au quotidien et dans le travail scolaire.

« Ne t'inquiète pas, j'en ai pour cinq minutes ! » dit cette maman à son enfant de 5 ans pour le rassurer de sa courte absence. Et l'enfant, lui, que comprend-il ? Il comprend que sa maman s'en va. Point. Mais comment pourrait-il se représenter ce que signifient cinq minutes ? Comment pourrait-il avoir la moindre notion du temps abstrait ? Et l'enfant, soit se met à pleurer quelques secondes après le départ de sa mère, soit commence à ressentir son absence au bout d'une heure. Sans notion du temps il se met à pleurer au moment où l'absence devient douloureuse. Quel que soit le délai écoulé. Il *ne peut pas* comprendre le message de sa mère. Si nous, adultes, on nous demande d'attendre cinq minutes, sans regarder notre montre, nous commencerons à trouver le temps long au bout de quatre à six minutes selon notre propre sensation du temps vécu. Si la personne revient dans les temps ou au contraire plusieurs minutes plus tard, nous saurons, sans avoir besoin de vérifier, que l'engagement des cinq minutes a été ou non tenu. Nous avons acquis une notion essentielle, celle du temps vécu rapporté à la notion du temps abstrait.

Ne perdons pas de vue que nos enfants intègrent progressivement des notions qui nous paraissent, à nous adultes, évidentes !

➤ *Le psychisme de l'enfant arrive à maturité après l'adolescence*

On a longtemps pensé que le cerveau arrivait à maturation définitive au moment de l'adolescence. Or, les études les plus récentes montrent qu'il n'en est rien. À l'adolescence, certaines structures ne sont toujours pas abouties. Ce qui expliquerait en partie la difficulté pour les adolescents d'intégrer certains interdits et les conduirait à interpréter de façon erronée l'importance de certains dangers.

Alors, quand on s'adresse à un enfant, n'oublions jamais cette chose pourtant si simple : c'est un enfant ! Il n'est pas un adulte en miniature et il ne comprend pas comme nous. Même les enseignants l'oublient parfois et demandent à leurs élèves d'exécuter des consignes incompréhensibles. Et ces élèves se font ensuite punir pour ne pas avoir répondu correctement. Lisez attentivement les énoncés de certaines consignes ou de certains problèmes dans les livres scolaires de vos enfants en gardant cette idée en tête : est-ce que mon enfant peut vraiment comprendre ce qu'on lui demande ? Non qu'il n'ait pas les capacités intellectuelles ou les compétences requises, mais tout simplement parce que son cerveau n'en est pas encore au stade de comprendre cela ! Parce qu'il ne dispose pas des « connexions » nécessaires pour décoder le sens. Vous serez étonné de découvrir toute une nouvelle façon de vivre les difficultés parfois tellement normales de votre enfant !

> Violette, 4 ans, ne sait pas bien répondre à ma question sur ses frères et sœurs. Elle me dit qu'elle n'en a pas, mais que son papa en a. Je ne comprends pas bien, alors elle tente de m'expliquer que c'est deux frères qu'elle a eus avant, mais que maintenant c'est encore ses frères. Décodage : ce sont des garçons du premier mariage du père. Et devant l'explication confuse de Violette, les parents s'étonnent : « Mais pourtant on lui a déjà expliqué plusieurs fois ! »

Oui, bien sûr, mais à 4 ans Violette a compris comme elle pouvait ! Ce n'est pas un problème de compréhension, c'est normal pour son âge !

➤ *Quelques théories infantiles*

Nos enfants comprennent le monde, leur monde, parfois avec des théories bien à eux !

En voici un joli exemple. Il s'agit de Max, 10 ans, que je reçois en consultation accompagné de sa mère.

« Tu as des frères et sœurs ?
– Je suis unique.
– Tu sais pourquoi ?
– Ma mère, elle a pas fait commander deux spermatozoïdes avec l'ovule.
– Elle les commande où ?
– Je sais pas
– Et après ?
– On les avale. »

Entre ce qu'il a entendu et ce qu'il peut en comprendre, Max s'est construit une théorie sur la façon dont on fait les bébés. Il n'a pas compris pourquoi sa mère s'est moquée de lui lors de la consultation. Il a été blessé.

Grégoire, 8 ans, m'explique : « Dieu a créé la Terre le premier jour, il a créé les dinosaures le deuxième jour… au septième jour il a inventé le singe qui s'est transformé en homme. Mais bien sûr tout ça a mis des siècles ! » Ici nous sommes en présence d'une théorie sur la création de l'univers qui associe dans un joyeux mélange des notions catholiques, préhistoriques, scientifiques…

➤ *Les mots des enfants n'ont pas toujours le même sens que celui des adultes*

Les enfants utilisent souvent les mêmes termes que ceux des adultes, le même vocabulaire. Mais ils y mettent parfois un sens bien différent. Si nous ne sommes pas vigilants, nous pensons qu'ils ont bien compris… et pourtant !

« Quel âge as-tu ?
– 9 ans et demi.
– Qu'est-ce que ça veut dire et demi ?
– Ben la moitié !

– La moitié de quoi ?
– De 9 ans… ah non, alors la moitié… de l'âge !
– ???
– Ça veut dire que c'est presque, qu'on va bientôt avoir 10 ans ! »

Voilà une petite séquence très classique au cours de nos consultations. Et soudain les parents ébahis réalisent que leur enfant ne sait pas ce que veut dire « et demi ». Alors que l'enfant répond toujours parfaitement à cette question lorsqu'on lui demande son âge. Pour l'adulte, ce sens est si évident qu'il ne prend pas la peine de l'expliquer à l'enfant. Et il est persuadé que l'enfant comprend bien de quoi il s'agit ! Très souvent les enfants parlent sans comprendre vraiment le sens de ce qu'ils disent ou plutôt en le comprenant différemment. Mais les adultes ne s'en rendent pas toujours compte.

Ce phénomène existe aussi chez des enfants plus grands qui utilisent quelquefois un langage « plaqué » pour tenter de répondre à ce que l'on attend d'eux, mais trop souvent sans en maîtriser le sens. Ce qui masque parfois de réelles difficultés car l'enfant s'exprime bien et utilise un vocabulaire riche et varié.

Marc, 11 ans, utilise un vocabulaire riche. Il s'exprime volontiers et aime participer aux conversations des adultes. Les parents le trouvent très mature et s'étonnent de ses difficultés à l'école. En particulier, en français, Marc a de grandes difficultés à l'écrit : il ne comprend pas bien les textes qu'il lit et répond souvent à côté. Que se passe-t-il ? Marc a enregistré de nombreux mots d'adultes qu'il a compris à sa manière et lorsqu'il parle spontanément d'un sujet sans consigne ni contrainte il utilise ses « jolis mots » pour faire de belles phrases et bien parler. Mais il s'agit ici de langage spontané et l'on ne prête pas forcément attention au sens employé. On observe la facilité d'expression de Marc et on se laisse porter par ce qu'il dit sans prendre conscience de certaines incohérences de son discours. Souvent d'ailleurs, et sans s'en rendre compte, on rectifie dans nos têtes d'adultes ce qui dysfonctionne dans le discours d'un enfant. Ainsi on finit par bien comprendre ce que l'enfant dit, alors que lui-même n'a pas tout compris de ce qu'il a exprimé. Marc a d'authentiques difficultés de langage et un vrai trouble de l'estime de soi, directement associé d'ailleurs. Pour lui, développer ce type de langage « adultomorphe » était une façon de trouver sa place parmi les grands et que se parents soient fiers de lui.

✔ **La communication avec nos enfants doit souvent être décodée : il faut s'assurer que l'on se comprend bien, que l'on comprend la même chose. Il est important de consacrer du temps à ce « décodage ». Pour établir une réelle communication et non pas l'illusion d'une communication, source de nombreux conflits. Selon l'âge de votre enfant, essayez. Demandez-lui : « Qu'est-ce que tu as compris ? » Vous serez souvent surpris de sa réponse !**

La pensée pas à pas

La pensée se construit par étapes, par paliers. Elle ne suit pas une courbe exponentielle régulière. Nous avons tous observé ces moments féconds où soudain de nouvelles compétences se mettent en place. Chez le jeune enfant, ces moments sont magiques et bien repérables.

Par la suite, d'autres stades seront moins spectaculaires, mais néanmoins essentiels. Prenons un exemple : nous avons tous pensé à un moment de notre développement qu'un kilo de plumes était plus léger qu'un kilo de plomb ! Puis, ayant acquis la notion de *conservation du poids*, nous avons dû éloigner cette conviction perceptive pour accéder à un stade supérieur de la pensée. Nous avons *inhibé* une forme de pensée pour en mettre en place une nouvelle : le poids est indépendant de la nature des objets.

Ainsi, la pensée se construit à la fois par acquisition de nouvelles notions, mais aussi par l'inhibition indispensable des formes de pensée précédentes. Si, arrivés à un certain âge, on continue de penser avec des formes primitives de la pensée, il devient difficile d'accéder à une pensée aboutie. Pour reprendre l'exemple de la notion de poids, on ne peut plus penser à l'adolescence que le kilo de plumes est plus léger que le kilo de plomb ! Ce serait dur pour avancer en maths ! Et cela peut aussi être « dangereux » pour l'organisation de la pensée car elle n'arrive pas à se structurer correctement et va régulièrement produire des erreurs qui échapperont complètement à la compréhension de l'enfant lui-même et de son entourage.

Mais aussi être à l'origine de certains troubles intellectuels, nous en reparlerons.

➤ *La courbe de l'apprentissage n'est pas linéaire*

Les apprentissages ne suivent pas, eux non plus, une évolution ascendante régulière. L'apprentissage passe par des phases normales de régression. Par des moments de retour en arrière qui sont nécessaires pour atteindre un niveau de connaissance plus élevé. Les moments régressifs sont des moments féconds, ils constituent une pause protectrice dans l'évolution.

L'apprentissage passe par des étapes de réaménagement périodiques. On assiste alors à des baisses de régime ponctuelles qui précèdent les remontées. Il faut quelquefois désapprendre ce que l'on sait spontanément pour le réapprendre sous une forme différente.

✔ **Alors ne paniquons pas si soudain notre enfant semble ne plus savoir ce qu'il comprenait la veille : il apprend !**
Gardons en tête la forme en U de la courbe d'apprentissage. Ces « petits creux » sont normaux et indispensables : ils annoncent et préfigurent l'étape suivante !

➤ *Pour apprendre, il faut faire des expériences*

L'importance des expériences « cognitives » : une expérience cognitive est une situation dans laquelle l'enfant teste sa compréhension de l'environnement en « faisant des expériences pratiques ». N'oublions pas que « cognitif » veut dire « mécanisme pour acquérir les connaissances ».

Les expériences cognitives sont ainsi tous ces moments où l'enfant transvase du sable d'un récipient à un autre pour intégrer la notion de quantité, fait tomber plusieurs fois un objet par terre pour comprendre la loi de la gravité ou encore observe attentivement le déplacement de son jouet électrique… C'est sur ces principes que sont proposés cette multitude de jeux éducatifs.

Les années de maternelle sont une succession de ces expériences qui construisent la base des apprentissages ultérieurs. Mais, au cours de la scolarité, on retrouve cette nécessité de « mettre à l'épreuve » ce que l'on a appris : on applique un principe de physique ou de chimie, on expérimente les réflexes avec ces pauvres grenouilles en labo de sciences naturelles,… mais cela peut même être plus abstrait : quand on apprend par essais et erreurs, c'est-à-dire que l'on rectifie ce que l'on fait au fur et à mesure, ce sont des expériences cognitives qui nous permettent de mieux comprendre « comment ça marche ».

Il faut faire des expériences pour comprendre le monde et se l'approprier. Pour intégrer les bases structurantes de la pensée. Pour établir les fondations sur lesquelles se développeront notre intelligence et nos connaissances.

On a parfois tendance, pour accélérer le processus d'apprentissage, d'expliquer les notions et les concepts à nos enfants sans leur laisser le temps de faire leur expérience de connaissance du monde !

Que veut dire penser ?

Se poser dans sa tête, réfléchir, suppose aussi un apprentissage. Penser ne va pas de soi. L'enfant prend progressivement conscience qu'il pense. Ce qui veut dire qu'il parvient à distinguer ce qu'il vit dans sa tête et ce qu'il vit *en vrai.* Et ce n'est que plus tard encore qu'il comprendra que les autres... pensent aussi. Et que cette pensée n'est pas forcément la même que la sienne. C'est ce que l'on appelle la « théorie de l'esprit ». On considère que c'est un processus qui arrive à maturation complète autour de 4 ans.

Pour penser, il faut prendre conscience de ce qui se passe en nous et l'investir. L'enfant a besoin qu'on l'aide à trouver ce chemin en lui-même. Qu'on l'aide à repérer sa pensée propre et à l'utiliser.

On peut accompagner les enfants dans cet apprentissage de la pensée en l'aidant à ne pas se précipiter dans l'action. À faire, d'abord, une halte intérieure. À l'entraîner à ne pas répondre tout de suite à une question posée, à penser d'abord dans sa tête. Version moderne de retourner sept fois sa langue dans sa bouche avant de parler, qui pouvait prêter à confusion. On demande en fait à l'enfant de ne pas répondre tout de suite, de s'imaginer d'abord ce qu'il va répondre, de le regarder dans sa tête. On lui fait prendre conscience que c'est une pensée en lui.

Souvent, à l'école, on demande à l'enfant de réfléchir sans l'avoir initié à ce que veut dire penser. La pensée est d'abord un *objet interne* qu'il faut apprendre à identifier comme tel. La pensée, c'est quelque chose qui se déroule, qui se déploie, qui se vit à l'intérieur de nous-mêmes et qui nous appartient. Alors attention, quand on dit à un enfant « penses-y dans ta tête », ce n'est pas aussi simple que ça ! Penser dans sa tête n'est pas une évidence.

Le « Dis-moi ce que tu penses » des ados montre le besoin de savoir ce que pense l'autre sur soi puis de penser, ensemble, sur cette pensée. Ils jouent « à penser ». Car c'est à l'adolescence que les structures cognitives permettent l'accès à la pensée abstraite.

✔ **Le risque d'exprimer sa pensée, c'est qu'elle soit jugée, critiquée. Pour partager sa pensée cela suppose d'avoir une bonne dose de confiance en soi et d'être capable d'affirmer ce que l'on pense quel que soit le jugement de l'autre.**

➤ *Permettre à l'enfant d'éprouver sa pensée*

Pour pouvoir exister, la pensée doit s'éprouver. Car une pensée qui ne se confronte pas à la réalité, à l'extérieur, à la pensée des autres ne peut être féconde et constructive. Elle tourne en rond et peut détruire celui qui fonctionne ainsi. C'est en exprimant ce que l'on pense que l'on se construit car on apprend en quoi notre façon de penser le monde a d'adapté, de pareil, de différent par rapport aux autres. Et cela nous permet d'évoluer et de réorganiser, en interne, notre pensée.

✔ **Avec les enfants, une question clef donc : « Qu'est-ce que tu en penses ? » On offre ainsi la possibilité à l'enfant d'éprouver sa propre pensée, d'en percevoir les ressources et les limites. De**

prendre conscience de ce qu'il sait, comment il le sait et de ce qui lui reste à apprendre et à découvrir.

En posant cette question, on crée un espace de pensée car on ne lui impose pas un « prêt-à-penser » sans l'avoir invité à réfléchir au préalable. Et lorsqu'on félicite l'enfant de sa pensée sur un sujet donné, ou même seulement lorsqu'on reconnaît sa pensée comme une pensée acceptable – « ainsi, c'est ce que toi tu penses » –, cela donne à l'enfant le sentiment d'être capable de penser. Et ce sentiment de compétence lui permettra de renforcer son envie et son plaisir de penser et d'acquérir de plus en plus de connaissances pour enrichir sa pensée.

Si, à l'inverse, l'enfant est systématiquement critiqué par rapport à sa façon de penser, que l'on se moque de lui parce que « c'est ridicule ! c'est idiot ! c'est bébé ! », ou même simplement parce qu'on ne l'écoute pas vraiment, alors il renoncera à penser et se situera dans un rapport passif face aux apprentissages, quels qu'ils soient.

Laissons-le rêver !

Notre société « vend » du rêve à outrance, ou plus exactement tente de nous faire croire qu'atteindre ses rêves est possible en achetant tel ou tel produit, en partant pour telle destination lointaine, en retrouvant une nouvelle jeunesse, etc. Avec, à la clef, la promesse du bonheur !

Mais tous ces leurres ont l'effet inverse : au lieu de nous permettre de rêver, ils bloquent notre imagination, notre créativité, nous n'avons plus d'espace pour penser.

Et dans cette société où tous les rêves semblent accessibles, on demande à nos enfants de ne pas rêver. Parce qu'ils n'en ont pas le temps. Parce qu'il faut être efficace, productif. Qu'il n'y a pas de place pour le rêve.

« Arrête de rêvasser ! Active-toi ! Ne reste pas là à traîner sur ton lit en regardant le plafond !… » Si, si, laissez-le. Un peu en tout cas. Il ne s'agit pas d'encourager la rêverie à outrance mais d'accorder à nos enfants des moments d'évasion dans leur pensée qui sont essentiels à leur développement intellectuel et à leur épanouissement.

L'imagination joue un rôle important, elle permet de créer des représentations mentales où l'on exerce sa pensée, ses réactions, ses émotions. Rêver ne sert pas seulement à s'évader, mais permet au contraire à l'enfant de s'adapter au monde et de trouver des alternatives dans un grand nombre de situations. Si j'imagine *ce qu'il pourrait se passer si...* ou *qu'est-ce qui pourrait se passer si...* j'anticipe sur plusieurs hypothèses et je peux ajuster et planifier les actions que je vais mettre en place. Je crée plusieurs scénarios possibles et je les analyse… en rêve. Je peux *imaginer* des solutions différentes et m'y préparer. Grâce au rêve je produis du sens et de la pensée sur quelque chose que je ne connais pas. Je me projette dans l'avenir, proche ou plus lointain. Je m'approprie une pensée personnelle.

✔ **Rêver est un outil essentiel de la pensée.**
L'inhibition à rêver bloque l'originalité et la créativité individuelles.

Il s'ennuie ? Tant mieux, il pense !

« L'important dans l'éducation, ce n'est pas de gagner du temps, mais d'en perdre », dit Jean-Jaques Rousseau.

L'ennui est devenu l'ennemi numéro un des familles et des enfants. Nous vivons dans une société qui va vite, très vite. Nous en prenons le rythme et nous l'imposons à nos enfants. Par peur, par inquiétude… qu'ils s'ennuient. Alors nous les suractivons. Et nos enfants ont des emplois du temps de ministres : pas une minute de répit. Danse, judo, musique, cours d'anglais (pour prendre de l'avance !), sport, cours de soutien… Tout s'enchaîne. Aucun moment pour souffler, pour se poser, aucun moment de vide. L'emploi du temps est plein. Comme le nôtre souvent ou parfois pire ! L'enfant adopte le même rythme. Lui non plus ne supporte pas de ne rien faire. Et si soudain il ne sait plus quoi faire, c'est la panique ! Et il va venir se plaindre : « Je m'ennuie, qu'est-ce qu'on fait, qu'est-ce que je peux faire ? » Et aussitôt, presque paniqués à l'idée de voir notre enfant désœuvré, nous cherchons rapidement une idée, nous lui faisons une, deux, trois propositions pour qu'il ne s'ennuie plus. Alors, rassuré, l'enfant va *faire* quelque chose d'autre pour s'occuper.

Seulement voilà, avec tout ça, on occulte quelque chose d'essentiel : penser. On *fait*, on est actif. Et quand on *fait*, on ne pense plus. Pour penser, pour laisser notre cerveau divaguer, associer, créer, générer de nouvelles pensées… il a besoin de ne pas être occupé dans une tâche qui mobilise notre pensée. Ce qui est différent de certaines activités manuelles répétitives qui nous permettent, en revanche, de laisser divaguer notre pensée.

Vous doutez ? Je vous raconte une expérience : des neurobiologistes ont mis des électrodes sur les cerveaux de deux personnes en voiture : le conducteur et le passager. L'observation de l'activité cérébrale montre… que le conducteur ne pense pas ! Il conduit ! Et ses ressources cognitives sont mobilisées dans les actions à accomplir : tenir le volant, suivre la route, passer les vitesses, faire attention à la circulation, mettre le clignotant, etc. Alors que, pendant ce temps-là, le cerveau du passager active de nombreuses zones différentes, ce qui témoigne d'une réelle activité de penser.

✔ **La prochaine fois que votre enfant se plaint de s'ennuyer, vous aurez une réponse toute prête : « Tant mieux, tu penses ! » Pour penser, il faut des moments où l'on ne fait rien, où notre cerveau est libre. Pensons-y !**

La peur de l'ennui que nous avons parfois, nous aussi les adultes, correspond souvent à la peur du vide. Car justement dans ce vide, le risque, c'est de se mettre à penser. Et parfois cela peut être douloureux. Alors, on s'active pour ne pas penser.

L'enfant-toupie

Les enfants anxieux m'évoquent souvent des « enfants-toupies ». À l'image de la toupie, de leur mouvement permanent dépend leur équilibre. S'ils s'arrêtent de bouger, de tourner dans tous les sens, ils tombent. Le mouvement centrifuge de la toupie chasse les pensées, les questions, les inquiétudes. Elles les propulsent au loin. Quand la toupie s'arrête, elle tombe. Et l'enfant se retrouve face à ses pensées. À ses inquiétudes.

➤ *Et les enfants qui s'ennuient en classe ?*

On entend parfois des parents exprimer que leur enfant s'ennuie en classe. En général, l'enfant le confirme lui-même. Il faut être prudent face à cette affirmation qui peut refléter de nombreuses problématiques distinctes. Parler d'ennui peut parfois masquer de vraies difficultés à suivre en classe. Parce que le niveau est trop élevé en regard des capacités de l'enfant, parce qu'il a un trouble d'apprentissage qui n'a pas été repéré, parce qu'il ne va pas bien psychologiquement et qu'il n'arrive plus à investir l'école...

Mais il arrive aussi que l'enfant s'ennuie authentiquement. Dans ce cas, il se produit une sous-activation du cerveau : si l'enseignant répète plusieurs fois une leçon rapidement comprise ou qu'il demande des exercices trop faciles pour l'enfant, peu de matière grise sera mobilisé. Le cerveau va tourner à faible régime et l'enfant décroche. Pour penser, le cerveau a besoin qu'on l'alimente en problèmes à résoudre et en connaissances à découvrir. Le cerveau a besoin d'être confronté à un « os à ronger » pour s'activer. Sinon il... s'ennuie ! Il ne parvient plus à penser et à apprendre !

DEUXIÈME PARTIE

Mais qu'est-ce qui l'empêche d'apprendre ?

Apprendre ne va pas toujours de soi. Nous l'avons vu. Apprendre est la résultante d'opérations mentales complexes mais est aussi intimement lié aux dimensions affectives et motivationnelles. Pour pouvoir apprendre, cela suppose qu'un nombre étonnant de composantes soient réunies. On l'oublie peut-être trop souvent. Mais si ces difficultés peuvent être qualifiées de normales, inhérantes à tout apprentissage, pouvant apparaître sur le parcours de tout enfant, il est des situations qui demandent une attention plus particulière. Pour certains enfants leur capacité à apprendre, leur possibilité d'adaptation et de réussite à l'école sont objectivement entravées par un trouble qu'il faut savoir repérer et prendre en charge le plus précocement possible.

Ne pas prendre en compte le trouble de l'enfant, quel qu'il soit, c'est prendre le risque de voir apparaître de nombreuses difficultés secondaires, conséquences d'un diagnostic qui n'a jamais été posé. Ne pas reconnaître la présence d'un trouble de l'apprentissage peut conduire à des difficultés scolaires sévères voire à de véritables échecs qui auraient pu être évités par la prise en charge adaptée de la difficulté.

Un enfant avec un trouble des apprentissages est un enfant en souffrance car on attend de lui des résultats qu'il ne peut produire et l'on interprète rapidement ses échecs comme des manifestations d'opposition, de manque de volonté ou d'effort, de fainéantise… Et le sentiment d'impuissance que ressent l'enfant face à cet échec est douloureux.

La boucle est trop vite bouclée. L'enfant est stigmatisé par son échec, son avenir est entravé, son équilibre psychologique global fragilisé. De leur côté, les parents sont désemparés, décontenancés. Ne savent plus ni quoi faire ni que penser. Ne savent plus à qui et comment demander de l'aide. Et ce d'autant plus qu'on les accable fréquemment en remettant en cause leur capacité éducative et en les faisant douter d'avoir été des parents acceptables.

Les parents ont besoin d'aide pour aider leur enfant. Ils ont besoin de comprendre pour pouvoir s'ajuster et intervenir. Ils ont besoin d'être rassurés en mettant du sens sur les difficultés de leur enfant.

Alors que peut-il se passer sur le parcours de l'enfant qui puisse venir empêcher la réussite scolaire, qui puisse à ce point rendre inefficace toute méthode d'apprentissage et toute pédagogie ?

Les causes des troubles de l'apprentissage scolaire sont multiples. Elles peuvent être instrumentales, c'est-à-dire liées à une difficulté « technique » dans l'utilisation des capacités intellectuelles, elles peuvent provenir de formes d'intelligence atypique dont les modalités n'entrent pas dans les normes scolaires, elles peuvent encore être d'ordre affectif et bloquer l'émergence des compétences pourtant intactes.

Face à un enfant en difficulté d'apprentissage je considère qu'il y a urgence de faire le point et de comprendre l'origine de la difficulté. Je trouve indispensable de considérer avec sérieux l'échec scolaire et ses conséquences psychologiques, affectives, sociales, familiales. Tout le développement de l'enfant est en jeu.

Qu'est-ce qu'un trouble d'apprentissage ?

Un *trouble des apprentissages* est défini comme un ensemble de difficultés hétérogènes dont les causes relèvent d'un dysfonctionnement ou d'un retard dans l'organisation cognitive de la pensée. D'une façon plus large, est considéré comme trouble des apprentissages tout type de trouble fonctionnel venant entraver les capacités d'apprentissage. Les troubles d'apprentissages peuvent être limités à une fonction spécifique (le langage, la mémoire, l'attention, le calcul, les repères dans le temps et dans l'espace...) ou étendus à plusieurs secteurs intellectuels. Des troubles des apprentissages peuvent également apparaître chez des enfants au fonctionnement intellectuel atypique : les enfants déficients et les enfants surdoués.

L'apprentissage peut aussi être plus ou moins troublé par une difficulté psychologique, personnelle ou socio-familiale, qui empêche l'enfant d'utiliser pleinement ses capacités. Ainsi, malgré une représentation collective tenace, il n'y a pas de lien systématique entre capacités intellectuelles et réussite scolaire. De nombreux autres facteurs entrent en jeu et peuvent être déterminants : la confiance en soi, la motivation, l'état affectif...

On distingue ainsi deux grandes catégories de difficultés qui peuvent venir freiner l'enfant sur son parcours scolaire :

- les troubles sur un versant cognitif → ce sont les capacités à apprendre qui sont directement touchées,
- les troubles sur un versant psychologique → c'est la disponibilité pour apprendre qui est entravée.

CHAPITRE 4

Les troubles cognitifs

L'intelligence ne suffit pas !

« Tu es débile ou quoi ? », « Tu n'as rien dans la tête ! » « Tu as un pois chiche à la place du cerveau ! », etc., autant d'insultes fréquentes prononcées par les enfants entre eux mais aussi, tristement, par certains adultes excédés face à un enfant qui n'arrive pas à apprendre.

Ceci témoigne d'une idée centrale : l'intelligence est généralement considérée comme l'ingrédient indispensable à tout apprentissage. Si je suis intelligent, toutes les chances sont de mon côté. Sans intelligence, point de salut ! Les choses ne sont pas si simples.

L'intelligence facilite un nombre considérable d'apprentissages et permet d'être plus efficace et plus rapide face à une tâche intellectuelle. C'est un fait incontestable. Mais l'intelligence ne suffit pas pour réussir, ni à court ni à long terme.

De plus, il est souvent préférable d'avoir un potentiel intellectuel moins élevé mais très homogène plutôt qu'une intelligence supérieure mais hétérogène. L'homogénéité, c'est-à-dire le fait que l'ensemble des facettes de l'intelligence se situe au même niveau de fonctionnement, donne une grande force à la pensée. En revanche, lorsque certains domaines sont très efficients alors que d'autres présentent des fragilités, cela crée un déséquilibre dans le fonctionnement intellectuel. Certaines fois cela marche très bien, très facilement, et à d'autres moments c'est plus difficile, plus lent. Pour l'enfant c'est une sensation très désagréable et quelquefois inquiétante car il ne sait jamais quand cela va marcher ou non et ce sur quoi il peut compter. Tout se passe comme si le sol se dérobait soudain sous ses pieds alors qu'il ne s'y attendait pas et que jusque-là il avançait vite en toute sérénité. Il en résulte souvent une tension face aux apprentissages car l'enfant devient vigilant et lorsque la difficulté apparaît il mobilise toute son énergie pour la dépasser. Il compense avec ses forts secteurs de compétence, mais ce n'est pas toujours efficace et cela le décourage. Il ne comprend pas ce qui se passe et l'entourage non plus, ce qui peut entraîner une spirale d'incompréhension réciproque : « Il n'y a aucune raison que ça ne marche pas ! », « Tu le fais exprès ou quoi ! », « Celui-là, il ne travaille que quand il a envie ! », « Fais un effort ! », etc. Autant de remarques blessantes et mal vécues par un enfant qui, lui aussi, croit qu'il aurait pu, dû, y arriver… et qui, pourtant, bloque vraiment.

✔ **Attention au leurre de l'intelligence toute-puissante. Un enfant intelligent, voire très intelligent, peut lui aussi être en difficulté scolaire sans que son intelligence puisse venir à son secours. C'est une chose d'être intelligent, c'est autre chose de parvenir à se servir efficacement de son intelligence.**

➤ *Mais qu'est-ce que l'intelligence ?*

Définir l'intelligence est… impossible ! Ou presque ! Autant de courants théoriques, autant de scientifiques, autant d'époques et autant de définitions. Cependant, si on demande

Naître intelligent ou le devenir ?

On naît avec un bagage intellectuel qui sera activé et enrichi par l'environnement. Ce qui signifie que l'intelligence seule, si elle n'est pas stimulée, si l'enfant ne peut l'exercer, ne pourra se développer. À l'inverse, on ne peut faire aller un enfant au-delà de ses capacités initiales. C'est-à-dire qu'on peut lui permettre d'exploiter au maximum ses ressources et de les développer, on peut augmenter ses capacités d'apprentissage, mais on ne peut lui donner de l'intelligence « en plus ». Selon une très jolie formule : « Les gènes constituent un clavier dont l'environnement sera le pianiste. »

à chacun dans une assemblée de donner sa définition personnelle, un consensus global va se dégager. Une représentation commune qui fonde le substrat de ce que les psys nomment le *facteur g*, le facteur d'intelligence générale. En prenant quelques risques on peut dire en désordre que l'intelligence c'est :

– une capacité d'adaptation à l'environnement,
– une interaction d'aptitudes : percevoir, analyser, comprendre, raisonner, résoudre des problèmes, mémoriser…,
– la faculté d'associer des idées, des contextes, des connaissances. Selon l'étymologie : *inter-ligere*, qui signifie *faire des liens.*

L'intelligence c'est un peu de tout cela à la fois. Mais on reste là dans le cadre d'une forme d'intelligence « académique », celle qui est proche des compétences d'apprentissage scolaire.

Selon les théories récentes[1], il faudrait ajouter l'intelligence émotionnelle, l'intelligence interpersonnelle (comprendre les sentiments des autres) ou intrapersonnelle (se comprendre soi-même). Mais aussi l'intelligence naturaliste (comprendre la nature), l'intelligence musicale ou encore l'intelligence kinesthésique (comprendre et apprendre avec le corps)… D'autres formes d'intelligence seront sûrement encore explorées et étudiées.

Il faut cependant être prudent au risque réducteur de ce type de modèle. Par exemple : si je suis un manuel je ne peux pas être un intellectuel. On ne peut isoler une intelligence spécifique d'un fonctionnement global.

✔ **Et si l'intelligence était aussi la capacité à utiliser… son intelligence ?**

➤ *Et ce fameux QI ?*

Le QI, voilà une vraie star ! Tout le monde parle de QI et éprouve de la curiosité à son égard. Ou de la peur. Bref, le QI ne laisse pas indifférent car il est censé mesurer notre intelligence. Et, aujourd'hui, l'intelligence est devenue dans les esprits une valeur sûre pour réussir sa vie. D'où l'inquiétude : mon enfant est-il intelligent ?

La réalité est bien différente :

Le QI n'est pas

• Le QI n'est pas une mesure de l'intelligence. Comment prétendre mesurer une notion aussi vaste et composite ? L'intelligence est par essence indéfinissable, nous l'avons

---

1. En particulier les conceptions de Howard Gardner.

vu. Comment alors réduire à un chiffre l'étendue du fonctionnement intellectuel de quelqu'un ?

• Le QI n'exprime pas une valeur absolue comme on prendrait la taille ou le poids d'un individu. Le QI est un score relatif qui permet de situer un enfant par rapport à un groupe d'enfants du même âge. Par exemple, si on évalue un enfant de 10 ans on regardera sur les normes quelles sont les performances moyennes habituelles d'un enfant de 10 ans confronté au même problème. Si l'enfant fonctionne comme les autres on dira qu'il a une intelligence normale (dans la norme). Dans les autres cas on parlera d'intelligence inférieure ou supérieure à la moyenne. Le QI est une expression statistique.

• Le QI, malgré les initiales, n'est pas un Quotient intellectuel. C'était le cas au début du siècle dernier lorsqu'on faisait le rapport de l'âge réel sur l'âge mental multiplié par 100. Mais les conceptions et les constructions de tests ne répondent plus à cette logique.

Le QI est

• Le score obtenu par la combinaison (et non pas la moyenne) des résultats à un test d'intelligence. Il exprime, dans sa valeur globale, le niveau général de fonctionnement intellectuel, le *produit* de l'intelligence. Dans un test on vous soumet à un certain nombre de problèmes de natures diverses et on observe comment vous vous en « débrouillez » avec votre intelligence : c'est le QI, le reflet de votre intelligence.

• Par construction statistique la valeur moyenne du QI est à 100 et l'écart type est de 15. L'écart type représente la variation normale autour de la moyenne. En regard de la distribution du QI dans la population générale on obtient ainsi une courbe en cloche, la courbe de Gauss que voici :

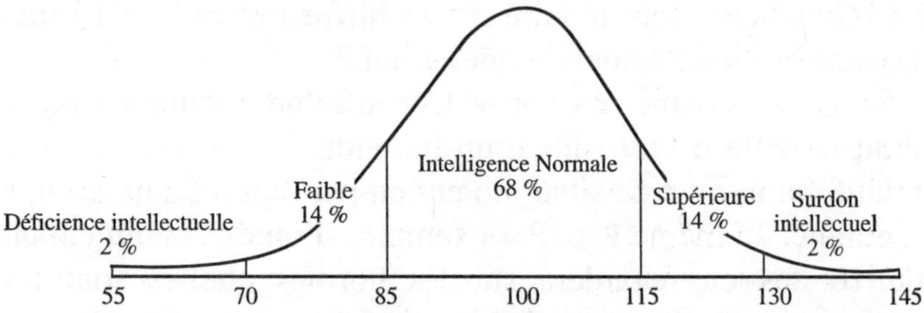

Répartition de la population générale autour de la moyenne

– QI < à 70 = déficience intellectuelle = 2,2 %
– De 70 à 85 : intelligence limite, faible = 13,6 %
– De 85 à 115 : intelligence normale (au sens statistique) = 68,4 %. Une personne sur deux a un QI entre 90 et 110
– De 115 à 130 : intelligence supérieure, brillante = 13,6 %
– QI > à 130 : surdon intellectuel = 2,2 %.

✔ **Prudence : seuls les tests pratiqués par des psychologues en passation individuelle permettent d'évaluer le QI. Toutes les autres pratiques (Internet, tests de magazine, etc.) sont des pratiques ludiques qui ne peuvent donner lieu au calcul d'un QI.**

➤ *Est-il utile d'évaluer l'intelligence ?*

Oui, le plus souvent :

• L'intelligence est une facette importante de notre personnalité. Elle détermine pour une grande part notre façon d'être au monde et notre ajustement permanent à l'environnement et aux autres. Si notre intelligence ne nous définit pas elle est constitutive de notre identité.

• Les liens entre QI et réussite sont élevés. Le QI reste le meilleur prédicteur que l'on puisse trouver pour les performances futures : scolaires et professionnelles.

• Dans sa capacité à évaluer l'expression de l'intelligence générale, le fameux facteur g, le QI est d'une utilité précieuse pour avoir une visibilité sur le fonctionnement intellectuel global d'un enfant.

• Explorer l'intelligence d'un enfant c'est mieux le comprendre. Repérer ses points forts, ses points faibles. Déterminer ses fragilités mais aussi ses ressources. C'est être au plus près de ce qu'il est et de l'aide dont il peut avoir besoin. Ce n'est pas une étiquette.

• Évaluer l'intelligence est une démarche qui s'impose lorsqu'on s'interroge sur les difficultés scolaires d'un enfant. C'est une démarche nécessaire et utile. Connaître le profil intellectuel d'un enfant est le préalable indispensable pour orienter le diagnostic. C'est la première étape. On ne peut déterminer l'origine des difficultés d'un enfant, identifier le trouble, analyser toutes ses composantes et ses conséquences si on ignore son niveau et son profil d'intelligence.

✔ **À méditer toutefois...**

Si le QI est prédictif de la réussite il ne l'est qu'à 50 % ! Ce qui est déjà beaucoup mais qui n'est pas tout ! Ce qui veut dire, et ce n'est pas négligeable, qu'il y a 50 % de facteurs inconnus ou plus exactement qui relèvent d'autre chose que de l'intelligence. Voilà plutôt une bonne nouvelle. Pour deux raisons : 1, l'intelligence ne fait pas tout. Elle ne constitue qu'une facette de notre capacité à réussir. 2, on reste acteur de sa réussite. Il ne s'agit pas seulement d'une hérédité génétique : être ou ne pas être intelligent, mais de ce que l'on va faire, activement, de nos ressources. Notre réussite nous appartient.

Déficients et surdoués : des fonctionnements intellectuels particuliers

Les échelles d'intelligence sont construites de façon à exprimer le fonctionnement intellectuel sur un continuum : du niveau le plus faible au niveau le plus élevé, de la déficience intellectuelle aux surdoués.

Si entre ces deux bornes on parle de « plus ou moins intelligent », avec des références essentiellement quantitatives, on se trouve avec les déficients et les surdoués avec des enfants au profil intellectuel atypique. Il ne s'agit plus seulement d'une évaluation *quantitative* de l'intelligence, mais plutôt de l'expression de formes d'intelligence *qualitativement* différentes.

✔ **Déficients et surdoués : les mots pour le dire...**

La dénomination des déficients et des surdoués change avec les époques, les conceptions théoriques, les partis pris. Déficience intellectuelle, débilité, retard ou arriération mentale, peuvent désigner les faibles QI.

Surdoués, intellectuellement précoces ou simplement précoces, enfants à haut potentiel désignent ceux dont le QI dépasse 130. Cette dernière terminologie semblant s'imposer dans les recherches françaises actuelles.

À noter que la notion d'avance ou de retard développemental se retrouve parmi les désignations possibles, comme les conceptions de « en plus » ou « en moins », avec ses connotations positives ou négatives. Aucune de ces désignations ne fait ressortir les spécificités de ces formes d'intelligence, notions pourtant les plus importantes pour comprendre les particularités de ces enfants.

➤ *La déficience intellectuelle : une intelligence qui change le rapport au monde*

Être déficient, c'est percevoir, analyser, comprendre ce qui nous entoure, s'ajuster à l'environnement et interagir avec les autres avec une forme particulière d'intelligence. Alors, parfois, l'enfant est perdu et cherche des solutions qui paraîtront inadaptées. Sa capacité d'analyse différente de l'analyse habituelle va le conduire à prendre telle ou telle décision, à apporter une réponse décalée, à intervenir de façon inappropriée.

Baptiste vient d'être renvoyé deux jours de son collège. Baptiste est en sixième malgré un faible niveau intellectuel. Il a volé le portefeuille d'un copain, s'est fait prendre sur le fait, a nié malgré l'évidence. Mais pour Baptiste il n'a rien fait de mal, il ne comprend pas bien où est le problème. Pour lui il a fait quelque chose de normal : le copain l'a embêté, il a volé, c'est sa logique. Il y a de fortes chances pour qu'il recommence à faire ce genre de choses car ses capacités intellectuelles ne lui permettent pas d'analyser avec la logique courante les tenants et les aboutissants de son acte. Le fait surtout de nier alors qu'il y a un témoin direct ne lui pose pas de problème, là non plus il ne comprend pas pourquoi cela accentue la faute de nier quand tout accuse…

Une intelligence limitée transforme le rapport au monde et a une coloration particulière sur l'ensemble de la personnalité. Souvent sensibles et susceptibles, impulsifs, très affectifs et dépendants des autres, les enfants déficients ont besoin qu'on les accompagne différemment sur leur parcours. Pour grandir, pour apprendre, pour être bien avec les autres, pour avoir une bonne image de soi mais aussi pour construire un projet de vie, les enfants déficients doivent être diagnostiqués le plus tôt possible. Ainsi ils pourront bénéficier d'une scolarité et d'une aide adaptée qui leur donnera tous les atouts pour se développer au maximum de leurs capacités.

Attention au « délit de bonne gueule » !

Un peu provocant comme formulation mais finalement assez fréquent. On rencontre en consultation des enfants qui se retrouvent au collège avec de grandes difficultés scolaires mais qui ont cependant avancé sur leur parcours. Pourquoi ? Tout simplement parce qu'ils étaient beaux, sympathiques et adaptés. Alors on a toujours cherché d'autres raisons pouvant expliquer les difficultés : problèmes familiaux, démotivation, flemmardise, adolescence… Mais on est passé à côté du diagnostic grâce au charme et au talent de se faire aimer de l'enfant. Ce qui est un atout formidable, incontestablement, mais qui présente des pièges car l'enfant masque depuis longtemps la réalité de ses difficultés et consacre une énergie considérable à rester adapté envers et malgré tout… et tous. Et, arrivé au maximum de ses capacités intellectuelles et de… dissimulation, il se retrouve en butée, scolaire et personnelle. Le relancer sur le plan des apprentissages devient réellement difficile. Trop de lacunes et des bases trop fragiles. Et puis la blessure narcissique de l'enfant qui n'arrive plus à trouver des issues est souvent profonde car il espérait, secrètement, un peu par magie, qu'il y arriverait, que tout finirait par s'arranger. Car, chez les enfants déficients, voilà encore une particularité : la présence encore très active de la pensée magique, propre à la toute petite enfance : si j'y crois c'est vrai, si j'en ai envie, ça arrive. Tout seul. Par la magie de ma seule pensée.

Un parcours scolaire laborieux et douloureux

Les difficultés d'apprentissage se manifestent dès l'entrée en maternelle : l'enfant ne « répond » pas comme les autres aux apprentissages proposés. Et ce dans tous les domaines. Il a du mal à être autonome dans les tâches quotidiennes. Il est malhabile, peu à l'aise avec son corps. Le langage est peu ou mal développé. D'une façon générale il n'arrive pas à « suivre » le rythme, les autres, les consignes… Plus tard les apprentissages fondamentaux seront laborieux et incomplets : lecture, écriture, calcul… Et les difficultés s'amplifieront au fur et à mesure des années.

✔ **À savoir : il existe plusieurs niveaux de déficience intellectuelle dont les répercussions seront plus ou moins importantes pour l'adaptation générale et la scolarité. Plus la déficience est légère, plus les chances d'une évolution personnelle et scolaire favorables sont élevées.**

Un enfant déficient doit-il être maintenu dans un cycle scolaire normal ?

C'est en réalité une fausse bonne idée ! Bien sûr il ne s'agit pas de l'exclure. Bien au contraire. Mais de lui donner la possibilité d'apprendre à son rythme. Un enfant déficient dans une classe normale va très vite se retrouver en difficulté puis en échec. Au fur et à mesure des années, cet échec va se renforcer. Le résultat ? L'enfant ne peut plus apprendre car il est depuis un bon moment à la limite de ses capacités et l'écart se creuse. Les échecs répétés vont attaquer lourdement l'image qu'il a de lui-même et créer une intense frustration. La souffrance et le besoin d'exister à tout prix vont engendrer des problèmes de comportement qui peuvent devenir graves : agressivité, agitation, actes délictueux, etc. Autant de signes de détresse.

En revanche, lorsque l'enfant a la possibilité d'apprendre et d'évoluer à son rythme dans un environnement qui le soutient et le comprend, il pourra s'épanouir et être dans une dynamique positive d'apprentissage et de vie. Il grandira harmonieusement et aura la possibilité de trouver et de développer les ressources non intellectuelles qu'il a en lui.

La vraie difficulté : le système scolaire actuel qui, malgré quelques dispositifs spécialisés, propose peu de solutions adaptées. Chaque famille devra chercher des solutions individuelles en espérant rencontrer des professionnels et des enseignants qui se préoccupent des difficultés spécifiques de son enfant.

Mieux connaître son enfant pour mieux aider

— Ne pas avoir peur du diagnostic donne à l'enfant tous les moyens de faire un cursus scolaire à son rythme et de s'épanouir.

— Proposer une scolarité et un rythme d'apprentissage adapté permet à l'enfant de développer au maximum ses capacités, d'optimiser son intelligence. Il parviendra à un niveau de connaissances et de compétences satisfaisant.

— De nombreux programmes de rééducation et de remédiation cognitive peuvent favoriser le développement intellectuel de l'enfant. Psychologues du développement, psychologues cognitifs et psychopédagogues connaissent et maîtrisent ces outils.

— Il existe de nombreuses autres valeurs que celles de l'intelligence. Aider l'enfant déficient c'est lui permettre de découvrir les siennes et de les développer pour son plaisir et pour la réussite de son projet de vie.

— Un enfant déficient est un enfant d'une grande sensibilité et qui a besoin plus qu'un autre de grandir dans un environnement affectif sécurisant et qui le comprend.

« Est-ce que c'est de ma faute ? »

Voilà une question fréquente prononcée par des parents qui se demandent quelle « faute » ils ont commise pour que leur enfant ait de telles difficultés. L'origine de la déficience est complexe et multifactorielle. Les causes peuvent être génétiques, biologiques (problèmes en cours de grossesse ou à la naissance, maladies somatiques...), traumatiques (accidents), ou apparaître dans le cadre de troubles sévères du développement. En dehors de carences graves de l'environnement, rarissimes (bébés non stimulés dès la naissance et pauvreté sévère de l'environnement psychosocial), on ne devient pas déficient à cause de problèmes affectifs même graves rencontrés dans son enfance. Tous les parents concernés peuvent être totalement rassurés sur ce point !

➤ *L'enfant surdoué : le paradoxe de l'intelligence*

En voilà un qui semblait au-dessus de tout soupçon ! Soupçon de difficultés scolaires, bien sûr ! Si être surdoué[1] signale des capacités intellectuelles très supérieures, ce qui est vrai, comment expliquer le nombre d'enfants surdoués en échec ? Et pas seulement sur le plan scolaire mais aussi personnel, psychologique, social.

Alors, pourquoi ?

L'enfant surdoué n'est pas seulement un enfant quantitativement plus intelligent, mais un enfant qui dispose d'une forme d'intelligence qualitativement différente. Son mode de pensée, ses procédures de raisonnement, sa perception et son analyse de l'environnement sont significativement diffé-

1. Sujet que j'ai développé dans *L'Enfant surdoué, l'aider à grandir, l'aider à réussir,* Paris, Odile Jacob, 2002.

rents et se distinguent de la norme. Un enfant surdoué voit ce que les autres ne voient pas, entend ce que les autres n'entendront jamais, perçoit ce qui est pourtant imperceptible… Et ce n'est pas uniquement une façon de parler, car il a été démontré que cet enfant dispose de capacités sensorielles au-dessus de la normale. Tous ses sens sont particulièrement développés. Mais l'enfant surdoué c'est aussi et peut-être surtout un enfant d'une immense sensibilité, avec une émotivité exacerbée, et la capacité de ressentir avec une acuité extrême les émotions des autres. En permanence branché sur le monde avec de multiples capteurs, l'enfant surdoué est « bombardé » en continu d'informations multiples en provenance de l'environnement. Et d'informations toujours particulièrement chargées émotionnellement.

Une lucidité acérée sur les doubles plans intellectuel et affectif rend parfois difficile l'ajustement de cet enfant aux exigences de l'environnement. Et fragilise son développement. En raison de sa différence, l'enfant surdoué se trouve souvent en décalage par rapport aux autres. Difficultés d'identification, il ne se retrouve pas dans le fonctionnement des autres ; difficultés de communication, il ne parle pas le même langage ni de la même chose ; difficultés dans l'expression émotionnelle, il donne une importance exacerbée à l'affectif…

Un besoin constant de tester les limites

Sensible à la précision absolue, au sens précis des mots, à l'injustice, cet enfant veut toujours aller au bout des choses. Vite inquiet quand il ne comprend pas totalement ou surtout quand il ne maîtrise pas, il va pousser les autres dans leurs retranchements. Non par provocation, comme on le pense trop souvent, mais seulement pour être rassuré et s'assurer que les choses sont conformes à ce qu'il considère comme juste et vrai.

• En classe, des conflits éclatent vite avec les professeurs qui le trouvent insolent dans sa façon de les interpeller : sur ce qu'ils ont dit, sur leur façon de faire, sur leurs connaissances… Et les punitions tombent… que cet enfant trouve injuste et ne comprend pas. Il voulait seulement préciser et faire préciser. C'est tout.

• À la maison, les parents craquent. Tout est sujet à discussion, à négociation. Cet enfant veut d'abord savoir et comprendre pour accepter. Et s'il n'est pas d'accord avec les explications, il résiste. Pourquoi faire ceci ou cela ? Et comme ceci ou comme cela ? Et, pendant des heures, il va argumenter, expliquer ce qui ne lui convient pas et pourquoi. Et demander des explications, encore et encore. Avec, au final, des conflits fréquents et parfois violents. Des parents culpabilisés et épuisés de ces joutes verbales lourdes en émotions, de ces luttes quotidiennes inextricables, de ce sentiment terrible d'être dépassés. L'enfant est malheureux lui aussi de ce combat qu'au fond il ne voulait pas, qui lui fait peur car il ébranle la place de ses parents. Et, malgré les apparences, ce qu'il cherche c'est à être rassuré, se sentir protégé. Tout faux, des deux côtés !

Une intelligence souvent anxiogène

> « Étranges rapports. Est-ce que l'extrême pensée et l'extrême souffrance ouvriraient les mêmes horizons ? Est-ce que souffrir serait finalement, penser ? »
>
> Maurice BLANCHOT[1].

Un enfant surdoué se pose des questions existentielles dès son plus jeune âge. Des questions incessantes et sans

1. Blanchot M., *Le Livre à venir,* Paris, Gallimard, 1986.

limites. Il s'interroge sur la naissance, sur la mort, sur le sens de la vie, sur le pourquoi des choses… De toutes les choses. Il veut comprendre le monde et les hommes. Il veut savoir de quoi est faite la vie et à quoi elle sert.

Mais, à ces questions, il n'obtient jamais de réponses qui le satisfassent vraiment. Une question entraîne toujours une nouvelle question, une nouvelle hypothèse. Comment alors avoir des certitudes ? Être sûr de ses choix. Et comment faire un choix quand on est capable d'envisager simultanément de multiples hypothèses et de les analyser en profondeur ?

À l'adolescence ce doute intime sur tout et tout le temps fragilise considérablement l'équilibre psychologique. Et peut conduire à une grande souffrance et à des troubles psychologiques, quelquefois sévères et mal compris. La dimension particulière de ces formes d'intelligence n'est pas encore un point de repère clairement intégré aux troubles psychologiques. C'est pourtant essentiel pour aider correctement ces adolescents.

Une intelligence incontestablement atypique

De nombreuses caractéristiques marquent le fonctionnement intellectuel de l'enfant surdoué dont le seul aspect quantitatif, « plus intelligent », ne rend pas compte.

• L'enfant surdoué pense en réseau : confronté à une tâche, à un problème, à une question, l'enfant active tout une arborescence de pensées qui se déploie dans plusieurs directions simultanément. Sa pensée s'active sur le mode « global », dans un réseau associatif qui s'active à grande vitesse. Source importante de créativité et d'idées originales, cette forme de pensée perturbe l'enfant dans les applications scolaires. Car les apprentissages scolaires sont construits sur un mode séquentiel : une chose après l'autre.

Lorsqu'une notion est bien intégrée on passe à la suivante. On découpe les connaissances en petites unités que l'on présente dans l'ordre, une par une. Et dans les restitutions, orales ou écrites, on doit présenter ses connaissances de façon organisée avec un développement ordonné. Ce qui est une entreprise difficile pour l'élève surdoué. Il a du mal à structurer une pensée foisonnante qu'il parvient peu à canaliser.

• L'enfant surdoué utilise des raisonnements analogiques. En maths par exemple, l'élève surdoué applique peu les méthodes de résolution de problèmes enseignées. Face à un calcul, à un problème, la solution lui apparaît souvent sans qu'il soit passé par les modalités habituelles de raisonnement. Et il le fait sans avoir lui-même conscience de sa façon de faire. Il ne sait pas comment il a fait pour savoir. Mais il est sûr du résultat. Il le sait parce que c'est évident, point. Il aura donc des difficultés à argumenter, à développer, à justifier. Ce qui, sur un plan scolaire, lui causera de sérieux soucis et des mauvaises notes malgré ses résultats justes. Les profs attendent un raisonnement détaillé pour s'assurer que l'élève a compris. Et le prof accepte rarement une autre façon de faire. Surtout quand on ne peut pas l'expliquer.

• L'enfant surdoué a une mémoire aux capacités immenses. En mémoire à court terme comme en mémoire à long terme. Il est capable de se souvenir de la moindre chose qu'il a vue, entendue ou vécue. En classe, il absorbe les connaissances. Mais c'est souvent un piège car il ne fait aucun travail d'élaboration, d'appropriation des connaissances. Il n'en a pas besoin. Si cette capacité lui permet d'être un bon, voire un excellent élève dans les petites classes, sans effort d'apprentissage, cela devient difficile en fin de collège. À ce niveau on demande aux élèves d'activer une pensée propre et d'utiliser des stratégies apprises depuis le CP. Il ne s'agit plus de restituer simplement les connaissances. Or l'enfant surdoué n'a jamais appris à apprendre et n'avait même pas compris qu'il y avait quelque chose à apprendre. Pour lui l'apprentissage était naturel, spontané, automatique. Il peut alors se retrouver soudain en difficulté sans comprendre pourquoi. Parents et professeurs non plus. Et l'enfant ne sait plus quoi faire ni comment faire. Car le fonctionnement du système scolaire lui a échappé et il se retrouve face à un problème dont il n'a pas les clefs. Ce qui, en plus, attaque son image. Le blesse. Car il ne s'y attendait pas. Ne s'était pas préparé à cet échec. Dans ces situations il est urgent de bien comprendre l'origine des difficultés de l'enfant, de le rassurer et de l'aider à trouver le « code » de l'école pour continuer à y réussir.

Quelques chiffres

- 2,2 % de la population générale, soit environ 400 000 enfants scolarisés sont surdoués.
- Proportion identique de filles et de garçons.
- 45 % des enfants surdoués redoublent.
- 20 % s'arrêtent avant le bac et parmi les bacheliers, 17 % font des études médiocres.
- En 2003, 20 % des adolescents hospitalisés en psychiatrie à l'hôpital de La Timone à Marseille, étaient surdoués.

Comment le repérer ?

Il est impossible de faire un catalogue de critères. Seul un faisceau de signes peut faire envisager cette hypothèse. Hypothèse qui doit toujours être confirmée par un psychologue à partir d'une observation clinique rigoureuse, d'une analyse du contexte personnel et scolaire de l'enfant, de la passation de tests d'intelligence standardisés dans le cadre d'un bilan psychologique complet.

On peut néanmoins repérer certaines particularités souvent présentes, mais pas toujours. Restons vraiment prudents. Seules les caractéristiques « positives » sont mentionnées, c'est-à-dire celles qui peuvent apparaître avant que les difficultés ne surviennent.

Sur le plan du développement :
- bébé très tonique et réactif à l'environnement, regard scrutateur,
- langage précoce avec une syntaxe d'emblée correcte et un vocabulaire riche,
- grande curiosité et questions incessantes,
- apprentissage rapide et parfois autonome de la lecture,
- niveau d'énergie très élevé avec une grande résistance à la fatigue,
- hypersensibilité émotionnelle,
- aime la diversité, expérimenter, découvrir, innover, créer,
- s'amuse de la complexité et des défis à relever,
- sens critique et sensibilité à l'injustice très développés.

À l'école :
- une compréhension facile, une mémoire impressionnante, des apprentissages rapides avec très peu de travail personnel,
- des capacités brillantes à l'oral et plus laborieuses à l'écrit (le geste ne va pas aussi vite que la pensée),
- une motivation plus importante lorsque la tâche est complexe et de l'ennui lorsque c'est trop facile ou répétitif,
- des capacités d'attention inattendues : le besoin de faire plusieurs choses à la fois pour être attentif. Bavarder, regarder par la fenêtre, trafiquer avec ses stylos, dessiner, lire… tout en écoutant le professeur lui sont nécessaires pour mobiliser ses ressources attentionnelles.

Regarder le tableau sans bouger ni parler, garder les yeux rivés dans ceux du prof, rester immobile sur sa chaise… le déconnectent au contraire du cours et le font rêvasser. Sans écouter. Ce qui est tout à fait contraire aux attitudes habituellement nécessaires pour rester concentré.

Avec les autres :
- recherche la compagnie d'enfants plus âgés ou d'adultes (à la recherche de discussions et d'interactions enrichissantes) ou d'enfants nettement plus jeunes (désir de protection, possibilité de manifester son affectivité),
- cherche à avoir toujours raison et à imposer son point de vue,
- sait se faire apprécier, est charismatique souvent mais aussi grand manipulateur !

« On m'a dit qu'il fallait le changer d'école »

Il n'existe pas de réponse univoque à cette question. Chaque histoire d'enfant est particulière. Un enfant surdoué qui réussit, qui a de bons copains, qui entretient de bonnes relations avec ses enseignants, qui va à l'école volontiers… n'a aucune raison de changer d'établissement. Il suffit d'être vigilant et attentif à la poursuite harmonieuse de son développement et de sa scolarité.

En revanche, un enfant qui a des difficultés scolaires, qui se sent mal intégré et accepté dans son école, qui souffre de son sentiment de différence et qui ne peut s'appuyer sur ses profs, a besoin que l'on réfléchisse à une scolarité qui lui soit mieux adaptée. Mais malgré les textes de l'Éducation nationale les plus récents qui invitent à la prise en compte des « élèves intellectuellement précoces » et malgré les initiatives de quelques établissements scolaires, pour la plupart privés, il n'existe encore que très peu de structures formées à l'accueil de ces élèves atypiques. Celles qui fonctionnent ne proposent pas spécialement de pédagogie adaptée (il n'en existe pas vraiment à ce jour, et est-ce dans ce sens qu'il faut réfléchir ?), mais les enseignants reconnaissent les particularités de ces enfants et se forment pour mieux les accompagner. Dans certaines écoles les enfants sont intégrés dans des classes classiques mais identifiés comme surdoués. Dans ce cas les difficultés qu'ils peuvent rencontrer sont également comprises à la lumière de leur fonctionnement différent et certains aménagements scolaires sont proposés. Dans d'autres écoles, des classes spécifiques regroupent les élèves surdoués dans une même classe avec des équipes pédagogiques volontaires et « engagées ». Ces deux solutions présentent chacune avantages et inconvénients et la réussite de l'une ou de l'autre formule dépend plus de la dynamique générale de l'établissement et des initiatives personnelles des enseignants que de la « formule » choisie. Il semble cependant que des classes intégratives, c'est-à-dire où les élèves surdoués sont scolarisés dans des classes classiques, avec des regroupements ponctuels par niveau, est très efficace et montre des effets très positifs. Les analyses des expériences pédagogiques en France et à l'étranger tendent à le confirmer. C'est de plus une mesure facile à adopter, à la portée de toute équipe pédagogique. Qu'on se le dise !

Et le saut de classe ?

Il s'agit d'une proposition que l'on peut faire, en concertation étroite avec l'école, la famille, le psy, lorsque l'enfant a désinvesti la scolarité, qu'il soit ou non en difficulté. L'idée est que la confrontation à un niveau de complexité plus élevé va permettre à l'enfant de se remobiliser et lui redonner le plaisir d'activer ses ressources. Ce qui est bien différent de l'idée d'accélération du cursus qui ne présente aucun intérêt en soi. Ce que l'on recherche avec le saut de classe, c'est que l'enfant soit au bon niveau, au bon moment et qu'il s'y sente bien.

Le saut de classe est parfois la seule alternative à proposer. C'est une solution par défaut.

On sait, à travers les études et les expériences pédagogiques internationales, que raccourcir le cycle scolaire est parfois adapté au rythme et au fonctionnement des élèves surdoués. Les bénéfices sont démontrés sur les plans de la réussite scolaire et de l'estime de soi. Et, contrairement aux idées reçues, sans lacunes de connaissances. On parle là cependant d'accélération globale du cursus, primaire en quatre ans et collège en trois ans par exemple, ce qui est évidemment différent d'un saut de classe traditionnel.

Mais ceux qui vont bien vont très bien !

Ils sont en bonne santé psychologique, affective, physique. Ils développent des ressources dans de nombreux domaines, y compris sportifs. Ils fonctionnent bien à l'école et font des études qui leur conviennent. Ils ont des amis et une vie sociale riche et remplie. Et vivent plus vieux et satisfaits de leur vie. Si, si, des études récentes le confirment.

Alors, quelle est la recette ?

Elle va vous apparaître d'une surprenante banalité. Et pourtant ! Les surdoués qui vont bien sont ceux qui ont eu la chance de grandir dans un environnement affectif stable et cohérent. Qui ont été compris dans leurs singularités dès leur plus jeune âge. Qui ont rencontré sur leur parcours des personnes qui leur ont permis d'exprimer leur talent. Et qui ont su ensuite faire leur route, affranchis de toute dépendance affective et intellectuelle. Car la base de leur personnalité est alors stable et l'image qu'ils ont d'eux-mêmes confiante et solide. Comme tous les autres enfants donc ? Oui, bien sûr. Mais chez eux, tout est exacerbé. Leur analyse constante de ce qui les entoure et leur hypersensibilité les exposent davantage encore. Ce sont des enfants fragiles et vulnérables. Vraiment.

Récapitulons : Enfants surdoués et difficultés scolaires

— Un enfant en difficulté scolaire peut être un enfant surdoué mais tous les enfants surdoués ne sont pas en échec scolaire.

— Tous les enfants en échec scolaire ne sont pas des enfants surdoués.

— Un enfant surdoué peut présenter des troubles psychologiques, mais il peut aussi aller très bien. Vraiment très bien !

— Toute formule confondue, c'est la reconnaissance et l'acceptation de leurs particularités de fonctionnement par l'école qui fait la différence pour ces enfants. Ce sont eux qui le disent !

— Poser le diagnostic jeune permet de prévenir les troubles et d'accompagner l'enfant pour qu'il s'épanouisse au mieux sur les plans affectif et intellectuel, mais un diagnostic plus tardif ne doit pas être négligé car il permet de mettre du sens sur les difficultés et de relancer l'enfant sur son parcours de vie. Y compris à l'adolescence.

— Un chiffre de QI n'est pas un diagnostic. Un diagnostic est une démarche clinique complexe qui nécessite une investigation approfondie et des bilans complémentaires.

— Un enfant surdoué est d'abord un enfant !

Les troubles « dys »

Dyslexiques, dyscalculiques, dyspraxiques, dysorthographiques…

Voici un chapelet d'enfants en difficulté face aux apprentissages. On parle pour eux de trouble instrumental, car il s'agit d'enfants à l'intelligence normale mais auxquels il manque un outil, un « instrument » pour être totalement efficaces. On parle de l'atteinte d'une fonction spécifique, d'un trouble spécifique, c'est-à-dire isolé de l'ensemble du fonctionnement intellectuel. Dans les classifications anglo-saxonnes on les regroupe sous le label de *dysfonctionnement neurologique minimal*. Le formidable essor des neurosciences et les possibilités actuelles de *voir* le cerveau fonctionner (IRM) ont permis de localiser les sphères cérébrales responsables de telle ou telle compétence et des atteintes possibles de ces zones. Selon la zone touchée, la manifestation sera différente : c'est la diversité des « dys ».

Les troubles des enfants « dys » sont particulièrement importants à repérer. Et à repérer très précisément. Car leurs troubles peuvent constituer un réel handicap face aux apprentissages scolaires. Non diagnostiqué, il va entraîner toute une série d'interprétations bien éloignées de ce que vivent ces enfants. Comme ce sont des enfants intelligents et que dans certains domaines, non affectés par leur trouble, ils fonctionnent parfaitement bien, ils sont souvent considérés comme paresseux, démotivés, opposants, ne travaillant que lorsqu'ils en ont envie… Et punis en conséquence. Par les enseignants comme par les parents, d'ailleurs.

En souffrance, convaincu finalement lui aussi qu'il est responsable de ses échecs et qu'il est incapable de faire un effort, l'enfant « dys » va mettre en place des mécanismes de défense face à ses difficultés : il fuit devant le travail, trouve des prétextes pour ne rien faire, oublie ses affaires en classe ou ne note pas ses devoirs sur son agenda… Pire encore, certains vont développer d'authentiques troubles psychologiques, témoins de leur souffrance incomprise de tous y compris d'eux-mêmes : problèmes de comportement en classe ou à la maison, problèmes de sommeil, somatisations (mal au ventre, à la tête…), agressivité ou isolement, troubles de l'alimentation… Bref, mille et un symptômes qui traduisent ce sentiment d'impuissance éprouvé par cet enfant face à des difficultés qu'il n'arrive ni à résoudre ni à comprendre. Alors qu'en réalité il aimerait bien réussir. Et c'est particulièrement important pour lui. Pour se prouver et prouver aux autres qu'il n'est pas bête, qu'il peut y arriver lui aussi et qu'on peut être fier de lui. Mais les échecs répétés attaquent l'image qu'il a de lui-même. Et il tente de trouver des parades. La spirale peut rapidement l'entraîner vers le bas et vers un puits d'incompréhension et de malaise partagé. Tout le monde est perdu et malheureux : les parents et l'enfant.

De leur côté, les enseignants ne comprennent pas et ajoutent sur les carnets des appréciations douloureuses. Alors que, le plus souvent, ces enfants travaillent plus que les autres. Mais avec des résultats qui ne sont pas à la hauteur du travail fourni.

➤ *La dyslexie*

Dans le cadre de cet ouvrage, nous ne traiterons pas de façon exhaustive la question des troubles du langage et en particulier de la dyslexie qui relève du domaine spécialisé des orthophonistes. Juste un mot cependant. La dyslexie était encore un trouble mal connu jusqu'à très récemment. On confondait dyslexie et difficulté d'apprendre à lire chez des enfants qui avaient tendance à inverser par exemple les p et les q, les b ou les d… On pensait aussi que la dyslexie c'était la faute d'un lien trop proche avec la mère, d'une difficulté de séparation, d'un traumatisme psychologique… Mais grâce aux études actuelles sur le cerveau on a pu repérer quels étaient exactement les mécanismes cognitifs en jeu. Et aujourd'hui on sait. Ou en tout cas on comprend mieux que la dyslexie est un trouble développemental, à composante génétique, qui affecte des ères particulières du cerveau. Il n'existe pas de dyslexie acquise et encore moins psychologique !

Les conséquences de la dyslexie sont multiples : troubles du langage parlé ou écrit, troubles de la lecture, difficultés dans l'acquisition des règles grammaticales et d'orthographe… Sans oublier les difficultés dans la compréhension des textes, à l'oral comme à l'écrit, toujours associées et très pénalisantes. On le voit, la dyslexie est un trouble complexe, dont les expressions sont très variées.

Les signes nécessaires

On retrouve plusieurs dénominateurs communs :

1. Un diagnostic de dyslexie ne peut être posé avant la fin du CE1. C'est-à-dire qu'il faut que l'enfant montre un retard objectivable à la fin de deux années d'apprentissage de la lecture et de l'écriture. Avant on peut avoir des doutes mais pas poser un diagnostic.

2. Pour poser un diagnostic de dyslexie il faut s'assurer qu'il n'y a pas de déficience intellectuelle pouvant expliquer les difficultés. On ne pose un diagnostic de dyslexie QUE chez les enfants disposant d'une intelligence normale.

3. La dyslexie a des conséquences très sérieuses sur les apprentissages. Et les matières scolaires en général. On n'est pas seulement dyslexique en français. La dyslexie se retrouve partout. Et on l'oublie trop souvent. On ne peut être dyslexique et bon en anglais, on ne peut être dyslexique et

faire des contrôles d'histoire, de géographie, de sciences, sans difficultés. On ne peut être dyslexique sans avoir de problèmes en maths. De nombreuses difficultés en maths sont liées à certaines formes de dyslexie : problèmes d'orientation dans l'espace par exemple, mais aussi et surtout difficulté à comprendre les énoncés des problèmes. L'enfant dyslexique doit constamment faire des efforts pour ne pas décrocher et se maintenir à niveau. Ne l'oublions pas.

4. La dyslexie se rééduque, avec un orthophoniste en général et avec un neuropsychologue dans certains cas. La rééducation permet de réinscrire les connexions cérébrales nécessaires dans les centres du langage. Un peu caricatural, certes, mais la plasticité cérébrale permet d'intervenir sur le fonctionnement du cerveau par une rééducation adaptée. En plus, la rééducation permet la mise en place d'automatismes de fonctionnement, en compensation, qui accélèrent considérablement le fonctionnement de l'enfant et atténuent grandement les effets du trouble. Oui, on reste cependant dyslexique toute sa vie. On garde une forme de fragilité (sauf pour les dyslexies légères), mais on sait aussi que cela donne une grande créativité dont il faut apprendre à se servir. Oui, les rééducations sont efficaces et on peut réussir malgré sa dyslexie.

5. Plus la rééducation est précoce, plus elle sera inscrite en profondeur et sera durable dans le temps.

6. Les enfants dyslexiques sont nombreux : 8 à 10 % des enfants scolarisés et trois fois plus de garçons que de filles.

Quelques pièges à éviter

• Un enfant qui ne lit pas en fin de CP n'est pas forcément dyslexique. Et en plus c'est normal ! Chacun son rythme ! Selon les textes et les connaissances sur le développement de l'enfant, il a jusqu'à la fin du CE1 pour maîtriser la lecture. Pas de panique !

• Un enfant qui a des difficultés en lecture ou n'importe quelle autre difficulté à l'école peut être un enfant dyslexique, mais attention aux diagnostics hâtifs. De nombreux autres troubles aux manifestations parfois proches ne sont pas de la dyslexie et ne doivent pas être confondus. Sinon la rééducation n'aura aucun effet : le trouble persistera ou s'aggravera et tout le monde se découragera !

• Ce n'est pas parce qu'un enfant montre une difficulté à apprendre qu'il faut se précipiter chez l'orthophoniste. Quelquefois c'est le premier réflexe car pour certains parents, c'est plus rassurant que d'envisager d'autres raisons ou de demander un avis psychologique. Mais on retrouve parfois des enfants suivis en orthophonie depuis plusieurs années et qui ont un tout autre trouble. Leur prise en charge orthophonique a masqué une part des difficultés et soutenu psychologiquement ces enfants. Après il est bien tard pour une intervention efficace et pour ces enfants il est plus difficile de remonter la pente.

• On ne pose *jamais* un diagnostic de dyslexie sans avoir vérifié la vue et l'audition, souvent à l'origine de difficultés scolaires incompréhensibles. On l'oublie trop souvent et on vérifie insuffisamment. Je vous assure que l'on voit en consultation des enfants déjà grands, avec des difficultés scolaires anciennes et qui sont quasiment sourds !

Et la dysphasie ?

C'est un trouble grave et durable de la communication qui se manifeste par de grandes difficultés dans la mise en place du langage. Des difficultés de compréhension sont quelquefois associées. La dysphasie reste un trouble rare (moins de 1 %) qui doit être repéré le plus tôt possible pour permettre une orientation vers des structures spécialisées.

➤ *La dyscalculie*

Il est important d'évoquer la dyscalculie, dont on parle de plus en plus, mais qui est plutôt un symptôme associé à d'autres formes de troubles, qu'un trouble isolé. La dyscalculie se retrouve chez les dyslexiques, dyspraxiques... mais aussi chez les enfants qui ont des problèmes d'attention et dans la plupart des troubles cognitifs. La différence sera la nature de la dyscalculie. Elle ne se présentera pas de la même manière, n'aura pas les mêmes conséquences, ne proviendra pas des mêmes causes et donc, surtout, ne devra pas être rééduquée de la même façon. C'est sûrement ce point le plus important.

Qu'est-ce que la dyscalculie ?

> 400 11 = quatre cent onze (411), évident, non ! Pour vous probablement pas, mais pour le dyscalculique, oui !

La dyscalculie est un trouble qui affecte tout ce qui a un lien avec le nombre, le chiffre, la logique mathématique, le calcul. L'enfant n'acquiert pas ou mal la notion du nombre, ne comprend pas les systèmes numériques, ignore tout de la logique arithmétique. Par exemple il continue à compter sur ses doigts, même en dessous de 10, ne peut classer des suites de nombres du plus grand au plus petit, a du mal à évaluer à l'œil nu de petites quantités...

La dyscalculie gêne considérablement l'enfant en maths. Et en plus, être nul en maths est vite assimilé à l'image du cancre. Les mythes ont la vie dure ! L'enfant peut pourtant être brillant dans d'autres domaines, mais sa dyscalculie le pénalise beaucoup et le dévalorise aux yeux de tous.

Rééduquer la dyscalculie procède de méthodes et de techniques aujourd'hui bien maîtrisées. À partir du moment où on a repéré de quel trouble plus global elle est la conséquence et que l'on rééduque parallèlement le trouble associé.

> **Dyscalculie ou difficultés en maths ?**
>
> La dyscalculie ne doit pas être confondue avec des difficultés en maths. Il s'agit d'un trouble qui résiste à toutes les tentatives pédagogiques, à toutes les méthodes, qui ne peut s'expliquer par un manque de travail ou de motivation et qui s'inscrit dans la durée.

➤ ***La dyspraxie visuo-spatiale***

Voilà un trouble très méconnu pour des difficultés très connues !

Les signes d'alerte

Des problèmes de passage à l'écrit, d'écriture, un geste graphique crispé, une écriture irrégulière, des copies raturées, un travail brouillon, un manque d'organisation dans son travail, une orthographe aléatoire… Tiens, il est peut-être dyspraxique !

« Il ne fait pas attention, c'est pour ça ! », « Quand il s'applique il n'y a pas de problème », « De toute façon il ne travaille que quand il a envie », « Il fait tout à la va-vite »… Des phrases inlassablement répétées par des parents décontenancés par les difficultés de leur enfant dyspraxique, sans le savoir !

Un enfant qui tombe souvent, se cogne, fait tout tomber autour de lui, donne des coups involontaires aux autres… ça se confirme !

Qu'est-ce que la dyspraxie ?

C'est un trouble qui touche un nombre très important d'enfants : 6 à 8 % des enfants de 5 à 11 ans, ce qui représente plus de 2 enfants par classe. Considérable ! Un trouble qui touche environ huit garçons pour une fille et dont les répercussions scolaires sont particulièrement pénalisantes. Un enfant qui a des problèmes à l'écrit est rapidement en échec scolaire. Le passage à l'écrit est au centre de l'école, et ce dès la maternelle. Et pourtant la dyspraxie visuo-spatiale est un trouble très méconnu en France, rarement diagnostiqué, avec trop peu de professionnels formés à la rééducation.

Un enfant considéré comme globalement maladroit

La dyspraxie visuo-constructive ou visuo-spatiale est un trouble psychomoteur qui affecte tout ce qui est geste volontaire.

Le geste, en effet, est quelque chose d'organisé et qui s'acquiert. Ce qui est différent du mouvement qui est inné.

Par exemple : écrire, manger seul, s'habiller, se coiffer… supposent la combinaison du geste programmé et de l'analyse visuelle des données. Ce sont des séquences qui exigent une succession de gestes intermédiaires qu'il faut ordonner les uns après les autres pour parvenir au résultat souhaité. Ces séquences de gestes s'apprennent par apprentissages répétés. Petit à petit se crée un « schéma cérébral » qui nous permet de faire ces gestes courants sans y penser. Et nos gestes sont harmonieux et efficaces. Si je vois un objet sur la table, il suffit que j'évoque dans ma tête le geste de l'attraper pour que mon geste se produise sans aucun effort de ma part. Je le fais automatiquement. Je suis « programmé » pour ça.

L'écriture lourdement affectée

Pour écrire l'enfant dyspraxique ne peut pas avoir une idée dans la tête et l'écrire directement sur sa feuille. Il lui faut en permanence penser à son geste, à la position de son stylo sur la ligne, à l'orientation sur la feuille… et il oublie ce qu'il devait écrire. Pour y arriver, il doit mettre une grande volonté et beaucoup d'énergie. C'est très fatigant psychiquement et physiquement. Alors il devient lent et a beaucoup de mal à finir ses devoirs. Et tout le monde s'énerve car personne ne comprend. L'enfant peut faire ponctuellement l'effort demandé, mais sur des temps courts. Au bout d'un moment il décroche. Il ne peut pas faire autrement.

Des gestes jamais automatisés

Chaque fois, l'enfant dyspraxique doit réapprendre. Sans effort il n'y arrive pas et il doit être particulièrement centré sur les données visuelles pour ne pas s'embrouiller. Tout geste devient ainsi compliqué.

Les stylos qui tombent régulièrement par terre quand il travaille, la carafe qui valse quand l'enfant tend le bras pour attraper le pain, les feuilles en vrac dans les classeurs, le cartable dans un fouillis indescriptible, comme sa chambre d'ailleurs, des devoirs notés sens dessus dessous dans l'agenda ou pas notés du tout… sont le quotidien de l'enfant dyspraxique.

Une lecture plus difficile

Il faut comprendre qu'un trouble oculomoteur, presque toujours associé à la dyspraxie, complique encore les choses.

Voici ce que cela donne : quand il lit, l'enfant a du mal à rester sur la ligne car son regard ne se stabilise pas et les lignes « bougent ». Alors la lecture lui demande aussi un effort, non pas pour comprendre, car le sens ne pose pas de problème, mais pour déchiffrer. Un bon test est de faire lire l'enfant à haute voix : soit il lit très lentement en découpant toutes les syllabes et il a du mal à fluidifier sa lecture, soit il saute des syllabes ou des mots, voire des lignes, mais capte le sens général, soit il « invente » des mots ou des fins de mots car son œil a sauté trop vite sur le mot suivant, alors son cerveau complète… Spectaculaire : faites-lui relire le texte en mettant un cache sous la ligne et en descendant le cache au fur et à mesure de la lecture. Cela lui permet de rester sur la ligne sans effort de canalisation du regard et son rythme de lecture s'accélère de façon significative.

Un problème de stratégie du regard qui se fait mal et de façon désordonnée. Face à un texte le regard se positionne spontanément sur la ligne et suit le texte de gauche à droite. Le regard balaie dans le sens de lecture qui a été appris et le fait de façon méthodique et organisée. L'enfant dyspraxique promène ses yeux sur la feuille de manière anarchique, en zigzag. Il regarde en haut, en bas, à droite, au milieu, à gauche… sans aucun ordre. Alors face à un texte ou à une image complexe, il se perd complètement, il ne sait plus où il en est.

Essayez d'écrire les yeux fermés : votre écriture ne se dégradera pas, en dehors des points sur les *i* et des barres sur les *t*. En revanche, vous allez écrire un peu n'importe où sur la feuille. Ce qui montre bien la coordination nécessaire et finalement bien compliquée entre la coordination du geste et la prise d'information spatiale (l'analyse visuelle de l'agencement des lettres sur la feuille).

✔ **Attention, il ne s'agit pas d'un problème de vue. L'examen ophtalmologique est normal. C'est l'organisation des mouvements des globes oculaires qui est en jeu et des saccades accélérées mais imperceptibles des paupières.**

Une difficulté particulière dans l'espace

Changeons de domaine : un enfant dyspraxique qui court dans un couloir étroit a de grandes chances, s'il n'est pas extrêmement vigilant, de se cogner dans le chambranle de porte au bout du couloir. Pour « passer » sans heurt, il ne doit pas quitter la porte des yeux un seul instant. Il doit rester rivé sur son objectif. Et bien sûr pas question de penser à autre chose ou de parler à quelqu'un. Ce qui n'est pas le cas d'un autre enfant qui s'élancera dans le même couloir et passera la porte sans y penser tout en faisant autre chose : parler, rire, rêver…

Dans notre cerveau c'est un peu comme si on avait une petite zone qui faisait office de tour de contrôle. On enregistre sans interruption la position de notre corps dans l'espace autour de nous. Dès qu'on bouge, de nouvelles informations sont envoyées et entrées dans le système pour que l'on sache où on en est. Si on décide d'un geste, le cerveau envoie les ordres nécessaires et organise les mouvements, etc. Et tout ça, bien sûr, se fait à notre insu. On n'y pense jamais. C'est naturel, pense-t-on. Alors on a du mal, vraiment beaucoup de mal, à considérer que l'enfant qui n'y arrive pas ne le fait pas exprès. Ça ne paraît pas possible tellement pour nous c'est simple et facile. Et pourtant…

Le grand malentendu

Ce que l'on dit à l'enfant dyspraxique :

– « Fais un effort. »
– « Regarde ce que tu fais. »
– « Fais attention. »
– « Applique-toi ! »

Ce qu'il faut comprendre :

• Pour produire un minimum l'enfant fournit un maximum d'efforts. Il fait des efforts tout le temps, mais le résultat n'étant jamais à la hauteur de ce que l'on attend, on lui reproche de… ne pas faire d'efforts. Il doit mobiliser une énergie importante pour maîtriser son trouble et c'est fatigant.

> Un papa s'énerve, agacé par les disputes quotidiennes à table :
> « Mais pourquoi, quand il fait vraiment un effort, est-il capable de manger proprement ?
> — Et si vous deviez, à *tous les repas*, faire un effort pour vous tenir correctement à table, comment réagiriez-vous ? »
> Le papa n'avait jamais vu les choses comme ça…

Étant personnellement plutôt petite de taille, j'explique aux parents que si toute la journée on me demandait d'attraper un objet sur une étagère trop haute pour moi, je pourrais faire l'effort par moments et y parvenir, mais que ce serait impossible d'être sur la pointe des pieds et étirée musculairement toute la journée. Ce serait trop fatigant. Alors je me débrouillerais pour ne pas avoir à le faire, ou pour trouver des « combines » pour y arriver différemment, ou je mettrais du temps pour arriver à attraper l'objet…

• L'enfant active constamment des stratégies compensatoires coûteuses en énergie. Comme il y arrive mal, il s'appuie sur d'autres compétences : sa compréhension intellectuelle, la verbalisation (il se dit tout haut ce qu'il doit faire et dans quel ordre), le traitement séquentiel (il s'oblige à faire les choses une par une, petit à petit)… ce qui l'épuise face à la tâche et le conduit souvent à s'arrêter ou à fuir devant le travail à faire. Ça devient trop pénible.

• Quand on lui demande de regarder plus attentivement ou de se relire… il fait encore plus de fautes ! Et ça, c'est vraiment décourageant ! Quand il relit ce qu'il a fait, l'enfant se perd une nouvelle fois et il rajoute des fautes qui n'existaient pas. Pire encore, plus il « regarde » moins il comprend et il désapprend ce qu'il avait compris. Un enfant dyspraxique doit écrire d'une traite et – surtout – ne pas revenir dessus. À l'inverse de tous les principes pédagogiques. Ça lui est pourtant indispensable pour minorer ses difficultés.

• Un enfant dyspraxique n'apprend pas par imitation. Il n'arrive pas à reproduire des séquences de gestes car pour lui cela n'a aucun sens. Si on lui montre comment faire il est perdu, il faut lui expliquer verbalement.

• Ce n'est ni un enfant paresseux, ni un enfant immature.

Ce qu'il faut absolument savoir

La dyspraxie visuo-spatiale est une pathologie. Qui ne s'arrange pas avec l'âge. Au contraire, plus les exigences scolaires s'élèvent, plus les manifestations du trouble sont importantes. Pour s'améliorer, une dyspraxie visuo-spatiale doit être rééduquée.

Les conséquences de la dyspraxie visuo-spatiale sur le parcours scolaire

RÉUSSITE À L'ÉCOLE ET DYSPRAXIE VISUO-SPATIALE SONT DIFFICILEMENT CONCILIABLES TANT QUE LE TROUBLE N'A PAS ÉTÉ REPÉRÉ ET RÉÉDUQUÉ

Avec ses difficultés à l'écrit, l'enfant ne peut avoir de bonnes notes. La restitution à l'écrit est largement majoritaire à l'école. Pourtant, cet enfant est souvent brillant à l'oral. Mais ça ne suffit pas pour un bon bulletin scolaire. Sans compter les appréciations sur son manque de travail et sur sa paresse… Car comment comprendre ce paradoxe entre des résultats très satisfaisants à l'oral et catastrophiques à l'écrit ? Sans compter ses problèmes de présentation de devoir et d'organisation du travail, qui font vite de lui un mauvais élève, souvent puni, toujours incompris.

Conclusion : plus de la moitié de ces élèves redoublent. Sans que le trouble ne s'arrange, bien évidemment. Une année de plus ne changera rien à l'affaire. Au contraire, cela ne pourra que renforcer le sentiment d'incompétence de l'enfant et l'agacement des adultes.

Il faut aussi savoir, et ceci est vraiment inadmissible, qu'un grand nombre d'entre eux finissent par sortir du système scolaire classique ! Pourquoi en arrive-t-on là ? Parce qu'on ne sait pas ! C'est un véritable problème de santé publique.

✔ **Un enfant dyspraxique est toujours un enfant intelligent. On trouve une grande proportion d'intelligence supérieure chez ces enfants. Ce qui, paradoxalement, est un piège supplémentaire car ils compensent avec leur intelligence et leur trouble passe d'autant plus longtemps inaperçu.**

Imaginons quelqu'un avec une entorse à qui on dirait : « Puisque tu as des jambes, cours ! » C'est un peu ce qui se passe avec l'enfant dyspraxique à qui l'on dit : « Tu es intelligent, alors travaille ! » Mais cet enfant a un handicap invisible. Alors il va chercher des façons d'échapper au problème, de ne pas prendre le départ de la course, car il sait que ses parents seront déçus, qu'il n'y arrivera pas bien, qu'il sera lent, etc. Même s'il ne sait pas lui-même pourquoi… C'est très douloureux et culpabilisant pour l'enfant.

DES TROUBLES SECONDAIRES VONT ENCORE FREINER LA PROGRESSION SCOLAIRE

Devant sa difficulté à réussir l'enfant va manifester sa souffrance, son sentiment d'incompétence, sa colère, par de nombreux troubles plus ou moins sévères. Problèmes de comportement, agressivité, trouble de l'estime de soi jusqu'à d'authentiques dépressions, anxiété et somatisations, mais aussi refus voire phobie scolaire peuvent accompagner l'enfant dyspraxique sur son chemin scolaire.

Un profond et douloureux sentiment d'impuissance : l'enfant comprend, sait comment faire, sait ce qu'il faut faire… mais n'arrive pas à le faire. Vous savez, comme quand on rêve que l'on court et que l'on n'arrive pas à avancer. C'est très angoissant !

Des réussites comme des échecs fluctuants et imprévisibles : le problème avec ce trouble, c'est que les résultats de l'enfant sont irréguliers. Selon le type d'exercice, la matière, le mode de restitution, le support pour apprendre, l'enfant va pouvoir réussir facilement ou échouer lamentablement ; ce qui rend, pour tout le monde, le problème encore plus difficile à comprendre et à accepter. L'irrégularité des résultats donne des arguments supplémentaires pour une interprétation erronée des difficultés de l'enfant.

Une dyspraxie visuo-spatiale n'arrive jamais seule : dysorthographie et dyscalculie spatiale sont ses fidèles compagnes. La dysorthographie, nous en avons parlé, est une conséquence évidente du trouble. La dyscalculie sous sa forme spatiale doit être explicitée : déjà, au moment de l'apprentissage de la notion de nombre il faut compter et dénombrer des objets que l'on a devant soi. Quand on a des problèmes de repères dans l'espace, on se perd dans le comptage : on compte plusieurs fois le même objet, on en saute un, etc. Ça commence mal. Au stade où on apprend à poser des opérations, les ennuis sérieux s'annoncent : les chiffres ne sont jamais alignés les uns en dessous des autres et on se trompe. Quoique pas toujours car l'enfant déjà compense : il sait faire l'opération et malgré l'anarchie dans la position de ses chiffres il peut trouver le bon résultat ! Ce qui est encore plus déroutant pour les adultes ! Les difficultés reviennent dans le calcul mental qui suppose que l'on maintienne dans un espace mental, comme sur un tableau, les données du problème pendant la durée du calcul. Et dans la tête ça bouge aussi !

Comment le repérer : les premiers indices

Dès la petite enfance on remarque chez l'enfant une grande maladresse. La marche s'est installée à l'âge normal mais cet enfant tombe souvent, se cogne, ne joue pas avec les premiers jeux d'assemblage et de construction, dédaigne les puzzles, fait facilement tomber les objets, a des gestes brusques…

Lui apprendre à manger seul demande une grande patience et pendant longtemps c'est un enfant qui mange salement : les aliments tombent avant d'arriver à sa bouche, les bols se renversent, les verres basculent… L'habillage est laborieux : l'enfant met ses vêtements à l'envers, met un temps fou pur s'habiller car il doit réfléchir pour le faire correctement, il faut le bousculer pour qu'il soit prêt à l'heure… et encore. « J'ai fini par l'amener à l'école en pyjama », raconte cette mère à bout d'arguments devant son enfant qui met des heures à s'habiller.

Les lacets ! quelle gageure ! Il n'y arrive pas, bien sûr. Vive les scratchs !

Toute l'autonomisation et l'organisation au quotidien sont compliquées avec cet enfant. Et bien au-delà de l'âge acceptable…

À l'entrée en maternelle tout se précipite. La maternelle est le terrain privilégié des habiletés manuelles : couper, coller, colorier, suivre des traits, faire des lignes et des boucles, parcourir des labyrinthes… tout ce que le petit dyspraxique est incapable de faire correctement. Les enseignants donnent l'alerte. Les parents ne savent pas bien quoi faire et commencent à s'inquiéter sur la « normalité » de leur enfant. Et le pire arrive parfois : on refuse le passage en CP parce que « l'enfant n'est pas prêt pour l'écriture ». Mais une année de plus n'y changera rien sauf à faire perdre à l'enfant sa confiance en lui et à le stigmatiser, déjà, comme un enfant en difficulté scolaire.

Petite bizarrerie à prendre en compte : un enfant dyspraxique peut être fort en dessin spontané malgré ses difficultés en graphisme. Quand il dessine « ce qu'il a dans la tête » c'est très différent que lorsqu'il doit exécuter un graphisme avec des consignes précises. D'un côté c'est un « mouvement » spontané, de l'autre c'est un « geste » qui doit être planifié en fonction du résultat souhaité.

D'où vient ce trouble ?

La dyspraxie est un trouble développemental. On ne devient pas dyspraxique, on naît avec. La composante génétique est importante et il est fréquent de retrouver un parent qui a eu les mêmes difficultés et qui a appris, bien ou mal, à vivre avec.

Petit test : à la fin d'une consultation, lorsque le parent remplit son chèque, je constate qu'il hésite sur la place du montant en chiffres et en lettres, sur l'endroit où mettre la date, et au moment de signer, petite pause pour se positionner au bon endroit... Les automatismes ne sont pas acquis, pour faire un chèque il est obligé de réfléchir. Tiens, tiens... c'est peut-être lui !

✔ **Un enfant né prématurément a de plus fortes probabilités d'être dyspraxique. Dans les cas de prématurité, c'est un trouble qu'il faut toujours rechercher.**

Le diagnostic

Une évaluation de l'efficience intellectuelle constitue la première étape diagnostique afin d'évaluer les décalages de compétences selon la nature des tâches proposées. Cela permet également de faire le diagnostic différentiel avec d'autres troubles.

Lorsqu'on suspecte une dyspraxie on pratique des tests neuropsychologiques spécialisés (Figure de Rey, tests de barrage, test des cloches, test d'écriture...) afin de préciser l'importance du trouble et sa nature exacte. Les tests vont orienter la prise en charge et permettre de suivre l'évolution de la rééducation. Ils sont incontournables.

Qui diagnostique ? Aujourd'hui seuls les psychologues formés aux troubles des apprentissages, les neuropsychologues et les psychomotriciens ayant reçu une formation spécifique savent évaluer la dyspraxie visuo-spatiale

Très important : un bilan chez un orthoptiste (sur prescription médicale) doit systématiquement être demandé.

Ne pas confondre

— Dyslexie et dyspraxie : on entend souvent des parents dire que l'orthophoniste a parlé d'une forme de dyslexie qui n'en est pas vraiment une… et dont la rééducation orthophonique ne vient pas à bout. C'est vrai que certaines manifestations du trouble peuvent évoquer la dyslexie : difficulté et lenteur en lecture à voix haute, déchiffrement laborieux, dysorthographie, mots « écornés »… mais une confusion diagnostique fait perdre beaucoup de temps à l'enfant dont les difficultés scolaires persistent.

— Fainéantise et dyspraxie : il ne s'agit pas d'un enfant paresseux mais d'un enfant avec des difficultés réelles et qui en souffre.

— Simple maladresse ou dyspraxie : on peut ne pas être habile ou avoir une écriture de « cochon » et que cela ne soit qu'un trait de notre personnalité. Il ne faut pas chercher absolument à poser un diagnostic sur des difficultés banales. La prudence est de mise.

Quelle est la prise en charge ?

La dyspraxie se rééduque ! Et très bien même. Quelquefois quelques séances suffisent.

Le plus difficile est de trouver un professionnel compétent : les psychomotriciens ne sont pas tous formés et les neuropsychologues qui pratiquent la rééducation sont encore peu nombreux… Et pourtant aucune autre solution. Ajoutons qu'il ne sert à rien de mettre en place une rééducation, par défaut, avec un autre professionnel (orthophoniste, psychomotricien non spécialisé, etc.), car aucune amélioration ne sera constatée et le trouble persistera au désespoir de tout le monde. Il vaut mieux faire des kilomètres pour trouver le professionnel adapté que de choisir la proximité avec une rééducation qui va traîner en longueur, pour rien.

La rééducation consiste à mettre en place des stratégies opérantes : recherche visuelle, planification (anticiper et organiser la séquence de gestes ou d'opérations nécessaires pour parvenir au résultat souhaité), de coordination visuo-motrice. La plasticité cérébrale permet de modifier des connexions neuronales jusqu'à la fin de l'adolescence. Même les « grands » peuvent donc bénéficier d'une rééducation.

On apprend également aux enfants à automatiser des stratégies compensatoires qui ne vont pas leur demander d'effort. C'est un peu plus compliqué avec les adolescents car en général ils ont mis en place des stratégies personnelles qui, même si elles ne sont pas très rapides et leur demandent un effort supplémentaire, sont celles qu'ils activent spontanément. Leur faire changer de façon de faire est donc plus compliqué.

• Plus l'enfant est jeune, plus la rééducation sera efficace *mais* :
  – l'enfant ne doit pas être trop jeune (moins de 5 ans) car la rééducation demande d'avoir déjà une certaine maîtrise des gestes (il ne s'agit pas d'une classique rééducation psychomotrice) et de la représentation mentale (pour organiser les repères visuels dans l'espace),
  – l'enfant rééduqué jeune doit refaire un bilan, car la dyspraxie peut réapparaître face à de nouveaux apprentissages.

• Avec la rééducation, une composante du trouble se résorbe complètement mais l'enfant, puis l'adulte, garde une fragilité au niveau visuo-spatial. À l'image d'un bras cassé qui, même bien rééduqué, restera plus fragile que l'autre.

Aider les enfants dyspraxiques au quotidien

La première aide, essentielle, est de bien comprendre et accepter le trouble. Il ne s'agit pas de tout laisser passer mais de réajuster ses exigences en intégrant les difficultés involontaires de l'enfant. L'encourager dès qu'il parvient à faire les choses correctement, le féliciter, auront toujours de l'impact car cela signifie pour l'enfant que vous reconnaissez ses efforts.

Et, pour lui, cela change tout.

À LA MAISON

• Vous pouvez proposer à l'enfant toutes les activités qui demandent une planification et une organisation séquentielle : mettre la table, vider le lave-vaisselle, trier et ranger le linge propre, faire sa valise… Ces exercices vont l'entraîner à se fixer un objectif et à organiser ses gestes et ses actions pour l'atteindre. Demandez-lui de verbaliser à haute voix chaque étape : « Je prends quatre assiettes, je les pose sur la table, je prends quatre verres, je les mets devant les assiettes », etc. En s'appuyant sur la verbalisation, l'enfant guide son action. Vous pouvez trouver plein d'idées de ce type dans votre vie quotidienne.

• Continuez à l'aider pour s'habiller le matin ou pour toute autre tâche de ce type, même si vous le trouvez un peu grand pour cela. Ce n'est pas de l'immaturité ou de la dépendance affective, c'est de la dyspraxie ! Plus vous l'aidez, plus il est rassuré, et plus vite il parviendra progressivement à trouver ses propres marques pour y parvenir tout seul.

• Quand vous l'aidez à faire son travail scolaire, plusieurs « trucs » lui faciliteront l'apprentissage (et éviteront cris et grincements de dents !) :

– Ne lui demandez pas de lire sa leçon pour l'apprendre : plus il la lit, plus il s'embrouille, moins il comprend. Lisez-la-lui à haute voix, plusieurs fois. Il a besoin d'intégrer et de mémoriser par l'oreille.
– Faites en sorte qu'il écrive le moins possible à la maison. S'il a besoin de réviser une dictée ou du vocabulaire, faites-le épeler à haute voix, jusqu'à un automatisme complet.
– Utilisez largement les surligneurs. On peut par exemple faire une marque de couleur différente en début de chaque ligne de façon qu'il suive les couleurs pour passer d'une ligne à l'autre, ou même surligner la totalité de la ligne.

Et inspirez-vous de toutes les suggestions proposées ci-dessous dans le cadre de l'école.

À L'ÉCOLE

Aider votre enfant, c'est d'abord aider l'enseignant. Peu d'enseignants connaissent ce trouble. Il est important de faire passer l'idée que l'enfant ne fait pas exprès et qu'il fait de réels efforts, même si les résultats sont peu visibles. Plus l'enseignant acceptera la présence du trouble et de ses répercussions parfois très agaçantes, plus il encouragera l'enfant à poursuivre ses efforts et le valorisera, plus l'enfant mobilisera ses ressources pour réussir le mieux possible.

Quelques suggestions aux enseignants pour aider l'enfant dyspraxique à réussir :

– limiter l'écriture manuelle. Favoriser les photocopies,

– accepter que l'enfant écrive gros, ce qui lui permet d'être plus rapide. Certains choisissent spontanément d'écrire en script, ce qui est plus facile pour eux,
– noter ou faire noter par un autre élève ses devoirs dans l'agenda (par exemple un élève avec des facilités à l'écrit peut être nommé secrétaire pour aider l'élève en difficulté),
– favoriser au maximum les apprentissages et les contrôles oraux. On doit alors être exigeant à l'oral sur la qualité des apprentissages,
– s'assurer, à l'oral, de la bonne compréhension des règles d'orthographe, de grammaire, de la maîtrise de la syntaxe et de l'étendue du vocabulaire,
– laisser l'enfant oraliser ses exécutions. Quand il fait un devoir à l'écrit, autoriser l'enfant à se parler à haute voix, sans gêner les autres. Cela le guide dans sa pensée et dans l'organisation de son devoir,
– le dispenser de la réalisation de cartes, schémas, dessins,
– accepter les échecs ou les difficultés en géométrie et travaux manuels,
– autoriser l'utilisation de l'informatique, y compris en classe,
– valoriser largement les productions écrites de l'enfant.

Pour la lecture :
– scanner les textes et augmenter les interlignes,
– marquer le début des lignes et/ou surligner avec des fluos de couleur,
– favoriser les typographies simples,
– encourager l'enfant à suivre avec son doigt ou avec une règle même au collège,
– lui lire les textes ou consignes chaque fois que possible,

– proposer un exercice par page,
– éviter la multiplication et la surcharge des supports visuels (y compris dans le cadre de la classe) et les mises en pages originales (l'enfant s'y perd).

Pour la dyscalculie spatiale :
– éviter le matériel figuratif difficile à manipuler,
– favoriser le recours au verbal, au raisonnement, au formel.

À partir du collège :
– dissocier raisonnement et calcul,
– éviter les dessins censés représenter les situations à problèmes, les schémas figuratifs : ils parasitent la réflexion de l'enfant qui les analyse et les interprète mal,
– utiliser au maximum calculettes et programmes informatiques spécialisés.

Le trouble d'hyperactivité avec ou sans déficit de l'attention (THADA)

Un trouble « à la mode » et un réel handicap pour les enfants qui en souffrent. On parle d'un trouble qui peut soit se manifester par une agitation excessive, l'hyperactivité, soit par des difficultés attentionnelles majeures, le déficit d'attention, soit, le plus souvent, par une association de ces deux symptômes.

Autour de ce trouble, beaucoup de polémiques. Est-il lié à un dysfonctionnement cérébral *a minima* (déficit localisé d'une petite zone du cerveau), selon les perspectives anglo-saxonnes, ou est-il la conséquence anxieuse de divers troubles psychologiques, dans une conception psychologique plus classique ? Le débat est vif autour de l'origine de ce trouble connu pourtant depuis longtemps et déjà décrit au début du siècle dernier. Selon les conceptions et selon les époques, on a parlé d'enfant turbulent, d'enfant instable puis d'instabilité psychomotrice, d'hyperkinesie, de désordre cérébral mineur. Aujourd'hui, dans les classifications médicales internationales qui font référence en matière de recherche (*DSM IV* et CIM-10), le trouble est identifié comme trouble déficitaire de l'attention/hyperactivité (THADA), et répond à des critères diagnostiques extrêmement précis.

Les vieux débats entre inné et acquis ressurgissent mais ils sont pourtant dépassés. Comme souvent la réalité se trouve probablement entre les deux : une vulnérabilité organique et génétique et des facteurs liés à l'environnement affectif.

Ce qui change, selon les perspectives, c'est la façon dont on va prioritairement traiter le trouble et s'occuper de l'enfant. Mais tout le monde s'accorde sur la nécessité de :

1. dépister la présence d'un THADA le plus tôt possible car il affecte lourdement les apprentissages et perturbe l'enfant dans sa vie quotidienne et dans ses relations aux autres,
2. mettre en place une prise en charge multidisciplinaire,
3. aménager l'environnement de l'enfant,
4. prendre en compte sa souffrance,
5. accepter certaines de ses difficultés, conséquences du trouble.

➤ *Qu'est-ce que le THADA ?*

Il s'agit d'un trouble neuropsychologique spécifique qui se manifeste par une triade de symptômes :

– une agitation motrice permanente et difficile à contrôler,
– une impulsivité comportementale et cognitive,

– une atteinte plus ou moins sévère des ressources attentionnelles.

L'agitation

Elle est permanente, incessante, épuisante. L'enfant ne tient pas en place, bouge, saute, court, grimpe... et recommence. Inépuisable ! C'est un tourbillon permanent que rien ni personne ne peut calmer. Lui non plus n'arrive pas à se poser. Même quand il l'a décidé. À table il se lève, en classe il gesticule sur sa chaise, en récréation il s'agite... C'est aussi un enfant qui prend des risques, sans en évaluer les conséquences. Sans anticiper sur ce que son comportement peut provoquer. Alors il tombe, se cogne, se blesse... Les services pédiatriques d'urgence connaissent bien ces enfants trop turbulents.

Et puis il parle fort, s'excite dans ses propos, s'embrouille, perd le fil de sa pensée... Il devient parfois difficile de le comprendre et de suivre son discours.

Désorganisé, brouillon, tout autour de lui est en désordre, mal rangé, mal structuré. Lui-même bien sûr s'y perd.

Les troubles du sommeil sont fréquents avec un sommeil très agité.

L'impulsivité

• On la retrouve toujours et elle s'exprime sous deux facettes : l'impulsivité comportementale et l'impulsivité cognitive.

– Sur le plan du comportement on comprend vite que cet enfant ne peut pas attendre, se précipite pour faire quelque chose, le premier bien sûr, interrompt les autres, coupe la parole... Intolérant à la frustration il veut tout et tout de suite. Sans délais. Il cherche à imposer sa loi, conteste les règles, s'oppose à ceux qui lui posent un cadre...

– L'impulsivité cognitive est, elle, très pénalisante dans les tâches intellectuelles : « Il faut penser à réfléchir », dit Grégoire, 10 ans. Et en effet, face à une consigne, l'enfant se précipite, sans réfléchir. Il ne prend ni le temps de l'observation des données, ni celui de l'analyse. La première réponse est choisie et le temps de décision est très court. Et bien sûr il ne vérifie pas ce qu'il fait, ne se relit pas… Il a besoin de passer rapidement à autre chose, à de nouveaux objectifs.

• On parle également d'un *déficit en traitement séquentiel.*

> « J'ai plein de petites voitures dans la tête et elles se bousculent pour arriver en premier sur l'information mais le problème c'est que des fois, c'est pas la bonne. » Olivier, 12 ans.

Face à une information, quelle qu'elle soit, on peut soit prendre et traiter les données les unes à la suite des autres, en séquences successives et logiques, on parle alors de traitement séquentiel, soit envisager globalement l'information, en traitant simultanément toutes les données, c'est le traitement simultané.

Pour l'enfant THADA, organiser les données les unes à la suite des autres, une par une, faire les choses pas à pas, dans l'ordre… relève de la mission impossible. Le traitement séquentiel, c'est un peu comme un goulot d'étranglement qui oblige à faire passer les éléments l'un après l'autre. Chez lui, c'est tout d'un coup. D'un seul coup d'œil, d'un seul geste, en une seule fois ! Comment, alors, s'adapter aux exigences scolaires ?

• *Un trouble du repérage temporel et chronologique est souvent associé* : difficulté à intégrer les notions de temps, de durée, d'intervalle, difficulté à apprendre à lire l'heure…

L'enfant se perd, selon son âge, dans les jours de la semaine, dans les mois de l'année, dans les saisons… Les adverbes de temps et les notions de passé, présent, futur sont fastidieux à intégrer. Ces problèmes de repères dans le temps accentuent encore sa difficulté à s'organiser et à structurer sa vie. À vivre avec les autres. Tout bouge tout le temps puisque l'enfant ne sait jamais où il en est. Face à lui on se rend compte à quel point la notion du temps nous donne des repères essentiels.

Le déficit de l'attention

C'est la composante la plus cognitive du trouble et celle la plus récemment décrite. Les mécanismes neuropsychologiques qui organisent le trouble sont aujourd'hui bien identifiés. Il est important de distinguer ce qui relève d'un déficit de l'attention de ce qui relève d'une difficulté de concentration. Dans le langage courant on a souvent tendance à confondre les deux.

> « On vient vous voir parce qu'il n'est pas assez concentré en classe », disent de nombreux parents. La plainte autour du manque de concentration est un motif fréquent de consultation et permet d'identifier pour quelles raisons l'enfant n'arrive pas à se mobiliser, à s'intéresser aux apprentissages. Mais « ne pas se concentrer » peut être dû à de nombreux facteurs et pas forcément à un déficit de l'attention, problème beaucoup plus « technique » en terme de fonctionnement. Ce n'est pas la même chose et on n'intervient pas de la même façon.

Le déficit d'attention est l'incapacité cognitive à sélectionner l'information pertinente face à une tâche complexe : dans sa tête, sous ses yeux, lorsqu'il écoute, l'enfant ne fait pas la distinction entre ce qui est important et ce qui ne l'est pas. Tout se retrouve sur le même plan. Il ne parvient pas à diriger son attention vers un seul stimulus. Tout devient confus et il décroche. Il ne peut rester centré sur la tâche, mobilisé sur le problème à résoudre ou l'information à retenir.

Quand il lit, cet enfant a du mal à rester sur la ligne, saute d'un mot à un autre, lit la moitié des phrases. Et les difficultés se retrouvent à l'écrit : l'orthographe est fantaisiste, le geste saccadé et malhabile, il ne sait plus où il en est, se perd sur sa copie, réécrit plusieurs fois la même chose.

Un enfant vite distrait : on parle pour lui de distractibilité. Le moindre petit stimulus extérieur le perturbe, le fait lever le nez de son travail, l'entraîne ailleurs, le coupe de ce qu'il était en train de faire. Revenir sur sa tâche lui est difficile. L'enfant y parvient rarement.

C'est celui dont on dit qu'il est perturbé par une mouche qui vole ! C'est vrai !

Pour être attentif… il faut y penser !

Lorsqu'une tâche nous intéresse, nous mobilisons spontanément notre attention. Nous n'avons besoin de fournir aucun effort, nos ressources attentionnelles se centrent sur ce que nous faisons. C'est naturel. En revanche, lorsqu'on doit être attentif, il nous faut prendre conscience du geste mental à effectuer pour diriger notre attention et la maintenir. Ce qui signifie qu'il faut être actif pour activer nos ressources. C'est ce qu'on appelle la concentration : on concentre nos ressources pour rester centré sur la tâche. Un peu à l'image d'un rayon laser qui concentre la lumière pour produire un faisceau lumineux plus puissant.

L'attention est la représentation consciente de ce que je suis en train de faire. Si je vois quelque chose et que j'enregistre l'information à mon insu, je n'ai pas utilisé mes capacités d'attention ; si je regarde la même chose en prenant conscience que je suis en train de la regarder, alors mes ressources attentionnelles sont mobilisées et l'information sera correctement enregistrée. Si j'en ai besoin, je pourrai plus facilement la restituer.
L'impulsivité cognitive, c'est-à-dire la précipitation sur la tâche sans réflexion préalable, résulte de cette absence de « pause mentale » même très courte entre le moment où je suis soumis à la tâche et le moment où je « réponds ».

Une organisation affective perturbée

Un enfant qui souffre de THADA passe rapidement du rire aux larmes. Sans raison. Son humeur est changeante. Cette labilité émotionnelle est difficile à vivre pour lui et pour les autres. Personne ne comprend ces modifications soudaines et inattendues d'état émotionnel. La vulnérabilité affective se retrouve aussi dans la grande sensibilité de cet enfant, qu'il tente en général de camoufler, mais qui transparaît par une grande susceptibilité. Il réagit au quart de tour face à une remarque qu'il vit facilement comme blessante.

Tous leurs sens sont rapidement en éveil : ce sont des enfants très réceptifs aux sons, aux images, aux odeurs… Et avec leur trouble ils absorbent tout, sans distinction. Ils ne parviennent pas à faire le tri et sont rapidement envahis d'impressions, d'émotions, de sensations qu'ils n'arrivent pas à hiérarchiser et à structurer. Sur un plan psychoaffectif, ils sont fragilisés.

➤ *Des conséquences dans tous les domaines de la vie*

En famille

La vie devient vite impossible. Les conflits éclatent à tout bout de champ. Les parents crient, les enfants hurlent, le désordre règne. Parents et enfants ne parviennent plus à partager des moments de plaisir, ensemble. Tout devient source de disputes et d'agressivité. De part et d'autre. Et tout le monde souffre. Les parents sont désemparés de ne pouvoir élever cet enfant qui leur échappe. Qui semble faire le maximum pour leur rendre la vie difficile. Et l'enfant souffre de se sentir rejeté, grondé, puni. Tout le temps, trop souvent.

À l'école

Les conséquences sur les apprentissages sont sévères : l'échec scolaire est souvent au rendez-vous (près de 50 % !).

Imaginer ce qui se passe est malheureusement facile. Prenons un scénario, pas si imaginaire que ça :

> Léo, 10 ans, ne peut rester en place en classe, bavarde, se lève, parle sans lever la main… Le professeur le recadre, le punit, l'exclut… Léo n'a pas écouté correctement, n'a pas copié en entier sa leçon sur son cahier, n'a noté sur son agenda qu'une partie du travail de maison… Il n'a pas fait le travail demandé, a une mauvaise note, se fait punir par le professeur et par ses parents… Au contrôle, il a du mal à comprendre la consigne (défaut d'analyse pertinente des données), saute d'une question à l'autre, n'a pas le temps de finir… La sanction tombe : mauvaise note, punition… Léo perd pied, se sent rejeté, souffre de ne pas y arriver et en classe… il n'arrive pas à écouter, trafique avec ses stylos, gesticule, interrompt le prof… et le cycle recommence…

Un enfant souvent seul

Difficile de se faire des amis. Ou tout simplement de se faire accepter dans un groupe quand on n'arrive pas à être calme, à participer tranquillement, que l'on fait des gestes brusques, que l'on parle fort, que l'on occupe tout l'espace, que l'on bouge sans cesse… Alors petit à petit les autres s'éloignent. Ne veulent plus jouer ou discuter. L'enfant va tenter de s'imposer mais ses tentatives seront souvent infructueuses. Malheureux, ses comportements seront vécus de façon encore plus désagréable par les autres, car sa déception amplifie son excitation psychique et par là même ses comportements inadaptés. L'enfant est pris dans un engrenage qui accentue terriblement sa souffrance.

Une image de soi de plus en plus négative

« Je suis nul », « Je n'ai pas d'amis », « Je me fais tout le temps gronder », « J'en ai marre », « Je n'y arriverai jamais », etc.

L'enfant THADA s'accable et l'environnement lui renvoie cette image. Oui, c'est vrai, il a du mal et on le lui souligne ; oui, c'est vrai, il est difficile à vivre et on le lui dit ; oui, c'est vrai, il fait beaucoup de bêtises et il se fait punir… On comprend combien tous ces dysfonctionnements attaquent l'image que cet enfant a de lui, combien il perd confiance en lui, combien il souffre de son trouble. Le trouble de l'estime de soi touche plus de 25 % de ces enfants et complique encore leur intégration et leur réussite.

➤ *Combien d'enfants sont concernés ?*

On estime entre 3 à 5 % le nombre d'enfants d'âge scolaire concernés. C'est un motif important de consultation en psychologie de l'enfant.

Les garçons sont près de huit fois plus nombreux que les filles et surtout leurs troubles sont plus vite repérés car plus bruyants. Chez eux la composante hyperactive est en général au premier plan. Chez les filles ce sont les problèmes attentionnels qui dominent, le trouble passe alors probablement plus inaperçu. Les filles se débrouillent et compensent leur déficit d'attention, ce qui rend le diagnostic plus long à poser. Il faut être attentif (sans jeu de mots !) à une fille intéressée par l'école et motivée pour réussir et qui rencontre des difficultés scolaires qui ne peuvent s'expliquer par un manque de travail.

Et puis l'hérédité est aussi concernée : on trouve cinq fois plus d'enfants hyperactifs dans les familles où un des parents est, ou a été, hyperactif !

➤ *Et les adultes ?*

À l'adolescence, le trouble disparaît dans près de la moitié des cas. Pour les autres, le trouble peut s'atténuer mais des difficultés persistent et vont perturber leur vie d'adulte. Surtout lorsque les problèmes de comportement sont au premier plan, car le THADA peut faire le lit des conduites antisociales, de la petite délinquance et des conduites addictives (alcool, drogue…). Dans une petite proportion, certes, mais qui est à considérer.

Sinon, on rencontre des adultes impatients, toujours affairés, occupés, exubérants, qui font plusieurs choses à la fois, qui ne se reposent jamais et qui, dans leur activité professionnelle, changent souvent d'avis, de métier, passent d'une idée à l'autre, prennent des décisions hâtives. La composante impulsive continue à se manifester dans leur vie sentimentale et amicale : ils s'emportent vite, ont besoin de stimulations permanentes, de changements. Leurs amours, leurs amitiés sont changeantes, éphémères, superficielles aussi. D'une façon générale leur vie est un tourbillon permanent et ils ont du mal à se stabiliser.

➤ *Le THADA, un trouble rarement isolé*

Dans près d'un cas sur deux d'autres troubles sont associés au THADA. Difficile de trancher tant les imbrications sont étroites, entre causes et conséquences.

• Des troubles anxieux sont signalés dans 25 à 50 % des cas. Mais l'anxiété génère elle-même de l'hyperactivité et des troubles de l'attention… dans les mêmes proportions ! C'est un peu l'histoire de la poule et de l'œuf : quel est le trouble qui précède l'autre, ou encore l'apparition de l'un de ces troubles n'entraîne-t-il pas obligatoirement l'émergence de l'autre ? Faire la distinction entre ces deux troubles est difficile. Elle est pourtant nécessaire car le diagnostic différentiel va orienter la prise en charge et donc l'amélioration des difficultés.

• Un enfant THADA est presque toujours un enfant opposant. Isoler un trouble oppositionnel, entité distincte, s'avère une mission bien délicate. On l'a vu, le THADA entraîne la remise en question constante des règles, du cadre et de la loi. Comme chez l'enfant opposant ou le contraire ? Ça marche dans les deux sens !

• La dépression apparaît chez environ un enfant sur trois ayant un THADA. Probable aggravation de la perte de confiance en soi et des attaques narcissiques répétées. Mais, de son côté, la dépression peut aussi avoir comme symptôme des troubles d'hyperactivité et des déficits de l'attention…

On sera particulièrement vigilant sur le diagnostic différentiel avec

• Les enfants avec un trouble du développement (voir page 230) chez lesquels l'agitation est importante et constante.
• Des enfants qui ont des problèmes d'audition ou de vue, ce qui peut avoir des incidences sur leur comportement et leur capacité d'attention, mais qui n'a rien à voir avec un THADA.
• Les enfants qui suivent certains traitements : corticothérapie, antiasthmatiques et antiépileptiques, connus pour leur hyperactivité secondaire.
• Les enfants surdoués, dont les mécanismes attentionnels sont très particuliers[1], ne doivent pas être confondus avec un THADA.

THADA ou problème de cadre éducatif ?

Question largement discutée. Réponses jamais univoques. On trouve en effet des enfants particulièrement agités, difficiles à canaliser, qui n'obéissent pas, des enfants opposants et résistants à toute forme d'autorité dans des familles où les cadres éducatifs sont flous et les limites fluctuantes. Dans ces familles où règne l'enfant roi. Où les parents n'osent plus dire non. Où l'enfant impose sa loi. Le comportement hyperactif de l'enfant traduit alors le dysfonctionnement du milieu familial qui n'arrive pas à « contenir » l'enfant et à lui poser des limites. Ce qui génère de l'anxiété chez l'enfant dont l'agitation sera l'expression. C'est essentiel à intégrer à la démarche diagnostique. On ne peut confondre THADA et problème d'éducation.

Mais il faut aussi considérer qu'un enfant hyperactif fait « craquer » l'environnement, et les parents en premier. Et que certains parents finissent par céder bien plus sou-

1. Voir page 141.

vent qu'ils ne le souhaiteraient car ils n'en peuvent plus de poser des limites, de punir, d'interdire, etc. Et leur comportement que l'on interprétera comme laxiste n'est en fait que la réaction au trouble de leur enfant… Encore un problème de la poule et de l'œuf, encore une raison d'être prudent lorsqu'on pose un diagnostic. Car l'objectif, ne

Récapitulons : THADA ou pas THADA ?

— Un enfant avec un THADA est *toujours* un enfant intelligent voire très intelligent. On ne pose le diagnostic de THADA que cette dimension vérifiée.

— Le diagnostic ne peut être posé avant 5 ans. On considère que l'agitation et la grande activité sont normales dans la toute petite enfance.

— Attention aux inquiétudes injustifiées : tous les enfants qui bougent, qui ont du mal à être attentifs en classe, qui s'opposent et n'écoutent pas les consignes, qui bâclent leur travail, etc., ne *sont pas* des enfants avec un THADA. C'est la présence constante des difficultés, l'impossibilité pour l'enfant de se poser, y compris quelques minutes, la persistance des symptômes, quels que soient les aménagements éducatifs ou scolaires, qui peuvent faire suspecter la présence d'un THADA.

— Un diagnostic de THADA n'est posé qu'après un bilan approfondi pratiqué par un professionnel sur un ensemble d'éléments cliniques et de résultats à des tests spécialisés.

— Restons très vigilants sur les troubles souvent associés et sur le diagnostic différentiel.

Bon à savoir : il arrive que l'enfant THADA soit particulièrement calme au cours de la première consultation chez le professionnel. La situation particulière et la nouveauté expliquent probablement cette réaction mais ne doivent pas conduire à éliminer la présence d'un authentique THADA !

l'oublions jamais, c'est d'aider l'enfant, et l'orientation que l'on prend détermine la façon dont on va pouvoir l'accompagner.

➤ *Les parents ont besoin qu'on les comprenne et qu'on les aide*

Avoir un enfant hyperactif est difficile à vivre pour les parents. Très difficile. Les répercussions sont incessantes au quotidien. Épuisantes et souvent ingérables. Culpabilisantes pour des parents qui ont l'impression de ne faire à leur enfant que des reproches. Tout le monde est malheureux.

Le trouble de l'enfant peut aussi avoir de nombreuses conséquences sur leur vie sociale : certains parents n'osent plus sortir, aller chez des amis, laisser leur enfant à garder. Ils éprouvent souvent de la honte car muettement on leur reproche d'avoir des enfants aussi insupportables. « Quelle mauvaise éducation ! » pensent les uns. « Voilà des parents incapables de gérer leur enfant », disent les autres. « Il mériterait une bonne claque… » Et le parent se culpabilise, se justifie et présente ses excuses d'avoir un tel « monstre » !… Avec le THADA le désarroi des parents est souvent profond. Ils ne savent plus quoi faire, comment se comporter, comment réagir à la tyrannie quotidienne de leur enfant. Et quoi dire aux autres, à tous les autres : famille, amis, école ?

Car la conviction qu'il s'agit d'un vrai trouble indépendant de tout contexte familial ou affectif n'est pas encore totalement partagée. Et le parent reste souvent le suspect numéro un. Ce qui rend encore plus difficile la gestion du trouble car, épuisés et dépassés, les parents laissent faire et le trouble de l'enfant s'aggrave.

SOS Parents en détresse

Les parents ont besoin d'aide. Être écoutés, entendus dans leur détresse et leurs difficultés à élever leur enfant. Être déculpabilisés : ils ne sont pas à l'origine du trouble et font ce qu'ils peuvent pour aider leur enfant. Être guidés dans leur démarche éducative. Être accompagnés pour décoder les comportements de leur enfant et leurs réactions de parents et ainsi mieux ajuster leurs attitudes pour trouver des solutions, des alternatives. Pour que leur enfant puisse sortir de son trouble et eux avec !

Parents, occupez-vous de vous. De vos loisirs et plaisirs personnels, de votre couple, de votre vie de famille. Avoir un enfant THADA ne doit pas mobiliser tout votre temps ni votre énergie. Vous en avez aussi besoin pour vous et pour les autres.

➤ *Une prise en charge sur plusieurs plans*

Avec ou sans médicament ? Plutôt avec !

Parlons d'abord de ce fameux traitement médicamenteux qui suscite de nombreuses prises de position. Inutiles, me semble-t-il. Face à un enfant THADA et après une analyse rigoureuse et attentive des composantes de son trouble, on peut effectivement être amené à proposer un support *via* un traitement médicamenteux, cette fameuse Ritaline®. Parce que, quand l'indication est correctement posée, ça marche ! Vraiment bien ! Face à son travail l'enfant arrive à se concentrer et à être efficace, et son besoin de bouger s'estompe. *C'est presque miraculeux*, disent en chœur parents, enfants et enseignants. Et puis, si on s'est trompé d'indication, on se retrouve avec un diagnostic par défaut : le médicament n'a aucun effet. Alors il faut chercher ailleurs les causes du problème attentionnel ou de l'agitation. C'est tout.

✔ **60 à 80 % d'enfants répondent favorablement au traitement.**

L'inquiétude sur le devenir des enfants soignés par Ritaline® n'a plus lieu d'être, nous avons aujourd'hui le recul nécessaire : quarante ans aux États-Unis, dix ans en France. À long terme on ne constate aucun effet secondaire nocif, peut-être même au contraire : moins de toxicomanie (tabac, cannabis) à l'adolescence chez les enfants traités jeunes. Car très souvent, pour se « calmer », l'adolescent hyperactif non traité va choisir de fumer. Les dépressions ne sont pas plus fréquentes, alors que sans traitement ils auraient pu devenir dépressifs en raison de leurs nombreuses difficultés. Pas d'incidence significative non plus sur la croissance comme on l'a cru à un moment donné, ni d'élévation de troubles anxieux. En tout cas pas plus que si l'enfant n'était pas traité. Et parfois moins.

Comment ça marche ? Sans entrer dans les détails il faut savoir, car c'est surprenant et édifiant quant à la nature même du trouble, que le principe actif est celui d'une amphétamine. La molécule dopante par excellence ! Chez un enfant agité ? Quel paradoxe ! En réalité, l'enfant hyperactif lutte, par son activité permanente, contre l'assoupissement. Le THADA est un trouble qui abaisse le niveau de vigilance naturel de l'enfant, un enfant avec un THADA est un enfant qui aurait facilement tendance à somnoler ! C'est pour cela qu'il bouge non-stop car bouger le maintient en éveil physique et intellectuel. Quand il prend le médicament, qui l'excite psychiquement, il n'a plus besoin de s'agiter lui-même !

Le traitement évolue : la Ritaline® était, jusqu'à peu, la seule molécule disponible sur le marché français. Avec une contrainte : la nécessité d'une prise fractionnée en deux fois, matin et midi, ce qui obligeait la mise en place d'un protocole d'accord avec les écoles pour les enfants qui déjeunent à la cantine. Aujourd'hui, le Concerta® et la Ritaline® LP (libération prolongée) permettent une prise unique, ce qui est beaucoup plus simple à gérer pour les parents et les enfants. Surtout pour eux qui devaient penser à prendre leur médicament dans la journée alors que justement leur trouble les conduit à une grande désorganisation !

Encore une évolution : on avait pour habitude, en France, par crainte des effets secondaires que l'on connaissait encore mal, d'interrompre la prise du médicament le week-end et pendant les vacances. Alors, dès que l'enfant était en famille, l'enfer reprenait ! Et le médicament n'améliorait en rien les relations familiales. Ce qui était vraiment dommage en regard de l'incidence importante du trouble sur la vie familiale. De plus, les études montrent que ces interruptions réduisent l'efficacité du traitement.

Médicaments : attention aux dérives

Aux États-Unis, trois millions d'enfants sont traités par médicament pour calmer leur agitation et favoriser leur concentration scolaire. On trouve la pilule de l'« enfant sage » jusque sur le bureau des profs. Qui donnent le médicament au moindre signe d'agitation. Excessif sûrement !

En France, les prescriptions sont encore prudentes et le traitement n'est délivré, en première intention, que par les services hospitaliers. Cinq cent mille enfants en bénéficient aujourd'hui. Entre les deux, le juste équilibre est à trouver, loin des débats idéologiques, au plus près de l'aide à apporter aux enfants.

Attention néanmoins : les laboratoires pharmaceutiques sont entrés dans l'école. Le marché du traitement de l'hyperactivité est un marché juteux pour les laboratoires. Alors, sous couvert d'information et avec la complicité de certains psychiatres (qui prescrivent le traitement !), ils organisent de fastueuses séances d'information auprès des enseignants. Ils expliquent aussi comment les enseignants peuvent suspecter la présence d'un THADA et sensibiliser les familles. Dérive inquiétante.

Les psychothérapies : que choisir ?

On a vu qu'un enfant avec un THADA souffrait presque toujours d'un trouble de l'estime de soi et qu'un trouble anxieux et des affects dépressifs étaient très souvent présents. Un accompagnement psychologique doit être systématiquement envisagé pour permettre à l'enfant de ne pas être « englouti » par ses difficultés et pour l'aider à retrouver une image de lui-même plus positive. Cet enfant a besoin d'être rassuré sur son sentiment de compétence et sur sa propre valeur. Les conséquences du THADA, insupportables pour l'entourage, entraînent beaucoup d'agressivité vis-à-vis de l'enfant. D'une certaine façon l'enfant est maltraité psychologiquement et parfois physiquement.

Quelle thérapie ? La plus efficace semble être la thérapie cognitivo-comportemenale (TCC) qui s'attache aux expressions mêmes des difficultés. On aide l'enfant à penser et réajuster ses comportements. On réfléchit avec lui aux émotions et aux pensées qui accompagnent ses problèmes. On met en place des alternatives plus adaptées et moins douloureuses. L'efficacité des TCC pour le THADA sont aujourd'hui bien démontrées.

Les autres formes de thérapies vont prendre en compte essentiellement la dimension psychologique du trouble. Selon le thérapeute et son orientation théorique, ce sont aussi des thérapies dont les effets sont très bénéfiques pour soulager la souffrance de l'enfant et lui donner de nouvelles ressources. Le choix se fera en fonction des possibilités et du thérapeute. L'enfant doit se sentir en confiance et la thérapie doit démontrer son efficacité. L'amélioration des difficultés doit être visible.

La rééducation cognitive : incontournable !

Lorsque le THADA s'exprime également dans sa composante déficit d'attention, il est indispensable d'envisager une rééducation concrète, « technique », des difficultés. Avec un neuropsychologue l'enfant va apprendre à repérer ses dysfonctionnements et à mettre en place des stratégies opérationnelles. La rééducation cognitive permet de repérer les mécanismes attentionnels déficitaires et de les remplacer par des mécanismes efficaces. L'enfant est alors mieux armé face aux apprentissages et la relance scolaire peut s'amorcer.

La guidance parentale

L'aide d'un thérapeute peut considérablement améliorer la vie des parents avec un enfant THADA. Et tous en ont bien besoin. La guidance permettra de faire le point avec les parents sur ce qui est le plus difficile à vivre et pourquoi, à décrypter leurs émotions face au comportement de leur enfant, à les aider à réfléchir sur leur réaction, sur leur culpabilité… et à reconstruire, ensemble, un mode de vie où chacun puisse s'y retrouver et se retrouver.

L'accompagnement en milieu scolaire

Pour aider un enfant THADA, le partenariat avec l'école est indispensable. Les enseignants sont souvent désemparés face à ce type d'enfant qui est objectivement infernal en classe et qui pourtant manifeste tellement de bonne volonté et dégage une telle souffrance. Il est légitime, aussi, que les enseignants craquent. Et que ça déborde. Eux aussi ont besoin d'être déculpabilisés dans leur mission pédagogique et aidés eux-mêmes pour accompagner au mieux cet enfant difficile. Ne l'oublions pas et méfions-nous d'une accusation hâtive du manque de savoir-faire des enseignants ! Une collaboration étroite et réciproque avec eux est la vraie solution.

À retenir dans le traitement du THADA

— Bien diagnostiquer le THADA est le préalable indispensable.
— Le traitement médicamenteux seul (Ritaline® ou Concerta®) est plus efficace qu'une thérapie seule.
— Le médicament plus la psychothérapie sont plus efficaces que le médicament seul.
— Il n'existe pas une réponse unique et idéale mais un ajustement thérapeutique en fonction d'un enfant particulier et d'une histoire singulière.
— Face à un THADA il faut toujours choisir plusieurs axes thérapeutiques complémentaires.
— Un enfant THADA doit toujours être traité, quelle que soit la forme ou les formes de thérapies choisies.
— Un enfant bien pris en charge verra ses troubles s'améliorer très significativement et sa vie… changer !

➤ *Comment aider l'enfant THADA au quotidien ?*

À la maison

• *Expliquer le trouble et ses conséquences à l'enfant* : il doit comprendre que certains de ses actes et de ses comportements ne sont pas l'expression d'une quelconque mauvaise volonté ou pire méchanceté mais sont les conséquences, involontaires, de son trouble. Déculpabiliser l'enfant est la démarche préalable indispensable pour lui permettre de retrouver une meilleure image de lui. L'enfant est également rassuré de savoir que d'autres enfants ont les mêmes problèmes et que des solutions existent pour l'aider. Il aime aussi savoir que cela s'arrange avec l'âge et qu'il ne restera pas comme ça toute sa vie.

• *Parler du trouble en famille,* aux frères et sœurs, aux amis proches : pour leur permettre de distinguer ce qui appartient au trouble, ce sur quoi l'enfant n'a pas de prise, et ce qui relève de sa personnalité.

• *Un ordre, une consigne à la fois.* Inutile de lui demander d'aller chercher son livre dans sa chambre, de prendre son pull rouge et de mettre son linge sale dans la corbeille en passant… Au mieux, il jettera son livre rouge !

• *Le stop-think-go.* On entraîne l'enfant : d'abord je m'arrête, je fais un stop, ensuite je réfléchis et seulement après, j'agis. L'idée est d'amorcer un nouvel automatisme. Pour que cela marche il faut que ce soit fait sous forme de jeu.

• *Le time out.* Quand on est excédé par un enfant on a souvent tendance à l'exclure de la pièce où l'on est : « Va te calmer dans ta chambre ! » Pourtant cela augmente l'anxiété de l'enfant, son sentiment d'exclusion et sa tristesse. Même s'il ne le montre pas. À la place on peut déterminer une zone que l'on matérialise avec une ficelle (moi je conseille notre fidèle houla-hoop) et demander à l'enfant de s'y poser quelques minutes, en silence et sous nos yeux. Le principe c'est : une minute par année d'âge. Chaque fois que l'enfant parle ou sort du cercle, il voit son temps se rallonger d'une minute supplémentaire.

• *Retour sur l'expérience immédiate* : on s'entend sur un signe qui alertera l'enfant lors du comportement inadapté. L'objectif est d'aider l'enfant à prendre conscience de ce qui se passe, au moment où ça se passe, pour lui permettre de se réajuster tout de suite. C'est un code.

• *Compenser les déficits* : aménager l'environnement de l'enfant en lui donnant la possibilité de bouger, de vivre avec son hyperactivité sans que ce soit gênant pour les autres.

• *Féliciter et encourager dès qu'un comportement, même minime, est conforme à ce que l'on attend* : c'est sûrement la meilleure des thérapies et la plus efficace. L'effet se ressent à très court terme et c'est presque magique. Essayez ! vous serez surpris des résultats. L'enfant THADA entend toute la journée des reproches, la moindre parole gentille le mobilise.

À l'école

• *Éviter les distractions* : mettre l'enfant au premier rang, près de l'enseignant, éloigné des bavards et des fenêtres.
• *Fractionner le travail* : ne pas donner tout le travail d'un seul coup et le découper en périodes courtes.
• *Quand c'est possible, lui permettre de bouger en classe* pour distribuer les cahiers, effacer le tableau… ou même entre deux exercices.
• *Donner plus de temps pour faire les exercices* ou *les devoirs* : l'enfant fait beaucoup d'efforts pour rester concentré sur la tâche. Au détriment de la vitesse.
• *Se mettre d'accord et utiliser le système de code,* pendant les contrôles, les devoirs sur table ou même à l'oral : on fait un signe à l'enfant pour le ramener sur ce qu'il doit faire.
• *Quand l'enfant doit être puni, lui expliquer immédiatement pourquoi*, car il a du mal à faire le lien entre son comportement et la punition.

L'enfant THADA :
un enfant en souffrance

Dépasser la polémique autour de l'origine du trouble. L'enfant THADA a surtout besoin qu'on comprenne son trouble et qu'on l'aide à s'adapter, à la maison, avec ses amis, à l'école.

Les troubles de la mémoire

Quand un enfant se retrouve en difficulté scolaire, les parents se plaignent souvent d'un problème de mémoire.

Les enfants eux-mêmes peuvent avoir l'impression qu'ils apprennent, qu'ils s'appliquent et qu'ils n'arrivent pourtant à rien retenir. Ils ont l'impression qu'ils oublient tout au fur et à mesure, ou encore qu'ils retiennent d'abord, puis qu'ils ont tout oublié quand ils arrivent au contrôle.

En réalité il ne s'agit pas vraiment de trouble de la mémoire, en tant que trouble spécifique. De réelles difficultés en mémoire, sur un plan fonctionnel, sont rares chez l'enfant qui n'a pas subi de traumatisme physique particulier.

➤ *Pourquoi n'arrive-t-il pas à mémoriser ?*

Daphné, 16 ans, est décidée à réussir. Elle est volontaire et motivée. Au moment où elle apprend, elle pense maîtriser sa leçon. Pourtant au contrôle elle n'y arrive pas. Pourquoi ? Parce qu'elle ne fait pas les liens en mémoire. Elle apprend les choses de façon isolée, indépendamment les unes des autres, et quand il faut refaire des liens elle est perdue. Daphné a un problème de compréhension : elle apprend parfois sans bien comprendre, et un problème de stratégies : elle ne sait pas intégrer les apprentissages en les reliant les uns aux autres et en créant un contexte général dans lequel elle inscrit les apprentissages nouveaux. Son problème de mémoire est un problème de compréhension et de stratégies d'apprentissage, ce n'est pas un trouble de la mémoire. Daphné a besoin qu'on l'aide à apprendre.

➤ *Comment ça marche ?*

• Pour mémoriser il faut : trouver une motivation, maintenir l'effort tant que ce n'est pas vraiment su, revenir au moins trois fois sur ce que l'on doit apprendre pour que ce soit acquis, rester centré sur la tâche, se projeter dans la situation où on aura besoin de restituer, contrôler que l'on a correctement mémorisé, vérifier que l'on sait quel que soit le type de questions ou d'énoncés, etc.

• Mais cela suppose aussi : que l'on a bien compris, que l'on peut faire les liens avec ce que l'on a déjà appris, que l'on est capable de resituer le nouvel apprentissage dans un contexte plus large…

• Et pour mémoriser : il faut décider de le faire, se mettre dans une attitude mentale où on est actif face à l'apprentissage.

> Silence, j'apprends !
>
> Les parents sont souvent en guerre contre leurs enfants qui apprennent avec la musique ou au milieu du brouhaha familial. Le silence peut favoriser la concentration pour certains enfants et dans certains cas. Mais ce n'est pas une condition obligatoire. Paradoxalement certains enfants ont besoin de bruit pour s'isoler face à leur tâche. Ce bruit les mobilise et crée un écran qui les coupe des sollicitations extérieures.

• Et quand malgré tout ça ne marche pas, plusieurs hypothèses :

- Le problème de mémoire est lié à un autre trouble des apprentissages : dyslexie, dyspraxie, hyperactivité, déficit attentionnel, troubles cognitifs… ont tous une incidence importante sur les capacités de mémorisation.
- Le manque de confiance en soi : si j'ai peur de ne pas y arriver ou, pire, si je suis sûr que je n'y arriverai

jamais, je bloque tout processus d'intégration solide en mémoire.

- Le stress qui entrave la mise en place de stratégies de mémorisation efficace.
- Une souffrance psychologique qui empêche d'être mobilisé et investi activement sur les apprentissages.

Attention, quand on aide un enfant à apprendre sa leçon à la maison et qu'il ne la sait plus en classe : souvent, sans s'en rendre compte, les parents « aident » leur enfant, par exemple en finissant une phrase ou en insérant le mot ou l'idée qui manque. Arrivé à l'école, l'enfant, sans apport extérieur, ne pourra restituer correctement. Il n'a pas acquis une autonomie suffisante face à l'apprentissage.

Les troubles du raisonnement et de la logique

On pourrait aussi les appeler troubles de la structure cognitive de la pensée. Cela sonne un peu compliqué, mais c'est très intéressant à comprendre. On a vu[1] que le développement cognitif est progressif et s'effectue par paliers, par stades. Chaque stade correspond à l'acquisition de compétences intellectuelles nouvelles, qui constituent les bases de la pensée logique. Pour passer à l'étape suivante, il faut inhiber la façon de penser précédente, celle qui devient dépassée, pour acquérir une forme de pensée supérieure, plus mature. C'est une construction méthodique qui suit des lois établies. Même si les chercheurs ne sont pas tout à fait d'accord sur les mécanismes de la progression, tous s'accordent sur l'idée d'étapes maturatives.

---

1. Voir chapitre 2, « Apprendre : de quoi s'agit-il ? », p. 53.

Mais, certaines fois, cette évolution ne suit pas la progression attendue. Et c'est là qu'on repère deux types de troubles[1] : Le retard d'organisation du raisonnement (ROR), où le développement des structures de pensée est en retard par rapport à l'âge, et la dysharmonie cognitive pathologique (DCP), où le développement ne s'est pas fait de façon homogène.

Ces deux troubles sont à l'origine de difficultés scolaires majeures car les enfants sont alors soumis à des sollicitations intellectuelles auxquelles ils ne peuvent pas répondre. Ils sont d'autant plus méconnus qu'ils apparaissent alors même que le niveau intellectuel (le QI) est dans la normale ou en tout cas proche de la normale. Seule une exploration attentive du fonctionnement cognitif de l'enfant permettra de mettre en évidence ces défauts des structures cognitives sous-jacentes.

Le repérage de ces deux catégories de troubles cognitifs s'avère d'un apport indispensable dans la pratique car leur diagnostic permet de donner sens à certaines difficultés de l'enfant, incompréhensibles par ailleurs.

➤ *Le ROR (retard d'organisation du raisonnement)*

Le ROR est un retard global du développement cognitif. L'ensemble des structures de raisonnement est resté à un niveau inférieur en regard de l'âge chronologique. Le trouble est homogène et signale une immaturité globale des structures logiques et de raisonnement.

1. Gibello Bernard, *L'Enfant à l'intelligence troublée*, Paris, Païdos/Le Centurion, 1986.

➤ *La DCP (dysharmonie cognitive pathologique)*

La DCP correspond à une organisation de la pensée non homogène. Certains secteurs de la pensée se sont développés normalement alors que d'autres sont restés à un stade archaïque du développement. Le développement cognitif est hétérogène, des niveaux très différents de raisonnement coexistent. La dysharmonie crée des décalages importants dans le fonctionnement intellectuel : dans certains domaines l'enfant est performant, dans d'autres, pourtant proches, l'échec est soudain et inattendu.

Ce trouble est déroutant pour l'enfant lui-même car il ne sait pas pourquoi il échoue… ni pourquoi il réussit. Et l'entourage ne comprend pas non plus que cet enfant, « qui n'est pas bête », puisse avoir des échecs aussi spectaculaires et surtout des résultats en dents de scie. Cela conduit le plus souvent à l'idée que l'enfant ne travaille pas assez, ne fait aucun effort, n'est pas attentif ou, pire encore, qu'il le fait exprès. Ses échecs répétés ainsi interprétés vont faire l'objet de réprimandes multiples. L'enfant se sent alors persécuté par son entourage et manifeste une attitude revendicative par laquelle l'entourage se sentira agressé à son tour. Il passe pour une tête dure qui fait tout pour échouer. Un cercle vicieux se met vite en place, à l'origine de troubles du comportement plus ou moins sévères mais souvent sous la forme d'agressivité et d'opposition aux règles.

Pourtant, c'est cette seule perturbation cognitive qui est à l'origine des problèmes de l'enfant.

✔ **La DCP ne doit pas être confondue avec des moments passagers de déstabilisation cognitive et de décalage du développement**

intellectuel propres à tout enfant au moment des passages « normaux » entre un stade de pensée et le suivant. Comme pour tous les troubles de l'enfant, c'est la durée dans le temps et la résistance des difficultés qui peuvent faire suspecter une DCP.

➤ *Mieux comprendre*

Prenons l'image d'une voiture en panne et de deux mécaniciens prêts à réparer. Tous les deux, intelligents, comprennent d'où provient la panne. Ils savent tous les deux que pour réparer il faut démonter une pièce et la remplacer. Chacun ouvre sa boîte à outils. Celle du premier est pleine, avec tous les outils nécessaires et bien rangés. Le mécanicien prend la clef adaptée, dévisse la pièce et la remplace rapidement et sans difficulté. Le second, lorsqu'il ouvre sa mallette, trouve en vrac certains outils mais d'autres sont absents ou remplacés par des outils d'enfant en plastique. Il n'a pas la bonne clef, prend une pince et tente de dévisser la pièce suspecte. Mais sa pince a du mal à serrer, il fait beaucoup d'efforts pour parvenir à démonter, la pince glisse, il recommence avec acharnement, le pas de vis s'use, la pièce résiste… Peut-être avec une grande volonté et beaucoup de sueur ce mécanicien, moins bien outillé, finira par y arriver. Mais à quel prix ! Il a mis une énergie considérable pour effectuer une tâche facile à surmonter avec le bon outil.

C'est sur le même modèle que fonctionne l'enfant avec une dysharmonie cognitive pathologique. Il est intelligent, certes, il comprend ce qu'il faut faire, c'est vrai, mais il n'a pas les « bons outils pour penser » et la tâche deviendra laborieuse voire impossible.

➤ *La prise en charge*

Elle passe par un travail sur les structures cognitives sous-jacentes qui ne se sont pas développées. Ce travail ne peut se faire que dans le cadre d'une relation thérapeutique basée sur le partage d'expériences cognitives dans lesquelles l'enfant peut mettre sa pensée en perspective et se réapproprier une pensée plus stable. Il ne s'agit pas de rééducation au sens strict, comme pour d'autres troubles, mais de thérapies qui se préoccupent de restaurer la capacité de penser. Les psychothérapies à médiation cognitive sont particulièrement recommandées[1]. Les techniques de relaxation thérapeutique se montrent également efficaces et permettent une restructuration de la pensée en profondeur[2].

Récapitulons

— **Les dangers du « symptôme phare ».** Attention de ne pas interpréter toutes les difficultés d'un enfant à la lumière unique de son trouble. Tout ne doit pas être expliqué, justifié, sous l'angle unique du trouble. Au risque de raccourcis dangereux. Il est aussi nuisible pour l'enfant d'ignorer la nature de ses difficultés que de réduire son fonctionnement à celui de son trouble.

On ne peut expliquer par un traumatisme affectif vécu plus jeune toutes les difficultés d'apprentissage actuelles de l'enfant, « c'est normal qu'il ait du mal en lecture, on a divorcé quand il est entré au CP », ou encore, interpréter l'ensemble de la personnalité et des dysfonctionnements d'un enfant dans la perspective exclusive du diagnostic de surdoué,

1. Voir chapitre 10, « Choisir la prise en charge adaptée », p. 327.
2. *Idem.*

« s'il ne réussit pas à l'école c'est parce qu'il est surdoué, l'école n'est pas adaptée pour lui ! ». Le risque est de passer *à côté* de son enfant, de ses besoins, de l'ensemble de sa personnalité et des difficultés qui sont les siennes. Et pas celles de tous les autres.

— **Un enfant *n'est pas* un diagnostic.** Ce n'est pas *un* dyspraxique, ou *un* dépressif mais un enfant qui souffre de tel ou tel trouble. Et ce n'est pas pareil !

Écoutez en médecine ce que l'on entend trop souvent dans les services hospitaliers : « C'est le cancer de la chambre 303, il faut que je m'occupe du colon de la 12… » Où est passé le patient, l'être humain qui souffre ?

— **Ce n'est pas parce qu'il existe des signes caractéristiques que tous les enfants avec le même trouble sont identiques !** Chaque enfant est unique et s'inscrit dans sa propre histoire avec sa personnalité. Les difficultés d'un enfant doivent être comprises cas par cas.

— **Attention : un trouble peut en cacher un autre !** On peut être dyspraxique *et* THADA, surdoué *et* dyslexique, etc.

— **Un enfant n'est pas responsable de son trouble :** et pourtant on peut avoir tendance à le lui reprocher et à lui demander de faire des efforts.

— **L'enfant peut masquer ses difficultés** car il met en place des stratégies de compensation plus ou moins efficaces. Plus l'enfant est intelligent, plus le trouble peut longtemps passer inaperçu.

— **Ne jamais négliger la souffrance** quand l'enfant se trouve en difficulté sur son parcours scolaire. Elle est *toujours* présente même si l'enfant la dissimule.

— **Ne pas confondre ce que l'enfant *ne veut pas* faire avec ce que l'enfant *ne peut pas* faire.**

— Dans tous les cas ce sont des **enfants à besoins spécifiques.**

CHAPITRE 5

Les troubles psychologiques. Quand la souffrance psychologique de l'enfant fait obstacle aux apprentissages

Sur le chemin de l'école, les troubles psychologiques, simples turbulences ou tempêtes plus violentes, peuvent freiner ou entraver sérieusement le parcours de l'enfant. Pour réussir à l'école, il faut aussi et peut-être surtout, être bien dans sa tête. D'une façon générale, pour avancer dans la vie en faisant les choix qui nous conviennent, pour atteindre les objectifs que nous nous fixons, pour prendre du plaisir à ce que nous faisons, la condition indispensable est d'« aller bien ». Il ne s'agit pas d'atteindre un équilibre parfait, mais d'être à notre juste place, celle dans laquelle nous nous sentons bien.

À l'école, au cours de sa vie scolaire, face à ses apprentissages, avec ses copains, l'enfant est constamment soumis à des déséquilibres, à des conflits, à des frustrations, à des inquiétudes, à des difficultés… qui peuvent à tout moment le faire vaciller et parfois tomber. C'est compliqué d'être un enfant ! Tant de choses sont en jeu dans une personnalité en construction permanente. Grandir entraîne des remaniements constants et l'environnement évolue au fur et à mesure du développement. À chaque palier, dans chaque circonstance, face à une situation nouvelle, un nouvel équilibre est à retrouver. Pour s'adapter, se confronter, s'ajuster, fonctionner. Ce qui suppose que les repères internes soient particulièrement stables, solides, fiables. Que l'enfant puisse s'y appuyer à tout moment. Avoir des repères stables ne signifie pas qu'ils soient fixes et définitifs. Les repères aussi évoluent. Mais l'important est que la base de la construction de l'identité soit solide grâce à une image et une confiance en soi suffisamment positives. Ainsi, chaque nouvelle expérience viendra alimenter l'identité, la renforcer et non pas la fragiliser ou la détruire.

Estime de soi et réussite scolaire : une alchimie indispensable

« Il n'a pas confiance en lui. »

C'est une constatation à la fois banale et fréquente mais en même temps très pertinente : la confiance en soi est une nécessité pour la réussite des apprentissages scolaires, comme pour tout apprentissage, d'ailleurs.

➤ *La base de la confiance : pouvoir se confronter seul aux apprentissages nouveaux*

C'est quelque chose qui se met en place très tôt. Au départ et bien avant l'école, l'adulte est présent pour guider et accompagner l'enfant dans ses premiers apprentissages. Si on prend l'exemple de la marche, l'enfant se met debout avec l'aide de l'adulte, puis fait ses premiers pas en lui serrant fort la main. Pour s'élancer, il faut à la fois qu'il surmonte sa peur, qu'il se fasse confiance, mais aussi que l'adulte le laisse partir tout seul, en confiance. Sans le protéger de façon excessive. Or il arrive que certains parents continuent à leur insu à protéger leur enfant, à aplanir tous les obstacles qui pourraient se présenter. Les parents restent dans une ambivalence nocive pour leur enfant : « J'ai envie qu'il se débrouille tout seul mais peut-il y arriver sans moi ? » Ce n'est pas si facile de lâcher son enfant. C'est d'ailleurs ce que les enseignants disent souvent aux parents : « Il faut que vous le lâchiez. »

➤ *Indispensable pour avoir confiance en soi : se sentir compétent*

En tout cas suffisamment pour se confronter à la difficulté, à la complexité. C'est s'accorder la possibilité de réussir, mais aussi celle d'échouer. Sans que l'échec nous effondre mais au contraire qu'il nous enseigne, qu'il nous forme. Quand un enfant n'a pas confiance en lui, c'est souvent qu'il a si peur de l'échec qu'il ne parvient pas à prendre le risque de se lancer, d'essayer. L'échec est une menace trop grande pour son équilibre. On ne peut vivre l'échec sans une base narcissique solide.

✔ **Avoir confiance en soi ne signifie pas pour autant se sentir tout-puissant et avoir l'illusion que rien ne nous résistera.**

Les enfants qui « s'y croient », qui « se vantent », qui « font leur beau » sont souvent parmi les plus fragiles. Lorsqu'on veut donner de soi une image d'invincible, de supérieur, de celui qui peut tout et tout réussir, c'est qu'au fond de soi, on a une piètre image de soi-même. Que l'on se sent fragile et vulnérable. Alors on montre une image de soi inverse. Pour se protéger.

✔ **Quand on a confiance en soi, on n'a pas besoin de lutter pour se sentir exister.**

Ni contre soi, ni contre les autres, ni contre la complexité de la vie. On utilise nos ressources, on accepte nos limites pour nous ajuster, au mieux, à l'environnement. Avec la certitude que c'est possible, même si parfois c'est difficile. « Je peux le faire », diraient les enfants aujourd'hui.

➤ *L'estime de soi se construit aussi dans le regard des autres*

L'estime de soi est le jugement que l'on porte sur soi, la valeur positive que l'on s'accorde.

Pour avoir confiance en soi, il faut rencontrer des personnes qui ont confiance en nous, en nos capacités à réussir : recevoir suffisamment de messages positifs, en premier lieu de nos parents. Ils ont valeur de messages identitaires. Avec un sentiment central : se sentir aimé.

Mais il faut aussi que ce que l'on dit de nous corresponde à ce que l'on pense nous-mêmes. Lorsque nous avons une image de nous-mêmes dévalorisée, nous n'accordons que peu de véracité aux valorisations extérieures. Il arrive que les messages de l'extérieur soient différents de ce que l'on ressent. Les adolescents sont particulièrement sensibles à ces distorsions. Face à ses parents qui disent « tu as tout pour réussir », ils s'emportent car eux-mêmes se sentent nuls et ne supportent pas cette vision optimiste et partiale, « fausse », pensent-ils. Et plus les parents insistent et plus l'adolescent se sent nul et incapable de correspondre à ce qu'on attend de lui. Et à ce que lui-même souhaiterait, d'ailleurs : être capable de réussir.

On voit combien l'équilibre à trouver est subtil : encourager, valoriser tout en respectant ce que l'enfant ressent de lui. Pour justement comprendre ce qui lui fait mal, ce qui ne va pas.

➤ *Estime de soi et apprentissage : le rôle des métacognitions*

La métacognition, terme un peu complexe, renvoie ici à « ce que je pense de ce que je suis capable de faire ». Métacognition, littéralement, signifie : la pensée sur ma pensée.

Face à une tâche intellectuelle, à un problème à résoudre, la première pensée qui s'active de façon automatique est : « Est-ce que j'ai les connaissances nécessaires pour y arriver ? Est-ce que je me sens compétent pour le faire ? » Selon la réponse à cette question, mécanisme en général inconscient, on abordera la tâche dans une disposition d'esprit différente. Si je me sens compétent, je me mobilise et je rassemble toutes mes ressources pour atteindre l'objectif. Et j'ai toutes les chances d'y parvenir. Si, en revanche, je suis d'emblée convaincu que je ne sais pas ou que je ne saurai pas faire, je bloque l'accès à mes capacités et je fuis le problème. Je ne m'y confronte pas, je n'essaie même pas ou à peine puisque je suis sûr que je n'y arriverai pas. Dans ce cas, on parle de métacognition négative.

Dans les études les plus récentes, l'aspect métacognitif se montre l'ingrédient le plus décisif dans la réussite scolaire. Plus j'ai confiance dans ma capacité de réussir, plus je suis motivé et plus je réussis. Il est même démontré qu'il vaut mieux dans certains cas être un peu moins compétent et avoir des métacognitions positives, que d'être plus doué et se sentir nul.

✔ **L'estime de soi, en tant que jugement positif que je porte à mes compétences, est une dimension essentielle de l'apprentissage.**

➤ *Les troubles de l'estime de soi et la peur de ne pas être aimé*

Quand on pense qu'on est « nul », quand on ne s'aime pas soi-même et qu'on a une image très dévalorisée de ce que nous sommes, on est persuadé que personne ne pourra s'intéresser à nous, que personne ne pourra nous aimer. On a envie, on a besoin des autres, mais on en a peur. On reste éloigné car on est convaincu de ne pouvoir être accepté. C'est une grande souffrance et un profond sentiment de solitude. C'est une difficulté dont se plaignent directement ou indirectement de nombreux enfants et qui transforme l'école en lieu inquiétant.

« Il n'a pas de copains », « Il est seul dans la cour », disent les parents lorsque la solitude de l'enfant et son retrait social sont l'expression du trouble.

« Il se bagarre tout le temps », « Il a toujours des mots sur son carnet à cause des problèmes avec les copains », se plaignent d'autres parents. « Personne ne veut jouer avec moi », répondent les enfants.

> Cet enfant, c'est l'« enfant hérisson ». Celui qui a toujours peur de ne pas être aimé, d'être rejeté du groupe, exclu. Alors, il va d'emblée mettre en place des comportements agressifs, « sortir ses piquants », attaquer d'abord. Et bien sûr la réaction des autres ne pourra être que le rejet… ce qui confortera notre petit hérisson dans la nécessité de se protéger, de surtout ne pas s'approcher des autres, de ne pas se laisser approcher… Le cercle vicieux se referme et cet enfant souffre sans parvenir à se sortir de ces mécanismes. Il en résulte souvent des troubles du comportement dont les manifestations peuvent être très pénalisantes pour les apprentissages mais aussi pour l'équilibre psychologique de l'enfant.

Se faire remarquer en classe, par les professeurs et par les élèves : une autre façon de se sentir exister

L'enfant qui ne se sent pas compétent pour réussir, qui n'a pas confiance dans ses capacités, mais aussi l'enfant en réelle difficulté va souvent choisir de « faire le pitre » en classe pour se faire remarquer. Il acquiert une identité « par défaut », celui qui fait rire, qui embête les profs, qui distrait les cours. C'est parfois le seul moyen que trouvent ces enfants pour se construire une personnalité afin d'être aimés des autres et qui les valorise aux yeux des copains. Pourtant, en consultation, ces enfants sont bien tristes et le trouble de l'estime de soi transparaît dans toute leur personnalité et dans leur rapport avec l'apprentissage. Les risques d'échec sont quelquefois sévères car l'enfant s'emprisonne dans son système. Ne plus être celui qui fait rire les autres représente un réel danger : celui de ne plus être reconnu et apprécié. Est-ce que je peux devenir un bon élève et avoir encore des copains ? Dilemme difficile à résoudre pour ces enfants qui ont besoin d'aide pour retrouver une solide image d'eux-mêmes qui leur permette d'affronter l'école avec de nouvelles armes.

D'un manque de confiance en soi à la dépression

La dépression est l'aboutissement d'un processus qui conduit à perdre progressivement les bastions narcissiques sur lesquels nous sommes construits. Dans le creux de la maladie, on se sent désespérément nul, incapable de rien, avec la conviction que l'on ne trouvera aucune issue. Les repères s'effacent et on se sent seul.

Une dépression peut survenir brutalement en réaction à un événement douloureux de la vie (perte, deuil, séparation…) ou s'installer plus insidieusement. Cette seconde forme est en général plus sévère car elle touche l'organisation profonde de la personnalité.

La dépression est une maladie qui fait peur. Surtout à l'abord de l'adolescence. Très tôt, certains parents anticipent : « S'il a ces difficultés maintenant, j'ai peur qu'il fasse une dépression à l'adolescence. »

➤ *La dépression chez l'enfant*

La dépression de l'enfant est différente de la dépression à l'âge adulte. Dans l'enfance, la dépression est un trouble psychologique qui peut prendre de multiples visages : troubles du comportement (agitation, agressivité, opposition…), inhibition (repli sur soi, isolement), troubles du sommeil (difficultés d'endormissement, insomnie ou au contraire hypersomnie), somatisations (mal au ventre, à la tête, problèmes de peau), troubles alimentaires (boulimie, anorexie…), troubles de l'humeur (abattement, euphorie, désintérêt pour tout, excitation…), etc.

Les manifestations sont variées et souvent opposées. On ne trouve pas systématiquement, comme chez l'adulte, un profond état de tristesse et de souffrance morale.

La souffrance de l'enfant a d'autres modes d'expression. Ce qui rend parfois difficile le diagnostic car il s'agit de faire la différence entre plusieurs troubles dont la compréhension et l'approche ne seront pas les mêmes. On parle également de « dépression masquée » chez les enfants qui semblent « ne pas aller si mal » mais dont les troubles somatiques ou la suradaptation, par exemple, sont néanmoins des signes dépressifs.

• *Attention : un signe n'est pas un diagnostic.* La dépression est une maladie complexe dont le diagnostic procède d'une investigation psychologique complète et qui ne peut s'établir à partir d'une simple hypothèse. Un enfant peut être triste sans être dépressif et celui qui se bagarre tout le temps, s'oppose, se met en colère pour un rien est peut-être seulement un enfant qui cherche des limites. De plus, des moments dépressifs « normaux » sont inhérents au développement de l'enfant. L'enfant peut traverser des phases où il est triste, où il perd confiance, où il pense qu'il n'y arrivera plus… Rien d'inquiétant, ce sont des phases normales et nécessaires. La vie, pour les enfants aussi, est faite de hauts et de bas. Gardons la juste mesure.

• *Ce qui est vrai cependant est que la dépression de l'enfance est plutôt sous-diagnostiquée en raison justement de ses multiples facettes.*

Au risque que la souffrance de l'enfant ne soit pas entendue et que l'état dépressif s'aggrave. Il est quelquefois préférable de s'inquiéter « pour rien » que de passer à côté d'une dépression authentique.

➤ *Dans tous les cas, la dépression bloque l'expression des capacités intellectuelles*

Lorsque l'enfant est dépressif, les capacités intellectuelles restent intactes. La dépression n'« attaque » pas les ressources. En revanche, l'état dépressif ne permet pas à l'enfant d'accéder à ses compétences, à ses savoirs, à ses savoir-faire. Son potentiel est là, mais il ne peut ni l'activer ni l'atteindre. Ce qui rend bien difficile l'investissement et la réussite scolaire. La dépression agit comme un voile qui recouvre tout.

Les conséquences sur les apprentissages arrivent vite, mais ne sont pas toujours bien comprises. Surtout quand, au préalable, l'enfant « marchait bien ». L'état dépressif n'est pas repérable au premier abord et souvent les adultes, parents et enseignants, ont du mal à comprendre pourquoi l'enfant ne fait plus rien, ne travaille plus, n'écoute plus, a perdu toute motivation pour l'école. Alors l'enfant fuit, évite, trouve des excuses pour ne pas faire ou ne pas avoir fait. Car lui-même souffre de ces difficultés soudaines qui le renforcent dans la conviction qu'il est nul et qu'il n'arrivera jamais à rien. Le « je m'en fous ! » peut constituer sa réponse unique et répétitive lorsqu'on l'interroge sur les raisons de son décrochage. Pourtant, au fond de lui, ça ne lui est vraiment pas indifférent mais il ne sait pas lui-même comment faire et comment s'en sortir. La visibilité qu'il a de la situation et de son malaise est floue. Il a besoin qu'on le comprenne et qu'on l'aide. Seul et incompris, il ne peut rien.

• *Ne pas confondre un syndrome dépressif, une dépression, qui est une vraie maladie avec des affects dépressifs* qui sont des sentiments de tristesse, de perte de confiance en soi, de solitude, d'inquiétude face à ses capacités à avancer, à réussir. Et au sentiment de culpabilité souvent associé. Les affects dépressifs sont sources de souffrance, ont des incidences plus ou moins sévères sur les apprentissages et l'investissement scolaire, mais doivent être compris et accompagnés différemment. Ce qui ne signifie pas pour autant qu'il ne faut pas s'en préoccuper. Bien au contraire. Car ce sont des signes qui indiquent un profond malaise chez un enfant qui n'arrive plus à s'en sortir et à se projeter positivement dans l'avenir. Un moment dépressif est un indice sérieux, ce n'est pas une pathologie. Ça peut aussi être un passage plus douloureux ou un symptôme associé à un autre trouble. Un enfant en difficulté scolaire, quelles qu'en soient les raisons, est souvent envahi par des affects dépressifs.

➤ *À l'adolescence, la dépression « à risque »*

À l'adolescence, la dépression prend une nouvelle ampleur. Pas forcément en termes de symptômes, souvent identiques à ceux de l'enfance. Mais en terme de perturbation profonde à un moment décisif du développement. Ce qui inquiète à l'adolescence, c'est ce que présage la dépression pour l'avenir. À l'adolescence, la dépression est un véritable bouleversement, une sorte de séisme qui ébranle tout. Qui ébranle les bases, les certitudes. On ne sait plus qui on est, on n'est plus sûr d'être aimé, on ressent du vide, en soi et autour de soi.

L'adolescence est une période sensible à double titre :

• C'est un moment de remaniement identitaire qui va déterminer la personnalité future. À l'adolescence, il faut déconstruire pour reconstruire. On remet en cause les valeurs de l'enfance pour acquérir ses valeurs propres. On renonce à la dépendance affective pour accéder à l'autonomie.

• C'est précisément le moment où l'on demande à l'adolescent de se déterminer sur ses orientations scolaires, sur ses choix. Ou pire encore le moment où l'école ne lui laisse plus le choix...

Alors, quand la dépression est là, l'adolescent est en danger face à lui-même, à sa construction identitaire, et face à son avenir : comment se positionner, faire des choix et les assumer dans un tel état de détresse ?

Et c'est bien cette urgence qui inquiète : si l'adolescent ne surmonte pas le plus vite possible sa dépression, s'il n'arrive pas à s'en sortir « à temps », les conséquences peuvent sérieusement entraver son évolution personnelle, sociale et professionnelle. Les risques sont réels. La dépression de l'adolescent doit être rapidement diagnostiquée afin de mettre en place le plus précocement possible une prise en charge qui lui redonne la pleine expression de ses ressources et de lui-même. Qui le relance sur son projet de vie.

Les conduites à risque de l'adolescent dépressif : une automédication contre le mal

Ce qui accentue les dangers de la dépression de l'adolescent sont les conduites à risque dans lesquelles il peut s'engager. Les prises de drogue ou d'alcool sont les plus fréquentes. Souvent, c'est une tentative de l'adolescent pour se sentir mieux, pour se soigner du mal qui le ronge, de la détresse qui l'obsède. Sous l'effet de ces drogues, enfin, il se sent mieux, dégagé de l'oppression habituelle. Mais cela peut aussi représenter une recherche de sensation : « Je m'ennuie tellement, dit Ella, que je bois pour vivre des choses fortes. Ce sont les seuls moments où je me sens exister vraiment. » Les scarifications, actes devenus quasi systématiques dans la dépression adolescente, remplissent le même rôle. Il ne s'agit pas de tentatives de suicide, mais bien d'une recherche de sensation avec les limites du corps propre et la matérialisation de la souffrance : « Quand je vois le sang qui coule, me confie Amandine, déjà je me sens mieux, ça me soulage. »

Mais on ne peut ignorer les tentatives de suicide, les vraies. Le plus souvent appel à l'aide et non réel désir de mort malgré des chiffres alarmants : les suicides sont la deuxième cause de mortalité des 15-24 ans après les accidents de la route[1].

Cannabis et apprentissage : je n'entrerai pas ici dans le débat sur les dangers du cannabis sur la santé. En revanche, il est courant

1. Marie Choquet, Valérie Granboulan, *Les Jeunes Suicidants à l'hôpital*, EDK, 2004-2005.

de constater, et les adolescents le reconnaissent eux-mêmes, que la prise de ce type de drogue les empêche de réfléchir et de se concentrer en cours. Il arrive même souvent qu'ils le déplorent sincèrement sans pour autant pouvoir arrêter leur consommation.

➤ *La dépression de l'enfant et de l'adolescent, est-ce fréquent ?*

Dans l'enfance, la dépression touche environ 1 % des enfants mais atteint plus ou moins 5 % des adolescents.

Chez les enfants, il y a autant de filles que de garçons touchés par la dépression alors qu'on trouve deux filles pour un garçon à l'adolescence.

Une dépression de l'enfant n'est pas un précurseur d'une dépression de l'adolescent ou de l'adulte : les études ne montrent aucune corrélation. En revanche, l'adolescent qui fait une dépression a un risque plus élevé de vivre un nouvel état dépressif au cours de sa vie (1/3).

Mais l'adolescence est aussi un moment fécond : tout peut se rejouer à l'adolescence. On peut redistribuer le jeu et tracer une nouvelle route. L'adolescence est aussi une vraie promesse, même si elle a été difficile.

Quand la pensée est « troublée » par l'angoisse

➤ *Angoisse ou anxiété ?*

On emploie parfois indifféremment les termes d'angoisse ou d'anxiété. Pour désigner des états proches, mais pas toujours comparables.

L'angoisse serait ce profond et pénible sentiment de danger permanent, de peur diffuse et constante, dont certaines manifestations peuvent être physiques : oppression, étouffement, malaise. Lorsqu'on parle d'angoisse, on évoque plutôt des préoccupations psychiques : l'angoisse d'abandon, l'angoisse existentielle, l'angoisse de la mort sont parmi les plus citées. Ce sont des peurs enfouies qui ne sont pas toujours en lien avec ce que nous vivons. L'angoisse est un phénomène normal, que chacun peut ressentir ponctuellement. Elle témoigne de notre conscience des limites de notre contrôle sur la vie. L'angoisse peut aussi être le moteur de la créativité et de l'émergence d'idées nouvelles. L'angoisse devient pathologique quand ses manifestations sont envahissantes et nous empêchent de vivre, de fonctionner, de prendre du plaisir à l'existence.

L'anxiété, terme qui apparaît aujourd'hui le plus souvent dans la terminologie psychiatrique, se réfère à un concept voisin mais qui signerait plutôt un état de tension, de malaise, d'attente inquiète d'un danger qui pourrait menacer notre équilibre et pour lequel on pense ne pas avoir les moyens de réagir. Le danger est soit réel : on a peur avant un examen, une situation particulière, une nouvelle expérience… soit inconnu : on a peur de tout et de rien à la fois. Dans ce cas, l'anxiété est généralisée et omniprésente.

L'anxiété a elle aussi de nombreuses manifestations physiologiques : rougeurs, transpiration, palpitations cardiaques, tremblements, voix mal assurée… et somatiques : le mal au ventre est chez les enfants la forme la plus typique.

> En consultation de gastroentérologie, il s'avère que plus de 80 % des enfants qui se plaignent de douleurs au ventre sont en réalité des enfants anxieux sans aucun problème gastrique !

Mais l'anxiété peut être à l'origine ou associée à de nombreux tableaux cliniques : problèmes de sommeil, maladies allergiques… état dépressif, troubles de la personnalité…

L'anxiété est souvent en toile de fond dès lors qu'on ne va pas bien sur un plan psychologique.

➤ *L'anxiété : une affaire de famille ?*

On ne peut le nier : il existe des familles d'anxieux. Le « poids » des facteurs génétiques s'élève dans les troubles anxieux entre 30 et 50 %. Mais une prédisposition génétique ne signifie pas que le trouble se déclenchera. C'est une vulnérabilité. On trouve aussi des enfants sereins avec des parents anxieux. Et réciproquement.

Mais il ne s'agit pas non plus d'une malédiction qui sera transmise de génération en génération : on peut rompre la chaîne et soigner son anxiété. Même si on garde un « fond anxieux », on se remet à un niveau d'anxiété acceptable qui ne perturbe pas la vie. Et ça change tout !

➤ *Anxiété, quand tu nous tiens*

Dans le cadre scolaire, l'anxiété accompagne toujours l'enfant en difficulté d'apprentissage et complique les problèmes : plus je suis anxieux, moins j'y arrive, et moins j'y arrive, plus je m'inquiète. Très liée à l'estime de soi et au sentiment de compétence, l'anxiété est un frein important des apprentissages. Ses incidences sur la mémoire de travail[1] sont directes : l'enfant ne peut plus intégrer et comprendre ses cours, n'enregistre pas les consignes, se perd dans les énoncés… À la restitution, les effets sont très pénalisants : travail bâclé, incomplet… L'enfant n'arrive pas à « garder en tête » les informations dont il a besoin pour apprendre, comprendre, produire.

---

1. Voir chapitre 2, « Apprendre : de quoi s'agit il ? », p. 53.

L'anxiété génère également une hyperactivité, une agitation constante. L'enfant bouge pour mettre à distance l'émergence anxieuse. Ce mouvement perpétuel perturbe lourdement les apprentissages, mais ne doit pas être confondu avec le THADA[1]. Les manifestations comportementales et cognitives sont très proches mais leur abord thérapeutique très différent.

✔ **L'anxiété est très répandue chez les enfants. Trop. Dix pour cent d'enfants souffrent de troubles anxieux.**

La pression et les exigences scolaires en sont en partie responsables. Être un enfant à l'école aujourd'hui est un enjeu de tous les jours. Il *faut* réussir à tout prix. On fait peser sur leur tête le spectre d'un danger permanent : l'échec. Échec qui entraînerait toute une série de catastrophes dont ils seraient les victimes presque innocentes. Comment partir en classe serein et confiant ? Il faut une sacrée dose de confiance en soi, d'optimisme et de sentiment de compétence pour ne pas être aspiré par cette menace permanente de l'échec scolaire. Et, si on regarde de plus près, qu'observe-t-on ? Que cette menace va encore plus loin. On dit et répète à cette génération d'enfants qu'il n'y a pas de travail pour tout le monde, que le chômage augmente tous les jours, qu'il faut être le meilleur sinon rien. Alors non seulement ils ont peur d'échouer en classe mais, même s'ils réussissent, leur avenir n'est pas assuré. Il faudra encore se battre. Jusqu'à quand ? On comprend que l'anxiété soit, dit-on, le mal du siècle et que nos enfants soient les premiers concernés.

1. Voir p. 169.

C'est dans les lycées d'excellence que l'on trouve le plus d'élèves qui prennent des cours particuliers. Le soutien scolaire dépasse sa vocation d'aide aux enfants en difficulté, il est aussi prisé par les meilleurs éléments pour les rendre encore plus compétitifs[1].

➤ *L'anxiété : l'ennemie de la pensée ?*

Le rapport entre anxiété et pensée est surprenant : l'anxiété peut bloquer la pensée ou, de façon diamétralement opposée, le fait de penser peut être un moyen de mettre à distance l'anxiété.

Comment ça marche ?

• L'anxiété qui bloque le système : quand on est anxieux et que l'on se trouve face à une tâche intellectuelle, il se produit dans notre tête un « brouillage ». Comme lorsqu'on essaie de regarder Canal Plus sans décodeur ! L'image est floutée, le son est inaudible. La compétence est activée mais on ne parvient pas à la stabiliser et à l'utiliser.

On a tous fait cette expérience bien désagréable d'être « paralysé » par l'anxiété. Dans ces moments-là, on ne peut plus réfléchir et moins on y parvient, plus l'anxiété monte et plus cela devient impossible, etc. Seul un retour au calme intérieur permettrait de « reprendre ses esprits », mais dans ces situations, c'est mission impossible. Sauf à s'entraîner à faire baisser le niveau de pression interne, ce qui s'acquiert[2].

• La pensée pour lutter contre l'anxiété : « Ça me décontracte de réfléchir. » Quentin, 10 ans. On l'observe couramment : un enfant qui consacre beaucoup de temps à son tra-

---

1. Enquête de G. Glassman, auteur avec G. Collonge de *Cours particuliers et construction sociale de la scolarité*, Paris, CNDP.
2. Voir chapitre 10, « Choisir la prise en charge adaptée », p. 327.

vail, qui est toujours penché sur ses livres de classe, qui en fait parfois plus que nécessaire, qui est très perfectionniste pour son travail personnel… est souvent un anxieux qui lutte contre sa peur… de penser. De penser à autre chose bien sûr. À des sujets qui l'inquiètent et dont il n'a pas les réponses. Alors « travailler », « réfléchir » occupe ses pensées de façon concrète, cadrée, sans surprise. C'est rassurant. Voilà pourquoi il faut *aussi* être vigilant avec des enfants qui travaillent beaucoup. C'est agaçant mais c'est une réalité. D'autant plus qu'on se fait peu de soucis pour ceux-là et que ce sont eux quelquefois qui souffrent le plus. Nous en avons déjà parlé, mais c'est réellement important.

Le trop de télé, de jeux vidéo, d'Internet ou même de lecture peut aussi être compris comme des refuges, des fuites. Absorbé par un monde virtuel, l'enfant ou l'adolescent ne pense plus, ne s'inquiète plus. Cela lui permet de faire baisser son niveau d'anxiété, de se « vider la tête ». Il est légitime que vous trouviez son comportement exagéré et nuisible pour son travail scolaire, mais il est indispensable d'en décoder, d'abord, le sens. Car au-delà du travail scolaire, c'est peut-être son équilibre psychologique global qui est fragilisé. Il est important de comprendre ce qui se joue et pourquoi. Abordez ce problème sous cet angle avec votre enfant permet d'ouvrir le dialogue et d'éviter au conflit de se durcir au fur et à mesure que les jours passent.
Le *trop* c'est quand ? Il n'y a pas de règle mais c'est une question d'équilibre : entre le temps passé à ces activités « annexes » et le temps passé à faire ses devoirs, à voir des copains, à pratiquer un sport ou un loisir favori, à partager des moments en famille. Et puis le trop, c'est aussi le vôtre, celui que vous ne pouvez tolérer en regard de votre propre conception de l'éducation, de votre rythme de vie familial, de votre disponibilité personnelle à passer du temps avec votre enfant.
Le *trop* c'est toujours quand ça déborde notre capacité de le supporter et notre possibilité de le comprendre !

Quand l'enfant se fixe la réussite comme objectif central : l'anxiété de performance

L'enfant avec une anxiété de performance est facile à décrire : il met tout en œuvre pour réussir, pour obtenir de bons résultats. Il est perfectionniste, exigeant vis-à-vis de lui-même. Terrifié à l'idée de ne pas être à la hauteur, de ne pas produire le maximum, il en fait plus que nécessaire. Quand il travaille, il revérifie constamment ses réponses, contrôle en permanence que ce qu'il a fait est correct, revient en arrière pour « être sûr ». Les yeux rivés sur le temps qui passe, il craint toujours de ne pas faire assez vite ou ne pas avoir le temps de finir. Et perd du temps. Inquiet face aux évaluations et à toutes situations où il se sent jugé, son niveau d'anxiété est maximal face à la tâche à accomplir. L'état de tension est tel qu'il peut en résulter une rigidité cognitive qui entrave la libre expression de ses capacités. Mais aussi bloque sa mémoire et l'accès aux connaissances. Surtout avec les idées automatiques qui se déclenchent dans ces situations : « J'ai tout oublié, je ne sais pas le faire, je n'y arriverai jamais... » L'attention et la concentration sont également perturbées par l'anxiété : l'enfant est tellement tendu sur ce qu'il faudrait qu'il fasse qu'il ne parvient pas à se centrer sur la tâche. Son esprit saute d'une idée à l'autre, d'une peur à une autre... Dans d'autres cas encore, l'effort fourni ou le temps passé sur un travail ou à réviser un examen, même sans importance, est démesuré.

La valeur accordée à la réussite et à la performance est surinvestie. L'enfant perd tout plaisir à fonctionner. Toute son énergie est tendue vers son objectif vital : être à la hauteur. Mais de quoi finalement ? À ce qu'il se représente de ce que l'on attend de lui. À l'idée qu'il se fait de ses idéaux de réussite. Mais qui ne seront jamais satisfaits car l'enfant aux prises avec l'anxiété de performance ne se sent jamais à la hauteur. Tous ses succès ne le comblent jamais : j'aurais pu faire mieux, pense-t-il, ou plutôt j'aurais *dû* faire mieux. Alors l'enfant se décourage car il cherche constamment les éloges, mais cela ne le rassure jamais vraiment. Chez lui la réussite et l'image de soi sont confondues. L'enfant pense n'avoir de valeur qu'à travers ses réussites. Pour lui, il ne peut être aimé pour ce qu'il est mais à travers ce qu'il fait. L'enfant ne se sent exister qu'a travers ses réussites.

L'anxiété de performance peut se manifester chez tous les élèves, bons ou moins bons, mais prendra une allure excessive chez les enfants brillants. Plus ils réussissent, moins ils s'accordent le droit à l'erreur. Ils se sont construits à travers leur succès. L'image qu'ils ont à leurs propres yeux et celle qu'ils renvoient aux autres est celle de celui « qui réussit tout ». Alors ils sont dans l'obligation de continuer à réussir, au risque, pensent-ils, qu'on ne leur accorde plus aucune attention, qu'on ne les aime plus.

✔ **L'anxiété de performance est fonction du sens que l'on accorde à la réussite bien plus qu'à la difficulté de la tâche elle-même. C'est une construction de l'esprit, produite par le trouble anxieux. C'est une croyance erronée dans la construction de l'identité.**

✔ **À l'adolescence, l'anxiété de performance peut empêcher l'adolescent de former certains projets. Il pense que c'est impossible pour lui et qu'il échouera forcément. Alors, il arrive qu'il renonce à des perspectives professionnelles qui pourtant lui tiennent tellement à cœur.**

J'ai connu une mère qui demandait régulièrement à sa fille, brillante élève, d'arrêter de travailler, mais de sortir, de voir des copains... Mais rien n'y faisait ; et cette mère n'osait pas se plaindre – à qui ? – d'avoir un enfant qui travaille trop alors que tant de parents se lamentent de leurs enfants qui ne travaillent pas ou ont de mauvais résultats...

➤ *Aider l'enfant à sortir de l'anxiété de performance*

L'objectif est de réajuster les attentes de l'enfant à la réalité : dénouer l'écheveau des pensées automatiques et des émotions associées.

L'anxiété de performance est une source de souffrance importante. L'enfant est souvent découragé : il court derrière une réussite qui s'éloigne plus il s'en approche. Non pas parce qu'il ne réussit pas mais parce qu'il n'est jamais satisfait. Qu'il ressent toujours un écart entre ses attentes et ce qu'il a obtenu.

Pour l'aider, il faut mettre les choses à plat, l'inviter à « revisiter » ses résultats, ses performances. À les penser autrement. À lui faire prendre conscience de la distorsion de ses pensées :

« Est-ce que mes résultats sont de bons résultats ? Aux yeux de qui ? Par rapport à quoi ? »

« Qu'est-ce que ça aurait changé si j'avais eu 14 au lieu de 16 ? Pour qui ? Pourquoi ? Si j'avais eu 18, qu'est-ce que j'aurais pensé ? Et les autres ? Etc. »

Ce qui est difficile, c'est que l'anxiété de performance est si intiment imbriquée à l'estime de soi que les félicitations et les encouragements seront souvent insuffisants pour rassurer l'enfant. C'est une histoire entre lui et lui. C'est son sentiment de valeur personnelle qui est en jeu.

Il est essentiel également de l'amener à exprimer ce qu'il se représente de la pensée des autres. L'enfant est d'emblée convaincu que les autres vont être déçus, qu'ils s'attendaient à mieux… alors que, le plus souvent, l'entourage pense au contraire que « c'est formidable, que vraiment il a réussi de façon exemplaire, qu'il a produit tout ce qu'il avait », etc. Entre ce que l'enfant attribue aux autres comme pensée et la réalité de ce que pensent les autres, la différence est parfois spectaculaire. Mais l'enfant n'en a pas conscience.

Du trouble anxieux à la phobie scolaire

La phobie scolaire est une des manifestations les plus décisives de l'anxiété sur le parcours scolaire. Qui ne doit pas être confondue avec le refus scolaire anxieux.

➤ *Le refus scolaire anxieux est une manifestation de forte anxiété vis-à-vis de l'école*

L'enfant a peur d'aller en classe, quand il se réveille le matin, il ne se sent pas bien, il a mal au ventre avant de quitter la maison, sur le trajet il ressent mille et un petits malaises. Arrivé devant l'école, il pleure, quand il est plus jeune, ou ressent une tension physique extrême contre laquelle il lutte. Quelquefois, il trouvera des prétextes pour ne pas aller à l'école ou tombera effectivement malade la veille d'un contrôle. Mais, malgré son anxiété massive, l'enfant continue d'aller en classe.

Le refus scolaire anxieux est le plus souvent lié à la peur de l'échec ou plutôt au besoin impérieux de réussir à tout prix, à une anxiété de performance massive. Avec toutes les peurs associées à la perspective de l'échec : de décevoir, de ne plus être aimé, de « rater sa vie », de ne plus exister aux yeux des autres mais aussi de soi-même.

Situation extrême : au Japon, pays de la compétitivité maximum, 60 à 70 % des cas de consultations psychiatriques sont motivés par des « refus scolaires anxieux[1] ».

➤ *La phobie scolaire est la manifestation extrême de l'anxiété liée à l'école*

C'est une forme sévère dont les modalités sont toujours les mêmes : l'enfant a la volonté d'aller à l'école, mais n'y arrive pas. Tous les soirs sa décision est prise et il s'engage : demain il ira à l'école. Et le matin il se prépare et garde la conviction qu'il ira en classe. Mais, au moment de franchir les portes de l'école, il panique. Au sens médical du terme, car il s'agit d'une véritable « attaque de panique » qui génère de nombreuses manifestations physiques insoutenables, le plus souvent associées à un sentiment de mort imminente. La crise d'angoisse peut être spectaculaire avec tremblements, crise de larmes incoercibles, convulsions, évanouissement, hurlements. Si on l'oblige à entrer en classe, l'enfant fugue, pour rentrer chez lui en général. Car la cause de son malaise insurmontable, c'est l'école. Dans les cas les plus sévères, la seule pensée de l'école déclenche le malaise.

Mais ce n'est pas le travail scolaire qui est en cause. Le plus souvent, l'enfant accepte de faire son travail à la maison, c'est le *lieu* scolaire qui cristallise toute son angoisse.

1. N. Catheline et V. Bedin, *Les Années-collège*, Paris, Albin Michel, 2004.

➤ *D'où vient la phobie scolaire ?*

L'anxiété massive en est évidemment la composante centrale. Elle peut être le prolongement d'une anxiété sociale qui s'est progressivement aggravée : ces enfants qui sont particulièrement timides, qui ont peur de parler en public, qui se mettent en retrait, qui craignent d'être en groupe. Mais on retrouve aussi dans la phobie scolaire des enfants qui ont manifesté plus jeunes des angoisses de séparation importantes et en particulier au moment de l'entrée à la maternelle. Angoisse alimentée parfois par les parents qui éprouvent de l'inquiétude à laisser leur petit enfant dans cet univers étranger. Et qui peuvent avoir alors tendance à le surprotéger. Au risque qu'il ait peur à son tour d'affronter l'inconnu et qu'il n'ait pas confiance en lui pour se confronter au monde extérieur.

Enfin, lors de la manifestation d'une phobie scolaire, il est fréquent de trouver chez l'enfant une peur, une inquiétude concernant la santé du parent qui reste à la maison pendant le temps scolaire. Pour des raisons parfois liées à la réalité (parent malade, deuil récent d'un proche…) ou seulement fantasmatiques, l'enfant craint qu'il se passe quelque chose de grave pendant son absence. La phobie scolaire exprime le besoin de rester proche, de ne pas s'éloigner pour « surveiller » et s'assurer que tout va bien.

➤ *Prendre en charge la phobie scolaire*

L'évolution de la phobie scolaire dépend de plusieurs facteurs :

• Du stade de la scolarité où elle survient. Le plus fréquent se situe à l'entrée en sixième ou au lycée. Mais on en trouve aussi dans le cours du primaire et à n'importe quel stade de la scolarité.

• De l'intensité des manifestations anxieuses.
• Des troubles associés : d'un trouble de l'estime de soi à une véritable dépression.
• De la compréhension du milieu familial : la survenue d'une phobie scolaire est brutale et inattendue. Surtout chez l'enfant qui jusque-là était plutôt brillant à l'école. Le désarroi des familles est sincère. Comprendre la phobie scolaire est honnêtement difficile tant l'enfant le premier semble décidé à retourner en classe. Mais le risque est de croire qu'il s'agit d'une simple crise superficielle qui fait que l'enfant n'a plus envie d'aller à l'école, ou encore que c'est une façon de manipuler les parents pour louper un contrôle plus difficile que les autres. Dans ce cas, l'attitude rigide des parents qui vont tenter d'obliger l'enfant à reprendre le chemin de l'école peut cristalliser les troubles et provoquer des réactions incontrôlables (crises aiguës, fugues, violence...). Le retour à l'école en sera d'autant plus compromis sur le long terme.
• De la collaboration de l'école : lorsque l'équipe pédagogique et la direction de l'établissement scolaire deviennent des partenaires pour aider l'enfant, la prise en charge sera facilitée et l'enfant pourra plus facilement se sentir en confiance pour retourner en classe. À l'inverse, un milieu scolaire rigide et fermé va accentuer l'anxiété de l'enfant qui cherchera mille et une parades pour justifier son impossibilité d'aller en cours. Ce qui peut aboutir à de fréquents changements d'établissements, dans l'espoir que ça aille mieux ailleurs, mais le mal est fait et l'enfant a perdu confiance dans la capacité de l'école à le comprendre et à le soutenir.

✔ **La phobie scolaire est un trouble difficile car la prise en charge est souvent longue et délicate.**

Dans le meilleur des cas, une attitude de compréhension et d'écoute autour de l'enfant permettra une reprise rapide de la scolarité.

Dans les cas les plus sévères, les perspectives sont plus sombres, pouvant aboutir pour un tiers des enfants à une déscolarisation définitive.

En général, plus la phobie scolaire apparaît tardivement sur le parcours (fin de collège), plus ses manifestations seront sévères et le pronostic pessimiste.

Selon l'intensité de l'anxiété mais surtout selon les troubles associés, la prise en charge s'orientera différemment. Lorsque la phobie se déclare dans un tableau dépressif, on pourra avoir également recours à un traitement médical antidépresseur. La phobie est dans ce cas considérée comme un symptôme dépressif. Quand le trouble anxieux s'étend à d'autres secteurs et que la phobie n'est qu'une manifestation parmi d'autres, certains traitements anxiolytiques peuvent être proposés.

D'une façon générale, la phobie scolaire est peu médicalisée. En revanche un accompagnement psychologique est incontournable ainsi qu'un accompagnement familial. Les thérapies cognitivo-comportementales semblent les plus efficaces face à ce trouble.

Le stress : une composante de l'anxiété

« Je suis stressé, il me stresse, la vie est stressante, le stress me rend malade, j'en peux plus de tout ce stress… » Combien de fois utilisons-nous ce mot dans notre vie quotidienne ?

Les enfants usent et abusent à leur tour de ce terme qu'ils accommodent à toutes les sauces. Mais sommes-nous d'accord sur le vrai sens de cette notion « fourre-tout » omniprésente dans notre environnement et à l'origine de nombreuses difficultés plus ou moins invalidantes ?

➤ *Qu'est-ce que le stress ?*

• Le stress est une réaction de l'organisme à un événement extérieur ou à la perception d'un danger réel ou imaginaire. L'organisme se mobilise pour réagir à l'« agent stressant ». Le système du stress regroupe deux composantes : un système d'alarme, essentiellement nerveux, et un système de défense, essentiellement hormonal.

Le processus se déroule ainsi :

1. On perçoit une situation qui déclenche une « alarme » nerveuse en envoyant des messages de vigilance à notre cerveau : attention danger.

2. Le corps se prépare (sécrétion hormonale) à intervenir face à l'« agression ».

3. Selon l'analyse ou l'interprétation du niveau de dangerosité de la situation à affronter, nous allons mettre en place deux types de réaction : soit la fuite, soit la confrontation au problème.

Au moment de l'émergence du stress, tous nos neurones, nos sens, notre perception sont mobilisés au maximum.

Résultat :

- soit cela décuple nos forces et nos capacités, c'est le *stress positif* ;
- soit le stress déborde notre capacité à le gérer, cela nous bloque, c'est le *stress négatif.*

• Le stress est un état nécessaire pour fonctionner. Le stress est mobilisateur de ressources. Si je n'éprouve jamais de stress, je suis lymphatique, incapable d'affronter la moindre difficulté. Je n'ai aucune énergie disponible. Trop de stress, en revanche, peut devenir pathologique, m'empêcher de réussir, bloquer mes possibilités.

• Le stress naît aussi de l'écart entre ce que je pense pouvoir faire et ce que je parviens effectivement à faire.

Si l'enfant pense qu'il peut le faire et n'y arrive pas, il est stressé. Si on lui demande de faire quelque chose pour lequel il n'a pas les compétences, il est stressé. Si on lui dit qu'il peut le faire alors qu'en réalité c'est trop difficile pour lui, il est stressé. Les situations de stress à l'école sont multiples.

• Le stress génère un niveau d'activité émotionnelle incompatible avec le travail scolaire. En état de stress élevé, les émotions envahissent la pensée de l'enfant. Au détriment de l'activation de son potentiel et de ses connaissances. Plus rien n'est disponible. Le stress fige toutes ses possibilités.

➤ *Comment aider face au stress*

• Les attitudes parentales de surprotection ou d'hypercontrôle fragilisent l'enfant face aux événements de vie stressants.

Des parents eux-mêmes anxieux et qui tentent de protéger leur enfant de tous les dangers potentiels peuvent entraîner chez lui des difficultés à affronter les situations complexes. Devant l'inquiétude de ses parents, l'enfant va avoir des doutes sur sa valeur personnelle et un manque de confiance dans ses capacités à réussir. Il faut être confronté à la difficulté pour percevoir ses propres limites, mais aussi ses ressources, et mettre en place ses propres capacités d'adaptation. Il faut pouvoir se mesurer au « danger » pour savoir ce sur quoi on peut compter par rapport à soi. Grandir dans un monde protégé produit l'effet inverse de celui recherché : l'enfant n'est pas préparé. Les enfants anxieux sont souvent des enfants qui ont été très couvés. Ils ont peur de ce qu'ils ne connaissent pas et qu'ils imaginent de façon effrayante. La perception de menace potentielle est chez eux exacerbée.

✔ **Apprendre à gérer les émotions est le socle essentiel pour acquérir des compétences et « entrer » en apprentissage.**

Les TOC

Avec les TOC, initiales de trouble obsessionnel-compulsif, on est sur un versant très pathologique de l'anxiété. Les TOC apparaissent plutôt à l'adolescence, mais on en trouve certaines formes avant 12 ans. On estime que 1 à 2 % d'enfants et d'adolescents de moins de 20 ans souffrent d'un TOC.

➤ *Qu'est-ce qu'un TOC ?*

Les manifestations de TOC sont de deux types :

• Dans la pensée : l'enfant est assailli d'idées dont il ne peut se défaire. L'enfant a conscience que ses idées sont absurdes, mais il ne peut empêcher leur survenue. L'enfant pense à certaines choses en boucle. Plus il tente d'éloigner l'idée et plus elle s'impose à la pensée.

• Dans le comportement : pour évacuer son anxiété et ses idées obsédantes, l'enfant va mettre en place une série de rituels. Se laver les mains des dizaines de fois par jour, vérifier plusieurs fois son cartable avant de partir le matin, revenir plusieurs fois en arrière pour s'assurer qu'il n'a rien oublié… sont classiques dans les TOC. L'enfant peut aussi être amené à s'obliger à accomplir des gestes ou à accomplir des activités absurdes.

Paul est « obligé », chaque fois qu'il traverse la rue, de compter trois pas en avant et deux en arrière. Il ne peut pas faire autrement. Pourtant Paul sait que c'est stupide. Il en a conscience mais c'est plus fort que lui car une petite voix intérieure lui souffle que s'il ne le fait pas de grands malheurs vont s'abattre sur lui. Même s'il sait que ce n'est pas vrai, Paul continue. La maîtresse refuse de l'emmener en sortie. Le matin, pour arriver à l'école, les parents doivent partir aux aurores car le trajet dure deux heures. Dans la cour, Paul doit éviter les ombres, toutes les ombres. À Marseille, c'est difficile car le soleil brille souvent. Alors en récréation, il est seul et entièrement pris par son rituel. En classe, il doit se répéter deux fois chaque phrase de la maîtresse. Au bout d'un court moment il ne peut plus suivre… L'histoire de Paul est exemplaire d'un TOC envahissant.

TOC et apprentissage sont rarement compatibles lorsque le niveau de la maladie est trop élevé. Des TOC « simples » peuvent parfois être gérés par l'enfant. Souvent, d'ailleurs, il n'a pas conscience qu'il est le seul à avoir ce genre de rituels intérieurs. Il pense que c'est quelque chose de normal. Il arrive ainsi qu'il n'en parle jamais et qu'on découvre ces « manies » au cours d'une consultation qui n'était pas motivée par cette difficulté. En revanche, les adolescents peuvent avoir honte de ce type de manifestations qu'ils trouvent eux-mêmes absurdes. Alors ils le cachent aux parents mais aussi au psy. Ils se trouvent ridicules et la présence du TOC n'apparaîtra pas dans les premiers temps de la prise en charge.

Cependant, lorsque le TOC devient envahissant, l'enfant ou l'adolescent ne peut le masquer tant les répercussions sur sa vie et sur sa scolarité sont spectaculaires.

Les TOC sont des pathologies un peu à part car, curieusement, l'enfant ne semble pas souffrir. Ces rituels le protègent du ressenti anxieux. Ce qui est désagréable pour lui est de ne pouvoir se débarrasser de ses pensées ou de ses actes inadaptés. Et c'est ce qui rend l'abord thérapeutique délicat.

L'enfant est gêné par les manifestations du trouble, mais pas par un sentiment douloureux comme dans la plupart des autres troubles psychologiques.

Il faut être prudent car un TOC non pris en charge peut se compliquer et se transformer en trouble chronique avec des pics et des moments d'accalmie qui peuvent durer très longtemps, bien au-delà de l'enfance.

➤ *Intervenir face au TOC*

Un abord médicamenteux est souvent proposé à l'enfant et à l'adolescent. Un traitement spécifique anti-dépresseur (et non pas anxiolytique comme le croient encore certains pédiatres et généralistes) a fait ses preuves sur cette maladie et apporte un réel soulagement. La guérison complète doit être favorisée par une prise en charge thérapeutique qui permette de mettre au jour l'anxiété génératrice de ces pensées et de ces actes. On en analysera avec précision les composantes, ses moments d'apparition, ses variations d'intensité, la nature des idées qu'elle active, les pensées associées, le choix des rituels… On tentera d'amener progressivement l'enfant à un meilleur contrôle de son anxiété et à mettre en place des comportements plus adaptés. Il faut rester vigilant avec la psychothérapie des TOC car l'angoisse sous-jacente peut ressurgir et se retrouver au premier plan dès lors que les rituels auront disparu. Et de nouvelles manifestations anxieuses, inexistantes jusque-là, peuvent apparaître. Il faudra les gérer avec l'enfant pour qu'il puisse apprivoiser son anxiété pour mieux s'en dégager. Le travail thérapeutique d'un TOC est minutieux et délicat mais permet d'obtenir d'excellents résultats. Le TOC se résorbe et l'enfant retrouve toute sa dynamique psychique. Libre de l'anxiété.

✔ **Les rituels sont normaux et fréquents dans l'enfance. Ils sont même indispensables car ils constituent des repères sécurisants. Le rituel du coucher en est un exemple courant.**

Petit test : qui d'entre vous ne s'est pas un jour appliqué à ne pas marcher sur les intersections des dallages des trottoirs ou ne s'est pas dit dans sa tête : « Si le feu passe au vert quand j'arrive, la journée sera belle ! », ou : « S'il ne se passe pas ceci avant que j'aie compté jusqu'à dix, c'est sûr que c'est fichu… » Alors ? Pas de panique, c'est normal ! On a tous nos petits trucs pour conjurer le sort. Reste de pensée magique de l'enfance et de régressions ponctuelles nécessaires pour vivre !

Les troubles du développement et de la personnalité

➤ *Qu'est-ce que c'est ?*

Ce sont les troubles psychologiques les plus graves car ils concernent la structure même de la personnalité. C'est la construction de l'identité qui est ici touchée. Plus ou moins profondément. Et dans cette fragilisation du développement, un certain nombre de fonctions seront atteintes : pas les mêmes pour tous les enfants et d'intensités diverses.

Un enfant atteint d'un trouble du développement n'arrive pas à s'adapter à l'environnement. Il vit dans un autre monde qu'il prend pour le monde réel. L'enfant distingue mal ce qui relève de son monde intérieur et de ses inquiétudes, et ce qui appartient à la réalité extérieure. La confusion peut être extrême. Le trouble de l'adaptation est central et perturbe tous les domaines de la vie de l'enfant.

L'angoisse est importante, diffuse, souvent envahissante. Les relations aux autres sont perturbées car l'enfant ne fonctionne qu'à partir de ses désirs propres sans prendre en compte ce qui se passe autour de lui. Très intolérant à la frustration, il comprend mal que le monde, l'entourage, ne cèdent pas immédiatement à sa volonté. Il peut en résulter de grosses colères bien difficiles à contenir et qui s'accompagnent d'une grande agressivité. Agressivité envers les autres bien sûr, mais l'enfant peut aussi se frapper, se blesser, pour manifester sa colère envers lui-même.

✔ **Le trouble du développement est un trouble plus ou moins sévère de l'adaptation, de la communication, de la socialisation.**

C'est un trouble dont l'enfant est affecté dès sa naissance mais qui se manifestera avec plus ou moins d'intensité selon l'environnement où il grandit mais aussi selon ses propres ressources de personnalité.

Les terminologies changent, mais les troubles restent les mêmes.

On parlait de psychose, avec ses nuances : la psychose infantile, la prépsychose, la psychose déficitaire, la psychose de la seconde enfance. Puis on a introduit les termes de dysharmonie évolutive, d'états-limites. Le *DSM IV*, classification internationale des maladies mentales, propose aujourd'hui les tableaux de *mutiplex developmental disorder* (que l'on pourrait traduire par dysharmonie d'évolution) ou encore de TED : trouble envahissant du développement, qui va du trouble le plus précoce et sévère, l'autisme, au trouble dissociatif : la schizophrénie.

➤ *Sur le plan des apprentissages, la scolarité est difficile*

Selon la sévérité du trouble, l'enfant pourra ou non suivre une scolarité normale.

Les troubles du développement ont un effet déstructurant pour la pensée : l'émergence d'angoisses entre régulièrement en effraction avec le cours de la pensée et attaque les liens logiques et de continuité. On pourrait se représenter que la pensée suit habituellement une ligne continue et que l'angoisse la transforme en ligne en « pointillés ». Entre chaque idée, chaque pensée, il y a un vide. Les liens sont coupés et la pensée est fractionnée. On comprend les difficultés que cela représente face aux apprentissages, mais aussi dans la communication que cet enfant peut avoir avec les autres. Il vit dans *son* monde et ne se rend pas compte que le monde des autres est différent du sien.

Dans les cas les plus graves, le langage est atteint ou même les compétences intellectuelles. On parle alors de *trouble de la personnalité déficitaire*.

➤ *L'importance du diagnostic pour mieux accompagner l'enfant*

Le diagnostic différentiel prend ici toute son importance : une déficience intellectuelle homogène simple ou un trouble du langage isolé n'ont rien à voir avec les déficits qui peuvent être associés à un trouble du développement. Il est essentiel de bien faire la différence, car si on ne resitue pas ces difficultés dans le trouble psychologique global on ne peut pas comprendre et aider l'enfant. Et les parents continueront à attendre des progrès que l'enfant ne peut fournir ou en tout cas pas comme les parents l'espèrent. Ce qui ne veut pas dire que ces troubles ne peuvent s'apaiser. L'évolution peut être positive et permettre une vie « normale » lorsque l'enfant a été aidé, accompagné et compris dès son plus jeune âge et selon la sévérité des troubles initiaux. Mais ce qui est certain, c'est qu'ils s'organisent dans l'association de plusieurs paramètres qui devront être envisagés séparément.

Au-delà des termes et de leur caractère menaçant, ce qui compte c'est l'enfant et les difficultés qui sont les siennes. Ses souffrances et ce qu'on peut faire pour le soulager, l'aider et l'accompagner pour lui donner tous les moyens d'une intégration sociale et d'un développement personnel le plus réussi possible.

Il faut aussi savoir que malgré ces efforts de classification des troubles psychologiques, il n'y a pas un enfant avec ce type de difficulté qui ressemble à un autre. La diversité et les combinaisons possibles sont considérables. Beaucoup plus qu'avec tout autre type de trouble dont on retrouve plus ou moins les mêmes caractéristiques chez tous les enfants. Ce qui explique probablement en grande partie la difficulté à trouver des noms de troubles qui conviennent à tout le monde. Ce qui est encourageant pour les enfants qui en souffrent car tout reste possible. Surtout à l'adolescence où, répétons-le, les troubles ne sont jamais fixés. On peut, à cet âge, avoir un « moment psychotique » ou même présenter des troubles authentiquement délirants, qu'ils se résorbent et que le calme psychologique revienne avec toutes les promesses d'un développement satisfaisant.

> La psychiatrie de l'adolescent apporte les preuves de la non-fixité des troubles. À l'Espace Arthur de l'hôpital de La Timone à Marseille, unité de soins psychiatriques pour l'adolescent, les études montrent que de nombreux adolescents hospitalisés pour une crise psychologique grave avec des symptômes dissociatifs, délirants, des ruptures avec la réalité et des troubles sévères de l'adaptation

sociale, peuvent retrouver un équilibre psychologique d'« après crise ». Leur avenir personnel et psychologique n'est pas menacé. Ce sont des états transitoires et passagers, témoins d'un passage adolescent particulièrement perturbé, certes, mais non pas précurseur de maladies psychiatriques au long cours.

Les troubles psychologiques : ce qu'il faut retenir

— Un trouble psychologique peut être à l'origine des difficultés scolaires de l'enfant. Un diagnostic de trouble d'apprentissage ne peut se faire sans diagnostic différentiel avec un trouble psychologique.

— Les troubles psychologiques ont des incidences directes et indirectes sur les apprentissages : on ne peut faire l'impasse sur une hypothèse de difficulté d'ordre psychologique face à un enfant en difficulté d'apprentissage.

— Ignorer la dimension affective du trouble d'apprentissage peut conduire à des diagnostics erronés qui ne permettront pas d'apporter à l'enfant l'aide dont il a besoin.

— Un trouble des apprentissages a toujours une incidence psychologique qui peut compliquer le trouble initial et renforcer les difficultés scolaires. C'est un facteur aggravant.

— On peut trouver associés un trouble d'apprentissage *et* un trouble psychologique. Il ne faut jamais l'oublier, l'un n'est pas exclusif de l'autre.

— Reconnaître la présence du trouble psychologique soulage l'enfant et permet de l'aider. Ignorer une perturbation psychologique parce qu'elle fait peur peut en cristalliser les effets et devenir plus sévère. Il vaut mieux savoir et intervenir qu'éviter et laisser l'enfant aux prises avec sa souffrance. Un trouble psychologique n'est pas un présage d'échec pour la vie, mais une entrave ponctuelle sérieuse au développement de l'enfant.

TROISIÈME PARTIE

Pour que votre enfant réussisse

CHAPITRE 6

Les parents en première ligne

« Je ne sais pas ce qu'est le rôle des parents par rapport à l'école », témoigne cette maman qui m'amène sa petite fille en consultation parce qu'elle a peur… d'un échec scolaire et qu'elle ne sait pas comment elle doit faire. La petite Jade, en maternelle, ne présente aucun symptôme d'une quelconque difficulté.

Mais cette inquiétude des parents à l'abord de l'école éclaire bien cette double dimension : les parents anticipent parfois l'échec avant même l'entrée à l'école. Toute leur attention est tendue vers cet objectif : il faut qu'il réussisse. Et en même temps les parents témoignent de leur désarroi : qu'est-ce que je dois faire ? Qu'est-ce que je peux faire ? Est-ce que je dois faire quelque chose ? Bref, quelle est ma place de parent et ma responsabilité face à l'école et au devenir de mon enfant ?

Quel parent êtes-vous ?

« Les enfants font ce qu'ils veulent, les parents font ce qu'ils peuvent. »

BENOÎT, 6 ans, enfant roi.

➤ *Les mille et une façons d'être parent*

Notre façon d'être parent procède d'une longue histoire. Tant de paramètres entrent en jeu. Et chacun d'entre eux a une réelle importance et s'articule étroitement avec les autres. On ne contrôle qu'une petite partie de notre façon d'être un parent. De nombreux facteurs nous échappent même lorsqu'on pense les maîtriser : notre personnalité, notre histoire, notre enfance, nos parents et nos aïeuls avant eux, notre vie amoureuse, notre vie d'aujourd'hui, notre confiance en nous, etc. Et puis, si c'est un premier enfant ou un dernier, si on a attendu longtemps pour l'avoir ou si on est très jeune, si on l'a désiré ou non, si, si, si…

Encore une dimension à souligner : notre enfant n'est pas né le jour de sa conception. Bien souvent, on en a rêvé depuis si longtemps, surtout les mamans. Petite, on jouait déjà à la poupée. On s'entraînait dans notre éducation. On exerçait notre façon d'être : autoritaire ou conciliante, compréhensive ou répressive, prête à consoler ou au contraire à endurcir nos « bébés », câline ou distante…

L'enfant d'aujourd'hui, on y a longtemps pensé. Il a existé dans notre imagination et on s'est projeté : le jour où j'aurai un bébé…

Tous ces facteurs ont de lourdes incidences sur nos attitudes de parents et sur notre propre système de valeurs éducatives. Et auront des répercussions sur le développement de nos enfants… qui l'intégreront à leur tour dans leur fonctionnement de parents… et le transmettront à leurs enfants…

Un des grands enjeux du développement personnel consiste à repérer les schémas, les valeurs, les émotions qui ne sont pas les nôtres, qui ne nous appartiennent pas, pour nous recentrer sur ce qui nous convient, *à nous*. Ce qui nous appartient en propre et qui ne vient pas des autres, de nos parents surtout. Quand on est parvenu à effectuer cette démarche, on est vraiment devenu des adultes !

Faisons un petit test :

Quel type de parent êtes-vous ?

Votre fils a oublié son manteau à l'école : Vous vous inquiétez : et si on ne le retrouvait pas ? Vous le grondez et le punissez : c'est inadmissible, ce manteau est neuf ! Vous le consolez : ne t'inquiète pas, on le retrouvera Vous lui expliquez qu'il est important de faire attention à ses affaires
Julie, 10 ans, a eu une mauvaise note à son contrôle : Vous hurlez et la punissez Vous êtes triste et déçu Vous la rassurez : ce n'est pas si grave Vous lui expliquez que cela lui permet de repérer ce qu'elle n'avait pas bien compris et qu'elle fera mieux la prochaine fois
1 heure du matin, Sébastien, 16 ans, n'est pas rentré de sa fête. Il avait la permission de minuit : Vous êtes décidé à l'attendre et à lui passer un savon quand il rentrera. C'est fini les sorties ! Vous pensez qu'il a sûrement essayé de vous joindre pour vous prévenir Vous êtes mort de peur : il lui est sûrement arrivé quelque chose de grave Vous l'attendez pour comprendre ce qui s'est passé. Il n'a aucune raison de trahir votre confiance

Vous êtes convoqué par son enseignant ou son prof principal : Vous l'accusez : qu'est-ce que tu as encore fait ? Vous avez peur qu'il y ait un problème grave et que ça compromette sa scolarité Vous en discutez avec lui pour qu'il vous explique lui-même les raisons de cette convocation Cela vous fait de la peine pour votre enfant : c'est vraiment terrible s'il a des problèmes à l'école

Résultats

Alors, comment pensez-vous vous situer ? Plus que de vous tester véritablement, l'objectif de cet exercice est de vous inciter à réfléchir sur vos attitudes parentales. Je ne dresserai pas de portrait-robot de parents. Cela me conduirait à faire ce contre quoi je lutte : l'idée qu'il y a de « bonnes » et de « mauvaises » façons d'être parents. Et puis on est un peu tous ces parents à la fois, cela dépend des situations, des moments.

Compréhensif, angoissé, affectif, autoritaire, intransigeant, exigeant, affectueux, strict, conciliant, ouvert, rigide, attentif, distant… On peut multiplier à l'infini les qualificatifs.

➤ *Ne soyons pas des parents parfaits…*

Penser que l'on doit être parfait pour ses enfants est nocif. On risque ainsi d'étouffer ses enfants et de bloquer leur épanouissement. Chaque parent fait ce qu'il peut en fonction de ce qu'il est et de l'enfant qu'il a. Quand on est parent, on agit selon ce que l'on pense le mieux pour nos enfants. Par amour pour eux. Et si quelquefois on se trompe, tant pis ou tant mieux. C'est comme ça que nos enfants pourront se construire et forger leur propre personnalité. Dans une certaine distance par rapport à nous.

Récapitulons : de l'art d'être parent...

— Il n'y a pas de règles valables pour tous de façon identique : CHAQUE parent fonctionne en fonction de ce qu'il considère être bien pour SON enfant.
— Les parents font au mieux pour être des parents acceptables. Ce qui compte, c'est de le faire pour le bien de ses enfants et avec la conviction que c'est ce qu'il convient de faire.
— Un enfant qui a des difficultés va induire un mode de relation avec ses parents. Les parents s'ajustent et pour eux ce n'est pas toujours facile, loin de là !
— Non, parents, vous n'êtes pas responsables de tout, tout le temps.
— Oui, vous avez un rôle à jouer, important !

Halte à la culpabilisation abusive

> « Je pense que je l'ai stressé, j'y suis sûrement pour quelque chose. »

Les parents culpabilisent très vite. Trop vite. Leur enfant a des difficultés, ils s'en attribuent la responsabilité. Convaincus qu'ils ont sûrement « fait » quelque chose qu'il ne fallait pas.

Probablement la conséquence de notre « révolution éducative » qui nous a conduits à modifier les rapports avec nos enfants. Aujourd'hui, l'enfant est au centre de la famille. C'est d'ailleurs souvent l'enfant qui crée la cellule familiale. Moins de mariages, beaucoup de divorces, de nombreuses familles recomposées ont donné à l'enfant une nouvelle place : c'est par lui, à travers lui, que se constituent les liens de famille. C'est le règne de l'« amour roi » censé remplacer les valeurs traditionnelles. Et, « au nom de l'amour », les parents se créent de nouveaux repères éducatifs. La difficulté est que les repères appartiennent à chaque famille. Il n'y a plus de normes imposées. Ce qui est beaucoup plus difficile à assumer car on ne sait plus bien à quoi se référer. Alors forcément, quand cela ne va pas, on se retourne contre soi : ce sont les choix que j'ai faits, c'est ma façon d'être parent, c'est la vie que je lui ai fait vivre… qui sont à l'origine de ses difficultés actuelles.

Et en plus, c'est rapidement le message que les parents, injustement, entendront : ils sont désignés comme les premiers responsables par… presque tout le monde ! Et c'est insupportable.

➤ *La faute des psys*

Les psys, et en particulier le mouvement psychanalytique, sont pour beaucoup dans cette accusation généralisée. La psychanalyse considère que la plupart des troubles s'originent dans les premières relations à la mère. Et que la nature, l'intensité, la qualité de ces relations vont préfigurer le développement psychologique de l'enfant. La pensée collective qui attribue aux mères toutes ces responsabilités est encore très présente. À tel point que cela nous paraît une vérité. Une évidence. En réalité, ce ne sont que des hypothèses qui se sont transformées en principe d'éducation.

Il serait, bien sûr, inconsidéré de nier que les relations précoces avec l'environnement affectif ont une incidence importante sur le développement émotionnel, cognitif, social, psychologique de l'enfant. Mais instaurer un lien de cause à effet univoque est très réducteur. En plus, dans cette histoire, c'est toujours la faute de la mère ! Et même quand le père est absent de l'éducation, physiquement ou pas, on demande à la mère d'« introduire » le père dans la pensée de l'enfant. Bref, c'est encore à la mère de faire en sorte que l'enfant ait un père, lorsqu'elle-même se sent bien seule et désemparée pour élever son enfant. Pauvres mères ! Je trouve incroyable qu'elles portent une si lourde et injuste charge. C'est dangereux, pour l'enfant et pour sa maman.

> L'exemple le plus spectaculaire est celui de l'autisme : si l'enfant est autiste, ce serait parce que sa mère n'aurait pas su se séparer de lui et l'aurait maintenu dans une relation fusionnelle. C'est le lien pathologique à la mère qui aurait créé la maladie. On sait aujourd'hui que des facteurs génétiques et neurophysiologiques déterminent l'apparition du trouble comme, par exemple, le fait que les bébés autistes ne reconnaissent pas les visages. Ce qui expliquerait leur difficulté à mettre en place un regard et des interactions adaptées… Autour de l'autisme, de nombreuses querelles ont encore lieu car il existe toute une génération de psys qui restent sur leurs positions… Et qui continuent à accuser les mères…

➤ *L'illusion de la toute-puissance*

> « Je sais bien, les chiens ne font pas les chats », me propose cette mère pour m'expliquer qu'il est normal que sa fille soit anxieuse puisqu'elle l'a toujours été elle-même.
> « De toute façon, ça ne va plus à l'école depuis que je me suis séparée de son père, m'avoue une autre. Il a commencé à décrocher à ce moment-là. C'est pour ça qu'il n'arrive pas bien à lire. »

Voici une conséquence directe de l'idée – souvent fausse – que les parents se font de leur responsabilité dans les difficultés de leur enfant, et dont ils sont intimement convaincus. Ils présentent cette explication comme une justification, une excuse, un *mea culpa*, une façon d'assumer leurs responsabilités…

Alors, souvent, je réponds aux parents qu'ils ne sont pas tout-puissants. Que l'enfant n'est pas une surface vierge sur laquelle ils pourront tracer sa vie, son parcours, sa personnalité. Que l'enfant est différent d'eux, autonome. Qu'il a le droit d'avoir ses difficultés à lui. Pas forcément les mêmes que celles de ses parents. Pas obligatoirement celles que les parents ont anticipées dans leur analyse de leur vécu. Que, finalement, une grande partie de leur enfant leur échappe. Et heureusement, pour leur enfant et pour eux.

Chaque enfant rejoue son histoire. Grandit en fonction de ce qu'il est, lui. Réagit aux conditions de son environnement selon ses propres ressources ou ses propres fragilités. Le concept de *résilience*, très développé actuellement, montre à quel point deux enfants vont réagir différemment à des événements identiques. Il n'y a pas de règles. Pour certains un conflit grave, un accident, une maltraitance physique ou psychologique seront des cataclysmes qui les empêcheront de vivre, alors que d'autres puiseront dans ces mêmes événements une force qui leur permettra de construire une personnalité solide. Ce qui est formidable, dans cette perspective, c'est de penser que nos enfants peuvent négocier avec la vie à chaque instant et que rien n'est joué d'avance.

➤ *Le développement de l'enfant : une alchimie complexe*

> « Je ne comprends pas pourquoi j'ai des difficultés avec Julien ; regardez Maxime va très bien. Pourtant je les ai élevés pareil ! »

L'enfant se construit entre ce avec quoi il vient au monde (son bagage génétique, ses spécificités, sa personnalité...) et sa rencontre avec l'environnement. Selon ce qu'il est, il interagira différemment avec l'environnement et il se construira dans cette interaction constante entre ce qu'il est et ce qu'il vit. En réciproque, ses parents ajusteront leur façon d'être, leur éducation, leurs comportements, selon ce que l'enfant leur transmettra comme message... et l'enfant adaptera et interprétera à son tour ce qu'il perçoit et reçoit de son environnement... et mettra en place un certain type de comportement...

Prenons des exemples : face à un enfant hyperactif les parents n'auront pas la même réaction qu'avec celui qui est plutôt contemplatif, une petite fille cajoleuse s'attirera plus de câlins que celle qui se pousse dès qu'on veut l'embrasser, avec un enfant anxieux les parents n'auront pas les mêmes réactions qu'avec un enfant casse-cou, etc.

Chaque comportement d'enfant induit un comportement de parents. Et malgré un mythe tenace on est un parent différent avec chacun de nos enfants. Ce qui n'a rien à voir avec l'amour. On les aime tous autant, mais on les élève différemment.

Certains enfants sont plus difficiles à élever que d'autres. C'est une réalité. Et puis, lorsque l'enfant a un trouble qui perturbe son développement, quel que soit le trouble, cela va avoir des répercussions concrètes qui conditionneront l'attitude parentale. C'est normal et légitime.

➤ *« Ce ne sont pas les événements qui perturbent l'homme mais sa façon de les interpréter » (Épictète)*

Selon ce que l'on est, on interprète le monde différemment. Je suis toujours frappée lorsque je reçois plusieurs enfants d'une même fratrie : l'un me décrit sa mère comme une femme avec une personnalité froide, l'autre me dira que sa mère pleure pour un oui ou pour un non, le troisième la trouve trop protectrice et inquiète… et lorsque je rencontre, en vrai, la maman, je suis étonnée de ce que je perçois d'elle à mon tour, perception encore différente de la description faite par ses trois enfants. D'ailleurs, en famille, écoutez autour de vous : est-ce que vous n'avez pas l'impression que l'on n'est jamais d'accord sur la personnalité ou le comportement de l'un ou l'autre des membres de la famille ? Très instructif.

Dans la vie, on a chacun notre filtre et l'on perçoit et comprend l'environnement avec notre personnalité, notre forme d'intelligence, notre structure affective et émotionnelle. C'est le mythe de la caverne de Platon : il n'y a pas de réalité « objective », il n'y a que ce que l'on projette sur cette réalité. Et nos projections sont uniques. Personnelles.

➤ *L'enfant a un terrain et rencontre un environnement*

Dans cette alchimie entre l'enfant et l'environnement, il reste vrai que le facteur environnemental peut constituer un facteur de risque pour l'émergence de certaines difficultés. Avec le même bagage de départ, la même structure de personnalité, un enfant décompensera (c'est-à-dire qu'il va développer la pathologie qui était sous-jacente en lui mais non exprimée) ses troubles, en grandissant dans un certain milieu, alors qu'il n'aurait pas eu ces mêmes difficultés dans un contexte de vie différent.

Ce qui signifie que l'environnement peut agir comme déclencheur ou inhibiteur d'une pathologie.

Prenons le cas d'un enfant angoissé, qui a facilement peur, qui tolère mal les changements brusques. Première hypothèse, sa famille est « explosive », les conflits sont permanents, les ruptures fréquentes, les déménagements successifs. Le père violent et coléreux, la mère émotive et fragile.

L'enfant est pris à partie, couvé par la mère, rejeté par le père. Son insécurité affective et matérielle de vie est constante. Cet enfant risque de décompenser sa propre vulnérabilité en trouble psychologique sévère. Deuxième hypothèse, cet enfant vulnérable grandit dans un milieu stable avec des parents qui lui posent des limites claires et ont un cadre éducatif cohérent. Malgré sa fragilité cet enfant contiendra mieux ses angoisses et se développera sans problème psychologique majeur. Il restera un enfant inquiet et anxieux, mais dans une mesure acceptable pour sa vie quotidienne.

On voit dans cet exemple fictif et caricatural que, d'un côté, le risque de décompensation est élevé, et que de l'autre il s'atténue. L'enfant est pourtant le même, le trouble psychologique potentiel est présent mais il s'exprimera ou non selon le contexte affectif extérieur.

« Être coupable » et « se sentir coupable » sont des notions à considérer très différemment. Lorsqu'on est coupable cela renvoie à un acte effectivement commis et qui est répréhensible. La faute est objectivable. Se sentir coupable c'est s'attribuer une responsabilité en fonction de ce que l'on considère comme bien ou mal. C'est une construction intime qui n'a souvent que peu de rapport avec la réalité.

➤ *Quand la difficulté de l'enfant devient l'enjeu du couple : attention danger !*

> « Tu vois, c'est à cause de toi qu'il est dyslexique ! »

Les troubles de l'enfant peuvent activer ou réactiver un conflit entre les parents. Surtout lorsque le trouble semble héréditaire : l'un des deux parents devient le responsable ! Et les difficultés de l'enfant vont être un prétexte à mille et une disputes. L'enfant se retrouve bien involontairement le révélateur d'un problème de couple et, en plus, va subir directement les répercussions de ce conflit. Il est à la fois le bourreau et la victime, bien injuste position !

Les reproches peuvent aussi se focaliser sur des attitudes éducatives sur lesquelles les parents ne sont pas d'accord :

« Si tu n'étais pas toute la journée sur son dos il y arriverait beaucoup mieux », argumente ce père.

« Si tu lui mettais moins de pression, il aurait de meilleurs résultats », analyse cette mère…

Il arrive aussi que les parents aient du mal à s'accorder sur une politique éducative parce que les traditions éducatives de leur propre famille d'origine sont très différentes. Changer de mode éducatif et en réaménager un nouveau peut être ressenti par l'un des parents comme une trahison vis-à-vis de ses traditions familiales.

Quand l'enfant marche bien à l'école, cela ne soulève pas de problèmes majeurs. Mais dès que l'enfant rencontre des difficultés, le conflit latent entre les parents va se révéler.

D'une façon générale, dès que le couple parental est fragile, les enfants font les frais de ce dysfonctionnement et les parents s'attaquent à travers les problèmes des enfants. Ils se rejettent mutuellement la faute.

Pour l'enfant, cela devient bien difficile car il est l'enjeu d'un conflit qui le dépasse et dans lequel on lui demande parfois de prendre, consciemment ou inconsciemment, partie. Il en est ainsi quand on dit à l'enfant : « De toute façon, si papa ne s'était pas énervé comme ça, tu aurais moins stressé pour ton contrôle », « Si ta mère te fait réviser tes devoirs comme ça, il n'y a aucune chance pour que tu y arrives », « Mais regarde ce devoir, c'est un torchon, quand je pense que tu l'as fait avec maman ! »,

« Avec un père nul en orthographe, ce n'est pas étonnant que tu fasses toutes ces fautes », etc.

Et là, au milieu, l'enfant et SES problèmes sont oubliés, mis au second plan. L'enfant est de plus en plus seul et n'ose plus demander d'aide. À qui, d'ailleurs, puisque c'est toujours la faute de l'autre ? Et s'il demande à l'un, l'autre va être vexé ! Va penser que l'enfant prend parti, qu'il choisit son camp, qu'il « préfère » l'autre… L'enfant est dans une impasse et ses problèmes s'aggravent.

Et sont encore plus douloureux en cas de séparation des parents car l'enfant s'inquiète vite : « Est-ce que c'est à cause de moi, de mes problèmes, que mes parents divorcent ? »

Ne pas confondre problèmes de couple et position de parents

— Mettre à distance nos difficultés de parents, de couple, pour rester attentifs aux problèmes de l'enfant.

— Pour un enfant, l'essentiel est de percevoir de la cohérence dans les attitudes éducatives. Des positions fluctuantes et opposées le déstabilisent et l'inquiètent.

— Il vaut mieux faire des erreurs ensemble que de proposer des solutions pertinentes mais contradictoires.

➤ *Le grand livre du bien et du mal*

En matière d'éducation, existe-t-il un grand livre avec dans une colonne tout ce qui est *bien* pour l'enfant et dans l'autre tout ce qui est *mal* ? Ce livre, on se le crée dans nos têtes en fonction de l'époque, du courant de pensée dominant, de notre éducation, de ce que l'on entend autour de soi, de la comparaison que l'on fait avec les autres… mais c'est un livre imaginaire. Il faut le revisiter constamment pour le rectifier, le faire évoluer, et réfléchir aux raisons qui nous poussent à classer tel fait dans l'une ou l'autre des colonnes. Et ce livre, on se le crée pour presque tout. Étudiez-le bien et vous verrez que vous classez en *bien* et *mal* un nombre inouï de choses de votre vie. Ce classement doit être très souvent revu et corrigé !

Parents et enseignants : comment se positionner ?

➤ *Une « peur des profs » encore très active*

Beaucoup de parents, lorsqu'ils doivent rencontrer les professeurs de leurs enfants, en éprouvent une réelle appréhension. Ils revivent pour certains la crainte des profs qu'ils avaient enfants et ont du mal à se positionner d'adulte à adulte avec ceux qui ont pendant longtemps représenté l'autorité.

Le jour où ils sont convoqués par l'école c'est souvent la panique. Ils ont… peur de se faire « gronder », d'entendre reproches et critiques sur leur enfant mais aussi sur leur place de parents. Sous les critiques, les parents entendent un message implicite : « Vous n'êtes pas de bons parents. » Ils se sentent attaqués. Pour eux, c'est une blessure narcissique.

Et, d'une certaine façon, ils assimilent les remarques des profs à des critiques qui leur seraient directement adressées. Les parents s'identifient dans ces moments-là à leur enfant, mais aussi à l'enfant qu'ils ont été. Et ils se mettent alors dans une position infantile sans oser se positionner clairement.

➤ *Mieux définir les rôles*

Les parents à l'école : une histoire récente. Les parents sont « entrés » à l'école après Mai 68. Avant ces bouleversements de la société, l'école était toute-puissante et les enseignants régnaient en maîtres absolus sur l'univers de l'école. La famille n'avait aucun lien avec ce qui se passait dans l'école.

À l'inverse, aujourd'hui, les parents sont considérablement sollicités. On leur demande de participer activement afin de favoriser la réussite de leur enfant. On leur demande de préparer leurs enfants aux apprentissages scolaires et de faire en sorte qu'ils travaillent suffisamment à la maison. Mais ce partenariat reste souvent unilatéral : les enseignants n'aiment pas vraiment que les parents se mêlent de leur façon de faire et vivent souvent mal toute forme de critique sur leur pédagogie. Ils ne sont pas prêts à accepter que les parents remettent leur savoir-faire en question.

Alors pour les parents, le rôle à tenir est objectivement difficile. Il faut à la fois qu'ils répondent à la sollicitation de l'école qui leur demande de collaborer. S'ils ne le font pas comme le souhaitent les enseignants, ils se le verront reprocher. Ils s'entendront dire : « Il faut le faire travailler davantage à la maison, vous ne lui mettez pas assez de limites, il faut que vous soyez plus présents, il faut lui faire réciter correctement ses leçons… » On leur fera presque endosser la responsabilité de l'échec scolaire de leur enfant ! Et, à leur tour, ils vont subir des remarques désobligeantes de la part des profs !

Par ailleurs, les parents n'ont pas beaucoup de possibilités pour cxprimer aux profs leur désaccord sur tel ou tel comportement à l'égard de leur enfant ou sur leur façon d'enseigner ! Le parent est pris au piège. On lui demande de participer mais… il n'a le droit de rien dire.

Chez les enseignants rares sont ceux qui acceptent de remettre en question leurs compétences. Ils ont été formés avec la conviction de détenir le savoir et ils le transmettent avec certitude. Leur mission est difficile, certes. Parfois ingrate. Mais il est essentiel qu'ils puissent aussi accueillir des critiques qui ne peuvent être que constructives. Même une critique injustifiée permet souvent de réfléchir à la façon dont on est perçu et de comprendre pourquoi on a donné cette image. Et lorsque l'enseignant est ouvert au dialogue, ce qui arrive bien sûr, les changements s'opèrent beaucoup plus rapidement et efficacement. L'enfant se sent en sécurité car les deux piliers de sa scolarité, ses parents et ses enseignants, sont sur la même longueur d'onde et le comprennent. Toutes les conditions sont réunies pour qu'il produise un effort maximum. Et tout marche beaucoup mieux.

✔ **Parents, ressaisissez-vous ! Les enfants, ce sont les vôtres ! Les profs ce sont les leurs, pas les vôtres ! Et chacun doit assumer les difficultés à la place qui est la sienne.**

• Les profs doivent assumer leur part de responsabilité dans les difficultés scolaires que rencontre votre enfant. C'est aussi leur mission, à eux !
• Vos enfants ont le droit d'être en difficulté à l'école. Les difficultés sont normales sur tout parcours d'apprentissage. Les difficultés scolaires doivent être relativisées dans un contexte. Souvent passager. Se focaliser sur les problèmes risque de les cristalliser. Acceptons la part d'enfance de nos enfants et la part de difficultés qui va avec !
• Les difficultés de vos enfants sont les leurs et pas les vôtres. Si on vous parle de ses problèmes, ne le vivez pas comme une attaque contre vous.

• Vous êtes les adultes, les parents, et vous êtes responsables de vos enfants, certes, mais pas responsables de tout ! Vous faites au mieux et c'est déjà beaucoup !

➤ *Être complice de ses enfants...*

À certains moments, nos enfants ont besoin de notre complicité. C'est important. On a le plus souvent tendance à respecter les profs, à approuver leur décision : « S'il t'a mis cette note c'est que tu le méritais, tu as une observation, qu'est-ce que tu as encore fait ? » D'emblée l'enfant est désigné coupable. L'enseignant a forcément raison !

Les parents agissent ainsi pour maintenir le cadre autour de l'enfant et pour le laisser à sa place d'enfant. Ce sont les adultes qui savent, qui décident, qui prennent les justes décisions. C'est une position parentale légitime et rassurante pour les enfants. Pourtant, il arrive parfois que des injustices soient commises ou que l'enfant ne soit pas responsable de ce qu'on lui attribue. Dans d'autres circonstances, l'enseignant n'a pas bien compris les difficultés de l'enfant et exige de lui des performances qu'il ne peut fournir et l'enfant souffre. Alors il faut que les parents puissent modifier leur regard et se mettre « du côté » de leur enfant. L'enfant peut alors s'appuyer sur ses parents et se sent moins seul pour affronter les difficultés.

Prendre la défense de son enfant peut réellement être nécessaire dans certains cas. Des parents qui systématiquement donnent raison aux profs peuvent produire l'effet inverse de celui recherché : l'enfant perd totalement confiance dans les adultes en général. En revanche, pouvoir faire ponctuellement front avec son enfant peut créer une connivence propice à la reprise de la communication et à la possibilité pour l'enfant de réinvestir le travail scolaire.

➤ *... et donner sa confiance à l'école*

Quand les parents ne font plus confiance à l'école et la critiquent, l'enfant peut-il réussir sans trahir ses parents ?

C'est une situation courante : les parents critiquent l'école, les enseignants, les méthodes pédagogiques, etc. Reviviscence de leur propre parcours scolaire, manifestation de leur anxiété ou besoin de toujours désigner un coupable, ces parents mettent la scolarité de leur enfant en danger. En toute bonne foi.

Ce que le parent manifeste, c'est qu'il a peur que l'école n'aide pas son enfant à réussir. D'une certaine façon, le fait de déléguer son autorité à une tierce personne lui est difficile. Le parent n'a pas confiance en l'école et le dit haut et fort.

Alors il ne donne pas la permission à son enfant de s'intégrer à l'école et d'y réussir. Car dans ce cas l'enfant trahirait sa famille. S'il se sent bien à l'école, il donne tort à ses parents. L'enfant se retrouve pris dans un conflit de loyauté.

Entre les deux, mon cœur balance :

• Si j'accepte la règle de l'école et que je deviens un bon élève, alors vous allez penser que je vous démontre vos erreurs. Que votre crainte et vos critiques étaient injustifiées. Que vous vous êtes trompés. Je réussis malgré vous.

Pour l'enfant, cette position est difficile à tenir.

• Si je n'investis pas les apprentissages, si je refuse la loi de l'école, je réponds à vos attentes, mes résultats sont conformes à vos doutes, je vous confirme que l'école n'est pas adaptée et ne m'a pas donné les moyens de réussir. Vous aviez raison. Mais je me mets en péril et j'engage dangereusement tout mon avenir.

✔ **L'enfant est pris au piège dans un conflit de loyauté dont il ne trouve pas l'issue.**

J'ai rencontré Nicolas, surdoué, en échec scolaire, en raison d'une incapacité à accepter les règles et le cadre de l'école. Nicolas a été renvoyé de plusieurs établissements. Les parents se plaignent : « Les écoles ne savent pas y faire, les profs ne comprennent rien, nous on sait que Nicolas ne va pas bien et qu'il a besoin qu'on l'aide, mais avec les profs le dialogue est impossible… » Nous mettons en place un suivi psychologique. Je vois Nicolas régulièrement, mais au début de chaque séance les parents ont toujours quelque chose à dire sur le collège, ils m'apportent les bulletins et les observations pour me montrer comme tout cela est injuste, comme leur fils est incompris. Ils prennent rendez-vous sur rendez-vous avec le directeur, le CPE (conseiller pédagogique d'éducation), pour dénoncer les injustices dont leur fils est victime. De la part des adultes mais aussi des autres enfants, disent-ils. Seul dans mon bureau, Nicolas pleure. Il n'en peut plus. Il ne sait plus comment faire. Je comprends qu'il aimerait pouvoir réussir. Sincèrement. Il se sait capable d'investir efficacement la scolarité et il en a envie. Mais au prix d'une trahison de ses parents ? Qui depuis des années s'occupent de lui et cherchent des solutions ? Il ne peut pas, c'est au-dessus de ses forces… Et, malgré les rencontres régulières avec ses parents, peu de choses évoluent. Cette « haine » de l'école et de ce qu'elle représente est trop ancrée dans l'esprit des parents. Et surtout les protège d'une remise en question de leur propre système éducatif. Ils ne savent pas mettre de limites à leur fils et le rassurer, lui donner confiance en lui, alors ils accusent l'école. Mais pour Nicolas c'est dans sa famille que ça ne va pas et non pas à l'école !

L'anxiété des parents vis-à-vis de l'école va souvent rejaillir sur la représentation que leur enfant va se forger du milieu scolaire. Et de ses dangers potentiels. Cette anxiété peut être le rebut de notre histoire scolaire, mais aussi s'ancrer dans des inquiétudes plus générales autour du développement de notre enfant et de son avenir. L'école en devient un support central mais pas unique. Et notre peur va se répercuter sur notre enfant, qui va à son tour avoir peur, ce qui nous inquiétera encore davantage… L'engrenage est en marche.

Réfléchir à nos perceptions de l'école en général, à la valeur que nous lui accordons, à ce que nous attendons du milieu scolaire, à ce que nous sommes prêts à accepter et qui différera obligatoirement de notre propre système éducatif… sont des réflexions utiles et nécessaires pour dégager notre enfant de l'emprise de nos craintes et de nos doutes. L'enfant a besoin de se forger sa propre opinion, a besoin de construire son environnement et son parcours scolaire à SON image, a besoin que nous ayons confiance dans ses capacités d'adaptation et dans ses possibilités de réussir, malgré et avec l'école.

Faire confiance à notre enfant c'est lui permettre de vivre ses expériences. Ainsi, nous lui transmettons le message qu'il est capable de se confronter au monde dans ce qu'il a de positif, d'enrichissant et de plus difficile. On l'aide à grandir.

CHAPITRE 7

Être motivé

Il n'est pas motivé ! Le grand mot est lâché ! Cette plainte autour d'un manque de motivation est celle qui revient le plus souvent dans le discours des parents. Et des enseignants.

Nous sommes tous d'accord sur le sens du mot. Dans *motivation,* il y a *moteur,* c'est-à-dire ce qui donne le mouvement, l'énergie, l'élan. Ce qui fait avancer. La motivation est le moteur de tout apprentissage, de tout désir de savoir et d'apprendre. La motivation est un des facteurs les plus puissants dans la dynamique de la réussite scolaire. Un enfant motivé est un enfant qui réussit au maximum de ses capacités, quelles que soient ces capacités.

Sans motivation, aucun investissement scolaire n'est possible. La motivation engage l'élève. Lui demande de s'impliquer.

Alors, comment faire ? Comment comprendre que nos enfants aient souvent du mal à se sentir concernés par le travail scolaire ? Qu'ils abandonnent ou évitent les contraintes, les efforts, que demande l'école ? Comment les aider à être motivés ?

➤ *Il n'existe pas d'enfant paresseux !*

Ce qui veut dire que ce que l'on interprète souvent comme de la paresse est lié à une difficulté qui ne permet pas à l'enfant de réussir et d'en éprouver du plaisir. Un enfant qui pense qu'il n'arrivera pas à réussir, quelles qu'en soient les raisons, tente d'éviter la difficulté. Alors, il ne fait pas. Et les parents diront : « C'est un problème de motivation. »

Mais, attention, la démotivation apparente peut faire écran à des difficultés réelles.

Face à un enfant qui se désintéresse de son travail scolaire, ou qui n'a aucun entrain pour se mettre à la tâche, ou encore qui fait les choses sans aucune énergie, posez-vous vite la bonne question : qu'est-ce qui se passe ?

Le manque de motivation est toujours lié à une difficulté :
- psychologique : l'enfant n'a pas confiance en lui, il est anxieux, il est triste, dépressif…
- technique : un trouble des apprentissages n'a pas été repéré et bloque ses capacités[1].

✔ **L'absence de motivation est une alerte sérieuse dont il faut rechercher les causes**

Comprendre les mécanismes de la motivation

Pour qu'il y ait motivation, il faut l'existence d'un objectif clair et d'un but précis : de quoi ai-je envie, pourquoi en ai-je envie, pour quoi faire, qu'est-ce que ça m'apportera ?

1. Voir deuxième partie, « Mais qu'est-ce qui l'empêche d'apprendre ? », p. 117.

La motivation correspond à un projet personnel : ça *me* concerne, c'est *mon* projet.

L'objectif que l'on se fixe permet d'activer le besoin, la tension, mais aussi l'intention et la mise en place d'une action pour atteindre ce but.

– La motivation *fait naître l'effort* pour atteindre ce but.
– La motivation permet de *soutenir l'effort* jusqu'à ce que l'objectif soit atteint.

On voit déjà ici combien la motivation est le pilier central de tout travail, de tout investissement. Sans motivation, aucun effort n'est possible. Sans motivation, l'enfant ne peut accepter les contraintes que suppose tout apprentissage. Apprendre est une démarche active qui suppose la mise en route d'un ensemble de processus. Ces processus sont parfois coûteux en énergie. L'énergie ne pourra être mobilisée que si l'enfant… est motivé ! La boucle est bouclée !

➤ *La motivation efficace est celle qui m'appartient*

Il existe deux grands types de motivation : la motivation intrinsèque et la motivation extrinsèque.

La motivation extrinsèque est celle qui vient de l'extérieur : « Si tu travailles bien tu auras de bonnes notes », « Fais-le pour me faire plaisir », « Pour avoir un bon métier, il faut faire des études », « Avoir le bac, c'est obligatoire pour être ingénieur. »

La motivation extrinsèque joue sur ce que l'enfant va obtenir grâce à son travail, sa récompense et l'image qu'il aura aux yeux des autres. Le bénéfice c'est la reconnaissance sociale.

La motivation intrinsèque est celle qui vient de l'intérieur : « *Je* suis content d'avoir cette bonne note », « *Je* me sens compétent », « *Je* suis fier de moi », « Ça *me* fait plaisir », « *Je* suis content de satisfaire mes parents. »

La motivation intrinsèque vient du plaisir que l'on retire, de l'intérêt que l'on porte à ce que l'on fait, du sentiment de satisfaction que l'on éprouve. Le lien entre motivation et plaisir est ici très fort.

Le mécanisme de cette forme de motivation permet une autonomie par rapport à ses activités et à son travail scolaire. Il ouvre la voie à l'épanouissement personnel.

Dans le travail scolaire, c'est la motivation intrinsèque qui est, de loin, la plus efficace. Grâce à elle, l'enfant est capable de fournir et de maintenir les efforts nécessaires pour réussir.

Favoriser la motivation personnelle

— L'enfant doit savoir exactement où il va et comment il peut y aller : le cadre doit être clair pour qu'il ne se perde pas en route.
— Se fixer des objectifs intermédiaires à court et moyen terme qui seront des étapes pour atteindre l'objectif à long terme : chaque fois qu'une étape est franchie, cela stimule l'effort à faire pour l'étape suivante.
— Être informé fréquemment et rapidement sur sa performance : il faut tout de suite savoir si on a réussi et si on est sur la bonne voie.

Pour être maintenue, la motivation intrinsèque suppose des renforcements positifs de l'extérieur : félicitations et encouragements.

✔ **Avoir envie de réussir sa scolarité suppose qu'on a bien intégré que les bénéfices de la réussite nous appartiennent totalement.**

➤ *Effort à fournir ou envie de réussir : entre les deux mon cerveau balance…*

Face à un effort à fournir, le cerveau est confronté à plusieurs questions et à plusieurs choix possibles. On peut les analyser ainsi :

1. Quel est mon intérêt ?
2. Quel est mon plaisir ?
3. Est-ce que je vais souffrir ?
4. Est-ce que je suis capable de surmonter les difficultés ?
5. Est-ce que je pense possible de réussir ?

On voit combien la motivation active différents processus qui, au départ, semblent n'avoir aucun lien.

Pour accepter la contrainte de l'apprentissage, je dois mesurer l'intérêt que j'y trouve : qu'est-ce que ça va m'apporter de réussir ? La réponse à cette question peut être dans le court terme : avoir une bonne note, réussir mon examen, passer en classe supérieure, ou même faire plaisir à mes parents, avoir la récompense promise, etc. Mais on peut aussi se projeter dans un avenir plus lointain et évaluer le bénéfice à long terme. Quand l'enfant est capable de situer son intérêt à plus long terme, c'est souvent qu'il a déjà intégré toutes les dimensions de l'enjeu de la réussite. Et bien sûr c'est plus efficace pour être déterminé à fournir des efforts, aujourd'hui.

« Il ne travaille que quand ça l'intéresse ! », disent souvent les parents. C'est vrai ! Ce lien entre intérêt et motivation est bien connu : si ce que je dois apprendre m'intéresse, alors j'apprendrai plus facilement et plus vite. L'apprentissage me demandera moins d'efforts. Il faut comprendre pourquoi : face à une tâche qui nous plaît, nos ressources attentionnelles se mobilisent automatiquement, sans que nous ayons besoin d'intervenir activement. C'est notre cerveau qui se met en position *on* et qui va se concentrer sur la tâche, sans que nous soyons obligés de nous dire : « Allez, il faut que je m'y mette ! » C'est-à-dire aussi sans que l'on ressente l'obligation de le faire et sans aucune sensation de contrainte. Au contraire ! Ici le plaisir de faire devient supérieur à la souffrance que cela pourrait entraîner.

➤ *Réussir : quel plaisir !*

La question autour du plaisir est, bien sûr, centrale.

Pour être motivé, pour avoir envie de se mettre au travail, il est indispensable de ressentir du plaisir. Et le plaisir n'est ressenti que lorsqu'on réussit. Et en particulier lorsqu'on réussit quelque chose de difficile et qui a demandé… de réels efforts.

Lorsqu'on est confronté à une difficulté, que l'on mobilise ses compétences pour la surmonter, que l'on persévère et que l'on réussit, on ressent alors une réelle jubilation. Un plaisir intense. Et dans ces moments-là de quoi a-t-on envie ? De recommencer, de reproduire cette formidable sensation de plaisir !

> Un alpiniste gravit une paroi abrupte. Il fournit de nombreux efforts, craint de ne pas y parvenir, serait prêt à abandonner… Il parvient enfin au sommet, plante son drapeau, témoin de sa victoire, et sous ses yeux se déploie un paysage grandiose. Que ressent-il ? Une joie et un plaisir intenses. À quoi pense-t-il ? Au prochain défi, encore plus difficile, qu'il tentera de relever. Alors que quelques instants auparavant, encore en pleine ascension, il se sentait découragé !

✔ **Cette *jubilation cognitive* est l'aphrodisiaque de l'intelligence.**

On peut le prouver en observant un cerveau fonctionner. Avec les techniques actuelles d'imagerie cérébrale, on peut

« lire » ce qui se passe dans le cerveau en temps réel. Lorsqu'on soumet des sujets à une tâche difficile et qu'ils réussissent après avoir fourni certains efforts, il se passe quelque chose d'extraordinaire : le cerveau sécrète une substance, la dopamine. Et la dopamine est l'hormone du plaisir. De tous les plaisirs ! Dans un autre domaine, c'est à cause de la libération de cette hormone qu'on devient accro à certains plaisirs. Tous ne sont pas à conseiller, d'ailleurs ! Mais dans le champ de l'apprentissage, il serait dommage de s'en priver. Je réussis et hop une petite dose de dopamine se libère. Super, non ?

➤ *La réussite entraîne la motivation*

La réussite entraîne… la réussite. Parce qu'elle génère du plaisir. Parce que réussir une petite chose donne envie de ressentir à nouveau le plaisir de réussir. Et entraîne la motivation pour affronter des tâches différentes et plus difficiles. Il est donc important de vivre la réussite pour saisir l'intensité des émotions qu'elle procure. Ensuite on est « accro » à la réussite, on a envie de recommencer ! Physiologiquement on active le circuit du plaisir et le cerveau va rechercher à retrouver ce plaisir.

Il faut que le plaisir d'apprendre, de réussir, puisse contrebalancer, même légèrement, le plaisir de ne rien faire, de regarder la télé, de jouer, d'être avec les copains… S'il n'existe aucun plaisir à travailler, alors aucune motivation n'est possible.

Pour avoir envie d'engager ou de renouveler des efforts ou pour accepter la contrainte de l'apprentissage, il faut se sentir capable de surmonter la difficulté. Si je pense que j'ai les compétences nécessaires pour réussir, si j'ai confiance dans mes capacités, si je crois dans mes possibilités de réussir, alors je vais pouvoir prendre le risque de m'aventurer sur le chemin de l'apprentissage. La difficulté ne me fera pas peur. Je serai capable d'accepter les frustrations passagères de l'échec. Je saurai surmonter le doute et les incertitudes qui accompagnent tout apprentissage. Je pourrai me confronter à moi-même et à mes limites. Je saurai activer le maximum de mes ressources pour me donner les moyens de mon objectif : réussir.

À l'inverse, si je suis d'emblée convaincu que je ne sais pas ou que je ne saurai pas faire, je refuse de me confronter à la difficulté et je n'ai plus envie d'essayer. Je ne suis pas motivé et j'évite la difficulté.

Favoriser les situations de réussite

Pour favoriser la motivation de votre enfant, favorisez les situations où il va pouvoir réussir. Y compris hors scolarité. Pour son travail scolaire, faites-lui faire des exercices qui correspondent à ses capacités. En dosant la difficulté. Il est important d'ajuster le niveau de complexité à celui de compétences : trop difficile, je me décourage. Trop facile, je m'ennuie. Félicitez-le largement de sa réussite. Progressivement, il pourra s'attaquer à des tâches de plus en plus difficiles car il sera motivé pour le faire : il aura envie de réussir car il aura pu évaluer le plaisir de surmonter ses efforts et d'atteindre son objectif !

Pour retrouver la motivation : le chemin vers une nouvelle dynamique

➤ *« Il faut que tu te motives ! »*

Voilà une injonction paradoxale souvent prononcée. Face à la démotivation de nos enfants, nous essayons de leur faire comprendre l'enjeu et la valeur du travail scolaire de façon parfois… bien maladroite. En leur assénant cette nécessité de *se motiver,* nous créons un discours qui va à l'encontre de l'essence même de la motivation. On ne peut contraindre quiconque par la raison ou par les explications d'être motivé. On a vu combien la motivation prend racine au plus profond de nous. Combien il s'agit d'une dynamique personnelle et intime. En demandant à nos enfants d'être motivés, nous inversons tout : nous nous approprions le mécanisme et tentons de l'imposer. Tout faux !

Lorsque nous parlons motivation avec nos enfants, préférons le dialogue autour de ses envies et de l'importance qu'il trouve en lui une motivation. En insistant sur l'idée que nous ne pouvons l'aider, ou du moins le faire pour lui. Qu'il s'agit d'une démarche qui lui est personnelle. Plus nous essaierons d'inculquer une motivation externe, plus nous risquerons d'empêcher l'enfant de trouver ses propres sources de motivation.

On peut, bien sûr, proposer ponctuellement des « récompenses ». À très court terme, cela peut donner un « coup de pouce ». Mais il faut que ce soit très limité et utilisé seulement comme « starter », pour lancer la « machine ». Comme avec les voitures l'hiver ! Et il faut bannir le chantage, trop souvent utilisé… On ne met pas ses enfants au travail en les menaçant, mais en les encourageant !

➤ *Montrez l'exemple*

Attention aux propos que nous tenons sur notre propre travail au risque de construire un véritable discours paradoxal. Si chaque soir, en rentrant du travail, on s'exclame que la journée a été pénible, qu'on n'en peut plus de ce boulot, que vivement les vacances, etc., et que dans le même temps on tient à nos enfants un discours sur la valeur du travail scolaire qui permet de faire des études pour pouvoir travailler plus tard ! Quelle image donnons-nous à nos enfants ? Peuvent-ils raisonnablement avoir envie de faire des efforts ?

➤ *« On nous a dit qu'il allait avoir un déclic ! »*

Combien de fois entend-on cette phrase en consultation ! Elle peut traduire des attitudes très diverses, le plus souvent de la part des enseignants. En général, elle est prononcée pour un enfant que l'on pense intelligent et capable de réussir mais qui pourtant n'arrive pas à « décoller ». Tout un tas de – bonnes ou mauvaises – raisons sont évoquées. Dans les motifs invoqués, arrive en tête l'absence de motivation, suivie de près par la paresse ou encore l'immaturité.

Attendre le déclic, c'est finalement avouer une part de son impuissance face à un échec que l'on s'explique mal. C'est reconnaître que l'on ne comprend pas, que l'on ne sait pas pourquoi cet enfant ne réussit pas « comme il devrait ». C'est se mettre dans une position attentiste en espérant que le temps viendra à bout des résistances de cet enfant au succès attendu.

Cela suppose que l'on ne cherche pas à comprendre vraiment ce qui se passe. Ou, pire, que l'on refuse de voir. Il y a danger car cette attente – mais de quoi en fait ? – conduit à laisser passer un temps souvent bien long avant de réagir. Et ce temps perdu peut quelquefois être lourdement préjudiciable à l'enfant et entraver son parcours. Un trouble non repéré jeune sera beaucoup plus difficile à rééduquer, à atténuer, à soigner à l'adolescence.

On se retrouve alors parfois face à la colère de parents qui faisaient confiance, qui attendaient, comme on le leur avait prédit, que ça s'arrange. *Il va avoir le déclic* peut alors être assimilé à une prédiction. Mais celle-ci est fréquemment peu fiable et constitue un leurre réconfortant face à une inquiétude le plus souvent légitime, car l'enfant est en réelle difficulté et a besoin d'aide. L'attente du fameux déclic devient un piège qui empêche de prendre le problème sérieusement en compte.

Ajoutons néanmoins un léger bémol : il est vrai qu'exceptionnellement l'enfant a besoin d'un peu plus de temps pour que l'investissement des apprentissages se déclenche ou encore que certaines acquisitions se mettent en place. La maturité de développement est en jeu.

> Cela peut être le cas en CP, au moment de l'apprentissage de la lecture. Tous les enfants n'ont pas le même rythme et attendre, de tous, une maîtrise de la lecture au premier trimestre crée de nombreuses déceptions et des inquiétudes bien inutiles. Quelques mois supplémentaires résoudront ces difficultés.
> Cela peut également être le cas à l'adolescence lorsque le jeune élève ne parvient pas à se projeter dans un avenir professionnel qui lui permette une implication scolaire maximale.

Mais ces configurations sont bien rares à côté de difficultés réelles qui gênent l'enfant et qui l'empêchent d'avancer. L'attente du déclic, qui a l'air de convaincre les adultes, le protégera lui-même de la confrontation douloureuse à ses limites. Ici ce sont les parents qui, à leur insu, donnent aux enfants des explications rassurantes sur leurs difficultés. Et les enfants s'en servent… mais malheureusement à leurs dépens.

Le vrai déclic n'est-il pas finalement la prise de conscience de sa propre responsabilité dans ses échecs et ses réussites ?

La notion de déclic peut aussi être confondue avec un intérêt soudain : un prof, dans sa façon d'enseigner, peut déclencher un déclic chez un élève pour cette matière. On sait que certains enfants peuvent être subitement passionnés par une matière dans laquelle ils n'étaient pas spécialement doués, et cela seulement parce qu'un professeur a su les intéresser.

> En sixième, Hugo est nul en anglais. Ses résultats sont faibles. Il semble ne rien comprendre et ne rien assimiler ni du vocabulaire, ni de la grammaire. Pourtant il reconnaît qu'apprendre l'anglais est important. Mais il trouve que c'est trop difficile. Qu'il n'y arrive pas. En début de cinquième, changement complet : Hugo, soudainement, comprend, et apprend facilement. Il devient excellent en anglais. De 6 de moyenne il passe à 16 ! Sans effort particulier. Ce qui a changé ? Le professeur. Et sa façon d'être et d'enseigner. Et pour Hugo tout est devenu facile. Presque à son insu. À la réunion de parents, le professeur d'anglais a du mal à croire que cet élève était très mauvais l'année précédente. Elle s'étonne de la richesse de son vocabulaire et de sa maîtrise de la syntaxe anglaise.

Dans ces histoires fréquentes on retrouve le plus souvent une dimension essentielle : la dimension affective. La relation que le prof entretient avec ses élèves faite de confiance et d'estime réciproque. Et de respect mutuel. Et pourtant, on en a déjà parlé plus haut, dans les instituts de formation on conseille aux jeunes enseignants d'éviter les relations affectives avec leurs élèves. Alors même que l'on sait que sans affect on ne peut pas apprendre ! Les enseignants ont plus de pouvoir qu'ils ne le pensent, mais souvent ce n'est pas celui qu'ils cherchent à acquérir !

CHAPITRE 8

Réussir pour qui, réussir pourquoi ?

Réussir ? Que d'espoirs, de craintes, de doutes, d'attentes… dès que l'on évoque cette fameuse réussite. Et réussir quoi ? Et pour quoi faire ? Se pose-t-on la question du sens de cette réussite que l'on invoque à grands cris et à grands renforts de discours pour que nos enfants y parviennent ? La réussite scolaire de nos enfants occupe certes la première place. Mais la réussite scolaire pour parvenir à quoi ? On demande à nos enfants de réussir, mais discute-t-on de ce que ce mot signifie vraiment pour eux ? Dans leur tête, cette nécessité de réussir est omniprésente. Ils savent que les parents, l'école, la société tout entière, attendent d'eux qu'ils réussissent. Ils savent que de nombreuses mesures éducatives, pédagogiques, sociales sont pensées et mises en place pour favoriser leur réussite.

Réussir, pour eux, est-ce faire plaisir, répondre aux attentes, gérer leur propre peur d'échouer, envisager l'avenir… ? Ou se faire plaisir à eux-mêmes et réussir leur projet personnel de vie ? Et même si celui-ci ne correspond pas vraiment au « plan » initial tracé par leur entourage.

Il me semble indispensable de décoder avec nos enfants le sens de cette réussite qu'on leur demande d'accomplir, de les aider à réfléchir à ce qui est important pour eux : quand auront-ils, eux, l'impression d'avoir réussi ? Mais il est essentiel pour nous aussi, les adultes, de se poser les mêmes questions : qu'est-ce que veut dire réussir, et quand nos enfants auront-ils réussi, à nos yeux de parents ?

Au quotidien, lorsque nous parlons de réussite avec nos enfants, il s'agit systématiquement ou presque de réussite scolaire. La réussite à l'école fait partie intégrante des attentes et des désirs des parents. La réussite scolaire a pris une telle place dans notre société que l'échec scolaire affecte la vie de la famille tout entière. C'est une menace réelle de déséquilibre profond, pour tous.

Réussir est un mécanisme complexe et subtil qui dépend de nombreux facteurs : personnels, psychologiques, sociaux, liés à l'environnement, aux enseignants, aux représentations des uns et des autres, aux différentes attentes…

C'est un projet ambitieux dont il faut bien comprendre les différentes facettes, souvent paradoxales, et bien analyser les significations et les projections personnelles, parfois contradictoires.

« Tu dois travailler pour bien réussir dans la vie »

L'école a un rôle organisateur. Le fonctionnement de l'enfant à l'école, quand il y réussit, lui permet de se structurer. Il se confronte à la fois à ses capacités et à ses limites intellectuelles, à ses capacités sociales et relationnelles, à ses capacités à gérer les frustrations, à accepter la critique, à négocier avec l'adulte et à se conformer aux règles sociales… L'école est le terrain privilégié sur lequel l'enfant exerce sa personnalité et la construit. Elle permet à l'enfant de devenir compétent dans sa façon d'être et de penser. La construction va passer par des moments d'évolution et de régression nécessaires au développement intellectuel et affectif.

➤ *Réussir dans la vie ou réussir sa vie*

Nous vivons dans une société en quête de bonheur. Atteindre le Bonheur, avec un grand B, est devenu une véritable obsession. Au risque d'en perdre tout bon sens et tout plaisir… dans la vie de tous les jours. Le bonheur est une « chose » fragile qui se vit avant de se rêver et qui se cultive chaque jour comme la rose du Petit Prince. C'est en prenant conscience des moments, des situations, des émotions agréables que nous vivons que nous engrangeons des ressources positives qui nous permettent de nous sentir heureux. Il faut être actif face à son bonheur car les malheurs, les difficultés, sont plus lourds, plus pesants que ces instants de plaisir parfois très fugitifs, légers, qui vont s'évaporer sans qu'on ait pris la peine de les goûter si on n'est pas vigilant et attentif à les « capturer ». Mais revenons à la réussite de nos chers petits.

Car la réussite, leur réussite, semble s'assimiler à cette idée de bonheur à conquérir. Et c'est souvent cette idée que les parents leur transmettent : « Si tu travailles bien à l'école, tu auras toutes les chances de réussir. » Sous-entendu : « Tu auras toutes les chances d'être heureux. » Ou l'inverse : « Si tu ne travailles pas, tu n'arriveras jamais à rien. » Avec en sourdine ces généralisations inquiétantes : toujours, jamais. Et aucune possibilité de s'en échapper.

Ce sont des injonctions dichotomiques :

travail = bonheur,

manque de travail = échec de vie.

L'enfant est alors pris dans ces représentations maintes fois répétées par des parents eux-mêmes inquiets qui tentent ainsi de motiver leur enfant à la tâche. Mais est-ce la bonne formule ? N'est-ce pas bien inquiétant pour nos enfants à qui on ne laisse aucun autre choix ? Ne faut-il pas leur laisser un espace intermédiaire qui leur ouvre la possibilité de *penser* la réussite selon des projections dans l'avenir, des critères personnels, des envies à eux… qui seront peut-être plus efficaces pour les… mettre au travail ? Car justement ils pourront s'approprier leur réussite. Ce projet deviendra un projet personnel, qui leur appartient. Trop vouloir projeter sur nos enfants nos représentations de « grands », avec nos valeurs de réussite dans la vie, n'a souvent aucun sens. La perspective du futur est loin et n'évoque aucune sensation, aucune représentation qui pourrait leur donner *envie* de travailler.

✔ **Ne pas confondre échec scolaire et échec de l'individu. La réussite scolaire est une facette de la réussite. Enjeu central pendant l'enfance, on peut aussi réussir sa vie malgré une scolarité laborieuse.**

➤ *Réussite de l'enfant ou réussite des parents ?*

Dans certaines familles, la réussite de l'enfant est le signe de la réussite des parents. La réussite de l'enfant, c'est LEUR réussite au même titre que peuvent l'être leur travail, leur belle maison, ou tout autre « signe extérieur de richesse ». Un véritable poids pour l'enfant qui devient, à son insu, l'agent de la réussite de la vie de ses parents.

Je suis souvent étonnée de ces parents qui fêtent la réussite de leur enfant à grand bruit en réunissant leurs amis autour d'eux.

Les amis... des parents ! La réussite de leur enfant devient l'objet de la fête. À qui cela fait-il plaisir ?... N'est-ce pas une façon de déposséder l'enfant de sa réussite ? On comprend bien sûr que les parents soient fiers de leur enfant. Mais ne vaudrait-il pas mieux qu'ils soient fiers *pour* leur enfant ?

Autre interrogation : que penser des cadeaux pour les bonnes notes et les réussites scolaires ? Y a-t-il confusion entre le discours : *tu dois travailler pour toi*, et le comportement : la récompense ? Faire un cadeau à son enfant, c'est lui dire implicitement qu'il l'a mérité. Que c'est un succès *social*. Comme dans les entreprises où l'on touche des « primes sur objectif ». Dans ce cas, on fournit un effort pour obtenir la récompense[1]. Ce qui peut avoir un impact ponctuel pour relancer l'enfant. Mais l'enfant ne perd-il pas au passage *son* plaisir d'être compétent et de réussir ? N'oblige-t-on pas les enfants à rester soumis au jugement de ses parents qui détermineront, par la présence ou non d'un cadeau, si la réussite a été obtenue ?

Je crois qu'il faut vraiment réfléchir à cette assimilation de la réussite à un objectif omniprésent et inquiétant. Oui, il est important, pour eux, que nos enfants réussissent leur vie, mais prudence dans notre façon de les accompagner et de les encourager.

✔ **Objectif prioritaire : avoir des enfants épanouis et la réussite sera un « cadeau » supplémentaire. Et pas le contraire !**

1. Voir chapitre 7, « Être motivé », p. 257.

L'enfant qui voulait faire plaisir…

➤ *Travailler pour soi ou pour faire plaisir à ses parents ?*

Bien sûr, l'enfant a effectivement besoin de sentir que ses parents sont fiers de lui. Pendant de longues années (et souvent bien plus tard que ce que l'on imagine), nos enfants s'efforcent de réussir pour… nous faire plaisir. Ils savent que leur réussite sera notre fierté. Ils comprennent que l'on attend d'eux qu'ils nous gratifient en étant de « bons élèves ». Que leur réussite nous confortera dans le sentiment d'avoir nous aussi réussi : à être de bons parents. Et lorsqu'ils obtiennent une bonne note, lorsque l'enseignant est content d'eux, ils guettent notre joie, notre plaisir. Qui deviendront ainsi les leurs. Ils cherchent à s'assurer qu'ils sont capables de correspondre à ce qu'ils pensent que leurs parents attendent d'eux. Et ils craignent par-dessus tout de les décevoir. Rien de plus terrible pour l'enfant que de sentir que ses parents sont déçus. Leur déception est bien plus terrible que leur colère. Si leurs parents se fâchent face à un mauvais résultat, ils pourront se révolter. Et trouver que « c'est pas juste ». La colère est plus facile à gérer pour les enfants. Car ils peuvent se positionner et se sentent moins attaqués dans l'image qu'ils ont d'eux-mêmes. La colère, en quelque sorte, les soulage et les libère de la culpabilité qu'ils ressentent eux-mêmes lorsque leurs résultats ne sont pas « à la hauteur ». À la hauteur des attentes des parents bien sûr. Mais il faut bien avoir conscience que les enfants sont les premiers à vouloir satisfaire leurs parents. Une grande partie, si ce n'est la plus grande partie, de leur énergie à réussir est tournée vers le plaisir que cette réussite représente pour leurs parents. On l'oublie souvent quand on s'énerve face à une mauvaise note. Le plus triste, c'est l'enfant. Mais il va le cacher derrière une réaction provocante, fuyante ou désinvolte que l'on interprète à l'envers. On s'imagine qu'il s'en fiche, et cela alimente nos reproches. C'est dans ces moments-là que nous l'oublions, lui. Dans sa déception et quelquefois sa honte de ne pas faire plaisir. Essayons de ne pas l'oublier. Le plus malheureux dans ces situations de conflit, c'est lui.

Si vous saviez comme cette phrase fait mal : « Si tu nous aimais, tu travaillerais bien à l'école ! » Et l'enfant comprend que s'il ne travaille pas bien, vous ne l'aimerez plus ! Ou une autre version, classique malheureusement : « Qu'est-ce qu'on va faire de toi ? » Comme si, sans réussite scolaire, l'enfant perdait toute valeur aux yeux de ses parents.

« Alors, si je ne suis pas celui que vous attendiez, celui dont vous avez rêvé, celui dont vous pourriez être fiers, vous n'allez plus m'aimer ? Je ne vais plus exister ? J'ai peur, je me sens seul et perdu. » Entendez-vous cet enfant qui vous parle et qui a besoin de votre amour, sans condition de réussite ?

Quand l'idée de faire plaisir aux parents entraîne de mauvais résultats scolaires

Chez les ados, l'idée que de bons résultats auraient surtout comme conséquence de satisfaire les parents est un frein parfois puissant à l'investissement scolaire. L'adolescent préfère quelquefois saborder sa scolarité plutôt que de répondre favorablement à leurs attentes. D'une certaine façon, il « punit » ses parents par son échec et leur montre qu'il peut avoir une maîtrise sur eux puisqu'ils sont inquiets ou même en souffrance à cause de lui.

➤ *Quand l'identité de l'enfant se construit à travers sa réussite*

Pour certains enfants, l'enjeu de la réussite devient central dans leur construction identitaire. Ils en arrivent à développer un niveau d'exigence interne d'une telle intensité que toute énergie est tendue vers cet objectif : réussir. Trop souvent ce mécanisme est sous-tendu par la représentation inconsciente que c'est ce que les parents attendent. L'enfant se construit en fonction de ce qu'il pense qu'on attend de lui. Au risque, sérieux, d'une personnalité « en surface » qui est seulement le reflet des attentes parentales. Une personnalité en « faux self », comme disent les psys. C'est-à-dire une personnalité construite uniquement en façade, projection des attentes et des désirs des autres. Des parents surtout, bien sûr. On est presque dans une identité pathologique car les désirs et les besoins personnels de l'enfant ont été étouffés. Par lui-même. Pour ne pas décevoir. Et être aimé, encore et toujours.

Reconnaissez-vous l'« enfant caméléon » ?

Voici un enfant qui ne vit et ne fonctionne que selon ce que l'on attend de lui ou, plus exactement, selon ce qu'il comprend des désirs de ceux qui l'entourent : capable de modifier son comportement suivant les interlocuteurs ou les circonstances, l'enfant caméléon n'a pas construit d'identité personnelle. Il ignore ce qu'il en est de lui-même et de ses désirs propres. Influençable, il ne peut ni ne sait s'approprier un projet et une dynamique qui lui appartiennent.

En consultation psychologique ces enfants nous inquiètent souvent. Ils ne fonctionnent que dans le regard des autres, par rapport à l'image qu'ils veulent donner. Et les affects dépressifs ne sont jamais bien loin. Une épée de Damoclès pèse sur leur tête : « Si j'échoue, que va-t-il m'arriver ? Qu'est-ce que je vais devenir ? Est-ce que je vais encore exister ? »

> Camille est toujours d'accord lorsque ses parents lui proposent quelque chose : que ce soit un projet de vacances, un nouveau pull ou un film de cinéma... Si on lui demande son avis, elle répond : et toi, qu'est-ce que tu en penses ? Et elle adapte ses choix en fonction de la réponse. Avec ses copines elle ne s'impose jamais, mais suit toujours les décisions de groupe et dans les discussions avec ses amis elle calque ses réponses pour avoir le même avis que les autres. Si on faisait un reportage sur Camille sur une seule journée, on se rendrait compte qu'elle peut se contredire : le matin avec ses parents, elle a dit qu'elle n'avait pas aimé tel film, à la récré avec ses copines, elle l'a adoré et avec son prof de piano, le soir, elle est d'accord pour dire que ce film n'était pas assez documenté... Comment savoir ce que Camille pense, aime, ce qui est important pour elle ? Elle-même ne le sait pas et en consultation elle s'effondre : elle ne sait pas qui elle est et surtout a très peur qu'on ne l'aime plus si elle affirme ses goûts ou ses envies... Ses parents consultaient parce qu'elle n'arrivait jamais à travailler toute seule...

➤ *« Il me rapporte des mauvaises notes »*

J'avoue que cette phrase me hérisse toujours. Je l'entends souvent prononcer par des parents inquiets. Vous comprenez, bien sûr, ce qui me dérange ? Le *me*. L'idée que l'enfant part le matin à l'école pour *ramasse*r des bonnes notes qu'il rapporte le soir à ses parents. Comme ils le lui ont demandé. Comme s'il partait à la cueillette aux champignons et qu'on lui avait bien expliqué la différence entre les champignons comestibles et les champignons vénéneux. Et il rapporte sa cueillette à la maison dans son petit panier. Le poids de cette phrase ! Elle contient un message implicite d'une force étonnante : « Tu vas à l'école *me* chercher des notes. Et gare à toi si tu ne m'en rapportes pas de bonnes ! Et puis, fais attention au loup, c'est-à-dire : ne succombe pas aux plaisirs interdits qui te feraient sortir du droit chemin, de ce que je t'ai demandé. »

L'enfant est dépossédé. Il n'est plus concerné par le résultat de son travail. Sa réussite n'est plus la sienne. Comment pourrait-il alors s'impliquer et être motivé ? Ce que par ailleurs, bien paradoxalement, on l'a vu, lui demandent ses parents !

Je sais que ces phrases maladroites sont le plus souvent pleines de bonnes intentions. Les parents la disent spontanément, sans prendre conscience de l'injonction paradoxale qu'ils induisent. Ils le font car ils pensent que cette façon de faire est juste. C'est compliqué d'être parent !

➤ *L'enfant est trop souvent placé sous le faisceau du projecteur de ses parents*

Je pense à ces dessins animés où le personnage ne peut sortir de la lumière projetée sur lui. Dès qu'il tente de se faufiler dans l'obscurité, le projecteur le poursuit. On comprend bien qu'il ne s'agit nullement pour les parents de l'envie de nuire à leur enfant, bien au contraire. C'est parce qu'ils l'aiment que les parents traquent ainsi leur enfant pour qu'il réussisse. Et qu'ils ne le « lâchent pas ». Mais pour l'enfant la culpabilité de ne pas y arriver quand les attentes et la pression sont trop fortes peut provoquer l'effet inverse de celui attendu. L'enfant est paralysé, la peur d'échouer lui coupe toute possibilité… de réussir. La boucle est bouclée et parents et enfants se trouvent dans une impasse douloureuse.

➤ *Connaissez-vous l'effet Pygmalion ?*

Selon ce que l'on attend de l'enfant, ses résultats en seront modifiés : c'est l'effet Pygmalion[1]. En clair, si je m'attends à ce que l'enfant réussisse, il a de plus grandes chances de réussir que si je pense qu'il ne pourra pas y arriver. l'effet Pygmalion a été confirmé par de nombreux travaux de recherche.

Il a aussi une grande incidence pour les enseignants. Quand on leur parle d'un élève en précisant qu'il s'agit d'un bon élève, ils vont, inconsciemment, favoriser sa réussite en l'encourageant et en lui donnant les moyens de correspondre à ce que l'on attend de lui.

Ce qui donne à réfléchir sur plusieurs points :

• Si j'ai confiance dans mon enfant, si je suis convaincu qu'il réussira, il y a plus de chances qu'il y arrive.

• Mais si je n'attends pas suffisamment de lui ou si même je pense qu'il ne pourra pas faire plus et bien, d'une certaine façon, je le bloque dans sa réussite. Je l'empêche effectivement de faire plus que ce que j'attends.

• Que faut-il dire ou ne pas dire à un nouvel enseignant en début d'année ? Si je lui parle d'emblée des difficultés de mon enfant, il aura tendance à attendre que l'enfant… soit en difficulté et mettra en place des comportements à son égard qui peuvent l'enfermer dans son échec. Si à l'inverse je ne dis rien, peut-être qu'il s'attendra à ce qu'il réussisse et que cela ouvrira plus de possibilités à l'enfant.

Avant d'évoquer les difficultés de votre enfant, attendez un peu. Observez comment ça se passe et rencontrez l'enseignant dans un deuxième temps, dès que ça vous semble nécessaire. Laissez une chance supplémentaire à votre enfant !

---

1. *Cf.* l'expérience américaine relatée par R. A. Rosenthal et L. Jacobson, *Pygmalion à l'école*, Paris, Casterman, 1971.

« Et si je réussis, est-ce que tu m'aimeras encore ? »

Tiens, cette phrase n'est-elle pas en contradiction avec tout ce que nous venons de dire ?

On l'a vu, l'enfant pense souvent que l'amour de ses parents est lié à sa réussite scolaire. Mais, fait étrange, le contraire est aussi vrai.

➤ *Réussir peut être perçu comme synonyme d'abandon*

L'enfant peut avoir peur de réussir car il pense alors que ses parents ne s'occuperont plus de lui. Pensez à tout ce temps consacré à l'enfant en difficulté ! Tous les soirs, on reste avec lui pour le faire travailler. Il arrive même parfois que les mères (eh oui, moins les pères !) organisent leur métier pour être disponibles pour faire travailler leur enfant. Pour être présentes. Et, malgré les conflits qui accompagnent souvent ces moments où on essaie de faire apprendre les leçons, on est présent. On est là. À côté d'eux.

Mais cela ne s'arrête pas là. Car l'enfant en échec occupe une grande place dans les conversations. Entre les parents, mais aussi en famille, avec les amis, les médecins, les enseignants. L'enfant en difficulté scolaire est toujours présent, omniprésent. Sans parler, cerise sur le gâteau, du psy. Que dis-je ! DES psys. Car il est bien rare qu'un enfant en difficulté ne fasse pas un « parcours psy ». Accompagné de ses parents bien sûr. Qui s'inquiètent. Parlent de lui. Cherchent des solutions.

Alors, pour certains enfants se joue un drame intime : si je réussis, que va-t-il se passer ? Est-ce que je ne prends pas le risque que mes parents ne s'occupent plus de moi ? Qu'ils passent à autre chose ? Que je ne sois plus le sujet principal de leurs pensées, de leurs préoccupations ? Ou pire encore, est-ce qu'ils ne vont pas se tourner vers mon frère, ma sœur qui à son tour mobilisera toute l'attention ? Avez-vous déjà pensé à ces enfants prêts à réussir mais qui ont peur… d'être abandonnés ? Qui pensent que leurs parents seront bien contents d'être enfin débarrassés du problème ?

Et c'est vrai, objectivement, que l'on a tendance à peu se préoccuper d'un bon élève, d'un enfant qui réussit. Et en plus on trouve cela tellement normal qu'il réussisse qu'on oublie trop souvent de continuer à le féliciter et de lui exprimer notre fierté. Réussir est devenu normal.

Je suis parfois un peu embêtée de rencontrer en consultation des familles qui viennent de loin. Elles arrivent avec beaucoup d'espoir, mais comment envisager la prise en charge d'un enfant qui vit à plusieurs dizaines voire centaines de kilomètres ? Et pourtant ! J'ai souvent constaté que le processus d'amélioration de ces enfants était plus rapide qu'avec ceux qui habitent à quelques minutes du cabinet. Pourquoi ? Tout simplement parce que ce trajet ils le font avec leurs parents. Et si habituellement ce sont plutôt les mères qui accompagnent leur enfant, lorsqu'il y a de la route à faire, les pères sont souvent sollicités. Mieux encore les parents viennent le plus souvent tous les deux. Et voici des moments extrêmement privilégiés avec l'enfant. Moments qui n'existent pas toujours dans la vie quotidienne. Moments où on va pouvoir discuter, sans les frères et sœurs, sans les tâches ménagères à mener de front… Puis, après la séance, ils reparlent de ce qui s'est passé. Et même si l'enfant échange peu sur le contenu de sa séance, les parents sont « conditionnés » pour parler avec leur enfant de sujets plus intimes et plus personnels. Ils vont engager la conversation sur les difficultés de l'enfant, sur sa souffrance, sur leur culpabilité de ne pas arriver à l'aider mieux, sur la recherche de solutions… Bref, l'enfant se sent considérablement mieux compris et prend toute la mesure de l'inquiétude de ses parents et de ce qu'ils sont prêts à faire, par amour, pour lui. Les parents deviennent de formidables alliés thérapeutiques avec une superbe efficacité ! Alors, parents, venez de loin !

➤ *Réussir malgré ses parents*

Réussir peut éveiller un conflit de loyauté chez des enfants dont les parents n'ont pas eu le même parcours scolaire. Faire mieux que ses parents peut être considéré comme une trahison par l'enfant.

Réussir à l'école, pour certains enfants, c'est s'éloigner de ses parents. Ne plus arriver à partager. N'avoir plus rien à leur dire. Sentir qu'un fossé se creuse. Qu'ils ne peuvent plus parler de certaines choses, que les parents ne comprendront pas. Au risque d'en avoir honte. De se sentir coupables de réussir. Un peu comme si c'était une forme de trahison que de réussir à l'école.

En symétrie, une nouvelle question se pose aussi : et si pour certains parents il n'était pas si facile de voir réussir son enfant ? Un enfant qui réussit est un enfant qui devient indépendant, différent. Il n'est plus le « reflet » de nous-mêmes. En quelque sorte, il nous échappe. Il change. Ce qui suppose que le narcissisme des parents ne soit pas interdépendant du fonctionnement de l'enfant. Que le narcissisme des parents puisse résister à la réussite de leur enfant. Car, à leur tour, ils peuvent se sentir abandonnés par cet enfant qui part sur son propre chemin et qui n'a plus besoin d'eux. Et les parents se sentent seuls, désemparés. Ils avaient construit une grande partie de leur identité pour et autour de leur enfant et le voilà qui s'éloigne. D'autant plus que cela se passe en général au moment de l'adolescence, qui correspond au milieu de vie des couples. Les parents se retrouvent face à face avec une nouvelle vie à construire. Mais aussi, un moment où l'on avance en âge et où l'éloignement des enfants nous confronte à une nouvelle image de nous-mêmes. Qu'il faut pleinement accepter pour être sincèrement heureux de la réussite de nos enfants.

Peur d'échouer ou… peur de réussir ?

➤ *Échouer est parfois plus facile à gérer*

Il est classique d'évoquer la peur d'échouer. C'est une peur qui peut nous paralyser dans un grand nombre de situations. La peur de ne pas savoir peut bloquer nos capacités. C'est ce qui arrive souvent aux enfants lors d'un contrôle. Et qui les pénalise.

La peur de l'échec peut aussi entraîner la mise en place de conduites d'évitement : l'enfant ne fait pas son travail sous prétexte qu'il n'a pas envie. Il peut ainsi faire croire : *si je voulais, je pourrais*. En réalité, il fuit devant la difficulté car il a peur de ne pas y arriver. Et il préfère donner de lui l'image d'un enfant paresseux que l'image d'un enfant incompétent. C'est moins dévalorisant pour son image ! Sa fuite lui permet de masquer ses limites. Et il les fuit aussi à ses propres yeux car cette confrontation à lui-même est souvent source d'une grande souffrance.

Ainsi on comprend bien que l'enfant qui a peur d'échouer va souvent choisir d'éviter cette situation où il se vit comme nul. Il préfère faire croire que ses mauvaises notes sont dues à son manque de travail et que s'il travaillait il réussirait…

Observons ces schémas :

Schéma n° 1

Comportement	Résultante	Pensée
Je ne travaille pas →	*j'ai une mauvaise note* →	*c'est normal, je n'ai pas travaillé*

Dans ce cas-là l'enfant n'est pas touché par son échec, d'une certaine façon il le maîtrise et l'échec était prévisible

Schéma n° 2

Comportement	Résultante	Pensée
Je travaille mon contrôle →	*j'ai une mauvaise note* →	*je suis nul*

Ici l'enfant est blessé dans son narcissisme et dans son sentiment de compétence.
Si les échecs se reproduisent trop souvent alors qu'il travaille sérieusement, il va s'approprier cette image de lui et il aura de plus en plus de mal à croire dans ses capacités de réussir.
L'enfant risque fort de se décourager et de perdre toute motivation face au travail.

Sur un plan psychique, l'évitement est plus économique et rentable. C'est-à-dire que le bénéfice est de garder une image positive de soi.

Sur un plan scolaire, l'enfant aura une mauvaise note dans les deux cas, mais les raisons devront être correctement comprises afin d'intervenir de façon adaptée. Si c'est un manque de confiance en soi qui conduit l'enfant à ne pas travailler, ce n'est pas du tout pareil que si c'est à cause d'une difficulté qui le gêne face au travail scolaire.

Combien d'enfants voit-on en bilan psychologique qui souffrent terriblement de sentir qu'ils n'y arrivent pas et, en plus, que le psychologue le repère. En même temps, cela les soulage : ils vont pouvoir baisser la garde et les adultes, parents et enseignants, comprendront enfin l'origine de leurs difficultés. Car lutter contre cette peur de l'échec nécessite une énergie psychique considérable qui les épuise.

Faire le point avec ses enfants, c'est ainsi faire la part des choses entre ce qu'ils ne peuvent effectivement pas faire en raison de troubles spécifiques, et ce qu'ils n'arrivent pas à produire en raison d'un stress trop important face à la peur de l'échec. Et à ses conséquences. Car cette peur de l'échec est directement liée à la perception qu'ont les enfants des attentes qui pèsent sur eux, que ce soit de la part de leurs enseignants ou de leurs parents. Certains ont tellement intégré cette nécessité de réussir que c'est leur niveau d'exigence interne qui est particulièrement élevé alors que l'entourage ne montre pas, directement en tout cas, d'attentes particulière. Ces enfants-là sont souvent très anxieux et cette anxiété se manifestera dans de nombreux domaines de leur vie. Ils ont authentiquement besoin d'aide.

Julien, 5 ans, a déjà peur de ne pas réussir alors il… travaille pour préparer son CP ! Julien est un petit garçon inquiet qui pense qu'il doit être performant pour que ses parents l'aiment et soient contents de lui. Parce que dans sa famille tout le monde a « réussi » et il l'a bien compris sans pourtant que ses parents lui « mettent une quelconque pression ». Quelques séances chez un psy auront simplement permis à cet enfant de s'apaiser et de ne plus se construire autour de cette obligation de réussir qu'il s'imposait tout seul. Julien souffrait d'un manque de confiance en lui et d'une peur confuse de perdre l'amour des siens.

➤ *La peur de réussir*

Si on comprend bien les mécanismes qui régissent la peur d'échouer et les conséquences sur l'attitude des enfants face au travail scolaire, que sait-on de la peur de réussir ?

Échouer permet de maintenir une dépendance à l'autre. Pour l'enfant il s'agit d'une dépendance affective aux parents et aux enseignants. Si je suis en difficulté alors tu t'occupes de moi, je ne suis pas tout seul. Et puis si l'on échoue on peut aussi se placer en « victime ». C'est la faute des autres, des profs, de la situation familiale, de l'injustice, de la difficulté… Bref, échouer maintient un lien à l'environnement et à l'entourage. Chez les adultes le processus est le même. On reste la victime. On s'occupe de nous.

À l'inverse, *réussir* signe l'autonomie et l'indépendance et par là même la solitude. Lorsqu'on réussit, on est seul face à soi-même et aux autres. Et ce n'est pas toujours facile à vivre. Si je réussis, je suis responsable de moi et de ma réussite et je dois en assumer les conséquences, positives et négatives. Je dois assumer le regard et l'envie des autres. Lorsque je réussis, je m'expose. À l'admiration, à la félicitation, certes, mais aussi à la critique. Je dois parfois me justifier. Plus encore, je dois en permanence alimenter mes ressources pour rester dans cette dynamique. Car on attend de quelqu'un qui réussit de réussir encore, et encore. Je dois « cultiver » ma réussite. Ce qui parfois peut créer une tension psychique difficile, douloureuse et anxieuse. L'obligation de réussir peut être une authentique souffrance. Plus difficile à partager et à exprimer que la peur de l'échec.

✔ **Échouer est douloureux mais permet de rester dans une position infantile.**
Réussir est un acte autonome qui doit être assumé seul.

Se mettre en échec pour exister ?

Attention ! Pour certains enfants qui ont du mal à l'école alors qu'ils aimeraient tant réussir, être *celui qui est en échec scolaire* est une façon d'exister aux yeux des autres : je préfère être en échec et exister que réussir et être noyé dans la masse. L'identité se construit dans la différence par rapport aux autres. Celui qui est en échec mobilise l'attention et le regard des adultes.

Restons vigilants face à un enfant en échec : il faut bien comprendre de quoi il s'agit pour pouvoir bien intervenir.

C'est quoi un enfant normal ?

➤ *À chaque famille sa normalité !*

« C'est normal, disent souvent les parents, il *doit* bien travailler à l'école. » D'une certaine façon, c'est pour l'enfant une obligation de sa place d'enfant.

Chaque famille, chaque parent a sa propre représentation de la normalité, de ce qui est bien, de ce qu'on doit attendre d'un enfant. On éduque ses enfants en regard d'une norme personnelle de l'enfant qui réussit, l'enfant bien élevé, l'enfant dont on est fier. Et on a le plus souvent l'illusion que nous partageons tous la même représentation. Or ce qui est normal pour les uns créera de l'inquiétude pour les autres et l'enfant se retrouve souvent au carrefour de ces différentes représentations : les siennes, celles de ses parents, des enseignants, etc. Les décalages entre ces représentations et ces attentes peuvent créer de profondes incompréhensions car chacun réagira face à l'enfant en fonction de sa conception personnelle de ce qui est « normal ».

Et les seuils d'alerte seront différents : tel parent jugera anormal qu'un enfant de tel âge ne soit pas encore capable de… Alors que pour un autre parent, cela paraîtra tout à fait normal. On peut aussi faire référence à soi : mon adolescent reste enfermé dans sa chambre et n'a pas de copains, c'est normal, j'étais pareil au même âge…

> **Culture et normalité**
>
> La « normalité » est différente selon la culture de référence. Le contexte culturel crée lui aussi une normalité : un enfant qui réussit, en France, est celui qui fait des études longues… Ce qui est très différent du modèle américain où la valeur du *self-made man*, celui qui s'est fait tout seul, suscite l'admiration de tous.

➤ *« C'est dommage de l'orienter, il a des possibilités »*

Avec cette phrase, on comprend que l'enfant « normal » est celui qui poursuit dans la voie générale. Être « orienté », c'est prendre un chemin de traverse. Pourtant, pour certains enfants, la voie de l'orientation est celle qui leur donnera les moyens de réussir et de s'épanouir. C'est une réalité. Chacun est différent et tous ne prendront pas de plaisirs dans des métiers intellectuels. Pourquoi cette suprématie du conceptuel sur le manuel ? Nous sommes face à une représentation culturelle qui empêche parfois de prendre les décisions justes pour nos enfants. Ne soyons pas les victimes d'un discours ambiant qui nous ferait croire que la « normalité » est la « majorité ». Comprenons que ce sont d'abord des références personnelles et surtout qu'une réflexion individuelle doit être appliquée pour chaque enfant.

Une idée reçue : on pense souvent que les enfants qui poursuivent au lycée dans des séries générales et en particulier en filière scientifique (S) sont ceux qui ont une meilleure image d'eux-mêmes. Or, les dernières études[1] montrent que les élèves de filière technologique ou professionnelle ont souvent une bien meilleure confiance en eux. En particulier au niveau de leur image physique et sociale (relation avec les autres).

Ne pas assimiler l'enfant à ses difficultés

➤ *« Tu, tu, tu… »*

Lorsque nous nous adressons à nos enfants, nous pouvons avoir tendance à utiliser des formulations qui confondent comportement et identité.

« *Tu* es nul, *Tu* n'es pas capable, *Tu* me désespères, *Tu* n'es pas gentil… » sont autant de messages très agressifs pour l'enfant. L'enfant reçoit un message globalisant qui attaque son identité. Ce n'est pas l'enfant qui *est* « nul », mais le comportement qu'il a adopté dans une situation particulière ou face à une certaine tâche.

Face à ce type de formulation, l'enfant est blessé et va réagir à son tour de façon agressive. Pour se défendre. Pour se protéger. Par un mot, une attitude, un comportement, il va se rebeller, revendiquer son identité, refuser l'agression. Ce

1. « Estime de soi et réussite scolaire sept ans après l'entrée en sixième », *Éducation et Formation*, n° 72, septembre 2005.

qui va rapidement dégénérer et créer un conflit inextricable. Dont chacun ressort déçu et épuisé.

Sur du plus long terme, le danger est que l'enfant finisse par accepter cette image de lui-même et se construise en regard de ce que ses parents disent de lui. C'est le creuset des troubles de l'estime de soi qui peuvent être profonds car enracinés dans l'enfance. L'enfant grandit avec cette représentation négative de lui-même. Elle est d'autant plus forte que ce sont ses parents qui lui renvoient cette image. Quels que soient les parents, les enfants, vous le savez, les créditent de leur confiance et continuent longtemps à donner une grande valeur à leurs critiques. Et à continuer à en souffrir. C'est une dépendance qui perdure souvent bien au-delà de l'enfance…

> Des petits mots peuvent faire très mal.
>
> Il nous arrive, par taquinerie, d'attribuer à nos enfants des petits surnoms à connotation négative. Même s'ils sont dits sans agressivité voire avec affection, ils finissent par nourrir un monologue intérieur qui atteint la perception de soi de l'enfant. Il en est ainsi des « petits monstres », « bouboule », « casse-pieds », « pot de colle », etc. À remplacer sans modération !

Lorsqu'on se sent attaqué dans son identité (enfant ou adulte), on n'a plus aucun espace pour se penser différemment, pour se mettre en perspective. Dans le « tu es incapable », la charge émotionnelle de ce message est telle qu'elle a un effet paralysant sur notre psychisme. On ne peut plus prendre de la distance et on ne peut que rejeter l'injonction de façon virulente. Sinon c'est trop dangereux. En revanche, si l'on nous dit : « Je vois que par rapport à cette tâche c'est difficile », alors on peut réfléchir au pourquoi de notre difficulté, on peut essayer de la surmonter différemment, on peut se situer par rapport au reproche et dans la situation. On a une ouverture. On n'est plus enfermé dans une critique qui nous définit.

✔ **Il est vital pour nos enfants de bien distinguer dans nos critiques ce que l'on reproche à leur comportement, à un moment donné, de ce que l'on pense d'eux, en général. On peut s'entraîner à formuler différemment nos remarques et les attitudes de nos enfants seront vite différentes. Nos moments passés ensemble et nos relations s'en trouveront très rapidement améliorés. Comme par magie.**

> « Quand tu réagis comme ça, je suis triste. »
> « Je trouve que ton attitude face à ce travail n'est pas efficace. »
> « Je n'aime pas lorsque tu t'énerves quand je te demande de travailler. »
> « Je n'apprécie pas que tu te comportes comme ça avec ton frère. »

À vous de trouver… L'idée étant finalement de faire un « arrêt sur image » dans sa tête dès que l'on sent que l'on va s'énerver ou exploser et de reformuler notre critique. On prendra alors le temps d'observer la modification dans la réaction de notre enfant pour nous encourager à recommencer la prochaine fois. Plus ça marche, plus on a envie de renouveler l'expérience. Et c'est gagné, pour tout le monde !

Mais le contraire est vrai aussi…

Quand on dit tout le temps à son enfant : « Je sais que tu es capable de réussir », on peut créer chez lui une forte culpabilité s'il n'y arrive pas. Il se sent lui-même nul et se dévalorise. Puisque ses parents ont l'air de dire qu'il a toutes les capacités pour le faire, il devrait pouvoir réussir. Ses échecs attaquent son narcissisme et l'image qu'il a de lui-même.

Bien sûr, les parents disent cela pour encourager leur enfant, pour le valoriser. Ils cherchent à lui donner confiance, à l'inciter à poursuivre, à lui montrer qu'il est compétent. C'est une démarche éducative louable. Or, comble et difficulté de l'éducation, ils peuvent produire par ces phrases positives des réactions paradoxales : l'enfant peut perdre toute confiance en lui.

✔ **L'enfant a besoin qu'on croie en lui mais que cette conviction lui laisse aussi la possibilité... d'échouer.**
Si votre enfant se renferme ou vous agresse quand vous tentez de l'aider par ce genre de phrases, comprenez que c'est difficile pour lui à entendre car il doute profondément de lui. Votre confiance lui fait peur car il se croit incapable de l'honorer. Sa réaction est un signe de son propre malaise. Il faudra alors chercher à comprendre l'origine de ses doutes, de ses peurs, et l'aider à les surmonter.

➤ *Ne pas confondre note à l'école et valeur de l'enfant*

Dans certaines familles, toutes les conversations tournent autour de l'école. La première question posée après une journée de classe devient : « Quelle note as-tu eue aujourd'hui ? »

Sans se préoccuper de ce qui s'est passé d'important, d'agréable ou de déplaisant dans la journée de l'enfant. Très vite, trop vite, l'enfant va être assimilé à ses notes. Une bonne note signifie que l'on est un « bon » enfant, une mauvaise renvoie l'image d'un enfant incompétent.

Dans ces familles la réussite à l'école est une valeur centrale. Un enfant brillant témoigne de la réussite générale de la famille. Une difficulté, même bénigne, rompt l'équilibre et menace tout le monde.

Un enfant qui réussit correspond à la représentation de l'enfant idéal qui comble le narcissisme des parents. Un enfant en échec devient celui qui stigmatise les limites des parents, qui pointe leur incompétence. De nombreux parents ont du mal à le vivre.

Un enfant peut avoir des problèmes sur son parcours scolaire sans que cela remette en question l'éducation des parents.

✔ **Avoir des difficultés à l'école ne constitue pas l'identité de l'enfant.**

Il faut bien faire la différence : de mauvais résultats scolaires ne signifient pas que l'enfant est nul, qu'il n'arrivera à rien, qu'il est un « raté ». J'exagère à peine. Les difficultés scolaires enferment vite l'enfant dans une représentation négative. Les enfants l'expriment en consultation et ils sont bien tristes de cette image négative que leurs parents leur renvoient.

Le bonus

Parler de ce que l'enfant a appris et non pas de la note qu'il a eue lui permet de réévoquer ce qu'il a fait à l'école. Autrement dit, lorsque l'enfant explique ce qu'il a appris, non seulement il est heureux que ses parents s'y intéressent, mais il fait aussi travailler sa mémoire en réactivant ses souvenirs… Et en racontant… il apprend !

➤ *Certains enfants construisent leur identité en fonction du discours parental*

Ces enfants se conforment à ce que leurs parents disent et l'adoptent comme une réalité sur eux-mêmes. Quel que soit ce discours.

En consultation, il arrive fréquemment que l'enfant n'ose pas répondre aux questions que je lui pose sans se référer à l'avis de ses parents. Par exemple, si je lui demande : « En quoi es-tu fort à l'école ? », il va se tourner vers ses parents et les interroger. Il attend spontanément que les parents interviennent sur un point qui le concerne directement, il attend de savoir ce que ses parents en pensent, eux. Si je n'insiste pas pour qu'il exprime ce qu'il en pense, lui, et que c'est son point de vue, à lui, qui m'importe, il laissera ses parents répondre à sa place…

Ainsi, l'enfant deviendra celui qui a des problèmes en maths, qui est nul en français, même si lui pense plutôt le contraire et que ses difficultés ont une autre cause. Souvent, il n'ose pas non plus répondre à cette question car les parents consultent en raison de difficultés scolaires et l'enfant ne se croit pas autorisé à me dire en quoi il se sent fort et compétent ! Quel paradoxe !

Tout ce que vous croyez savoir sur les difficultés de votre enfant

➤ *Ce qu'on appelle les « croyances »*

Une croyance est une idée à laquelle nous croyons et que nous pensons vraie. Les croyances sont rarement fondées sur des « vérités » ou des réalités scientifiques, mais forgées individuellement ou adoptées automatiquement au cours de notre vie sans que nous en ayons réellement conscience. Ces croyances vont avoir un rôle parfois majeur dans les décisions que nous prenons, dans les pensées que nous avons, dans les comportements que nous adoptons. Et pour nous, ces croyances sont des certitudes et nous ne pouvons imaginer les remettre en question. Or, face à l'école, aux apprentissages, à l'intelligence, à la mémoire… nous avons tous nos « idées sur la question », nos croyances, qui vont influencer nos attitudes vis-à-vis du travail de nos enfants. Et nous leur transmettrons, inconsciemment, nos croyances qu'ils transmettront à leur tour à leurs propres enfants… C'est un héritage transgénérationnel dont on a souvent beaucoup de mal à se défaire car il faut d'abord en prendre conscience et faire la part des choses entre ce qui nous appartient en propre, ce à quoi nous adhérons en regard de ce que nous sommes, et ce que nous activons et qui ne nous appartient pas, qui sont les croyances de nos propres parents.

➤ *Repérer ses croyances et s'en libérer*[1]

Parmi les croyances naïves fréquemment partagées, on trouve l'idée *qu'on est matheux ou littéraire et que rien ne peut y changer* ou *qu'apprendre, de toute façon c'est difficile* ou encore que *l'intelligence on l'a ou on ne l'a pas !*

> Dans les familles, des « croyances » sont tenaces… et se transmettent : « Dans notre famille, on a toujours été nuls en maths », « L'orthographe, ça n'a jamais été notre truc ! », etc. Réfléchissez à ce que vous entendiez dans votre famille et à ce que vous dites, souvent sans y penser, à vos enfants. Puis observez quelles sont leurs difficultés. N'y trouvez-vous pas quelques similitudes ?

Dans nos rapports de parents avec la scolarité de nos enfants, nous élaborons ainsi des « théories » qui peuvent enfermer l'enfant dans son fonctionnement. On va par exemple considérer que « s'il n'a pas de bons résultats c'est qu'il est fainéant ! », que « jamais il ne sera capable de tra-

1. Voir aussi p. 89 et le questionnaire p. 351.

vailler sérieusement », ou encore des croyances sur l'école : « Les profs cherchent toujours à dévaloriser les élèves », « L'école n'est pas adaptée à mon enfant », « Les profs ne s'intéressent qu'aux bons élèves », etc.

On remarquera que dans ces affirmations, il y a le plus souvent des adverbes qui marquent le côté définitif de la croyance ou sa généralisation : « toujours, jamais, de toute façon, quoi qu'il arrive... ». Cela ancre nos convictions et leur donne un caractère inexorable. Le danger, en verrouillant ainsi notre manière de voir les choses, est d'empêcher toute possibilité de faire évoluer la situation. Face à la difficulté d'un de nos enfants, face à une inquiétude concernant sa scolarité ou son comportement, devant une situation qui nous met en colère, essayons d'observer plus objectivement ce qui se passe. Essayons de mettre en perspective notre façon de considérer le problème. Cherchons si on ne pourrait pas voir les choses autrement.

➤ *Et lui, que croit-il ?*

L'enfant lui aussi développe toute une panoplie de croyances sur lui et sur son statut d'élève. Ces croyances engagent parfois lourdement son identité et l'image qu'il a de lui-même. Les : « Je n'y arriverai jamais », « De toute façon, je suis nul en français », « Ça sert à rien que je travaille, j'ai toujours de mauvaises notes », etc., sont dangereuses. Être convaincu que l'on ne peut réussir bloque effectivement les possibilités d'y parvenir. En revanche, penser qu'on peut y arriver permet de mettre en œuvre les moyens d'atteindre son objectif.

Les enfants peuvent aussi avoir toute une série de croyances sur l'école, sur les profs, sur les élèves. Si on considère que « l'école ne sert à rien, que les bons élèves sont des intellos, que les profs n'écoutent jamais les élèves, que pour avoir des copains, il faut faire le pitre… », il sera plus difficile à l'enfant d'investir positivement l'école et d'y réussir.

Découvrez, avec lui, quelles sont ses croyances ! Le questionnaire en annexe vous y aidera. Réfléchissez ensemble aux conséquences de ces croyances. Comment pouvez-vous les transformer ? Ce sera l'occasion d'échanger avec votre enfant autour de l'école de façon plus interactive. Et vous pourrez ensemble vous moquer des croyances de l'autre ! Cela peut être une formidable ouverture pour engager un vrai dialogue et instaurer une complicité nouvelle !

➤ *L'art de surprendre son enfant… à bien faire !*

Nous avons tous, dans notre éducation, la fâcheuse manie de repérer instantanément ce qui ne va pas et d'intervenir lorsque nous ne sommes pas d'accord. L'éducation est curieusement fondée sur ce principe de base. Alors nous grondons, punissons, sanctionnons. Ça marche parfois, mais pas toujours. Et pour certains enfants, la punition a peu d'impact.

Et si nous inversions notre fonctionnement : repérer ce qui va bien. Ce que l'enfant fait correctement ou conformément à notre demande. Même une toute petite chose. Car si nous félicitons facilement nos enfants pour leurs grandes réussites : de très bonnes notes, la réussite à un examen ou à un concours, la victoire sportive, etc., nous sommes peu à valoriser les petits exploits quotidiens. Nous râlons car il ne met jamais son linge sale dans la corbeille, mais le jour où il le fait spontanément, pensons-nous à le lui faire remarquer et à lui dire combien cela nous fait plaisir ? Et quand il a tout noté dans son agenda alors qu'il en manque habituellement une bonne partie, est-ce que nous le félicitons ? Il va se laver les dents et sans que nous soyons obligés de le répéter plusieurs fois, pensons-nous à lui montrer notre satisfaction et notre fierté d'avoir un enfant aussi obéissant ?

> Scène de la vie ordinaire : J'appelle Manon à table, silence. Je recommence, toujours rien. Je le dis sur un ton agacé, j'entends : « J'arrive ! », mais toujours pas de Manon à table. Je m'énerve, elle aussi. Je hurle, elle finit par s'installer à table ! Je suis en colère et épuisée de cet affrontement inutile. Manon elle aussi est en colère contre moi « qui ne sais que crier ! ». Le lendemain, de façon tout à fait inattendue, changement de décor : j'appelle Manon à table, persuadée d'être, comme toujours, obligée de m'énerver et ô surprise, à peine appelée, Manon, tout sourire, est assise en face de moi. Qu'est-ce que je dis ? Rien ! Désespérément rien ! Bien sûr, je suis contente, mais je trouve ça normal qu'elle m'obéisse et je ne pense pas un instant à le souligner. Et pourtant, c'est là, à ce moment-là qu'il faut agir ! Et que ce sera efficace, redoutablement efficace. Être capable, dans ces tout petits riens qui constituent la vie quotidienne, de dire à son enfant : « Tu sais je suis contente que tu sois venue tout de suite à table, ça me fait vraiment plaisir. Je suis fière de toi quand tu réagis comme ça, etc. », donne à l'enfant l'envie de reproduire cette situation positive et valorisante pour lui. Quand, le lendemain, il entendra « à table », il aura envie de recommencer à vous faire plaisir pour… son propre plaisir. Tout le monde est gagnant !

✔ **L'art de surprendre son enfant à bien faire demande une réelle attention car nous n'y sommes pas habitués. Ce qui va bien se remarque beaucoup moins que ce qui va mal. C'est comme ça ! Mais si on arrive à être réellement mobilisé pour positiver tout ce que l'enfant fait correctement, les bénéfices sont rapides et solides. L'enfant est heureux de nous faire plaisir. Et cela l'encourage à continuer. C'est un effort pour les parents car cela demande une vigilance inhabituelle, mais les résultats sont presque magiques. À essayer de toute urgence…**

Récapitulons : réussir en quelques points…

- Réussir correspond à un processus complexe.
- Pour réussir, il faut avoir une bonne image de soi pour accepter ses échecs.
- Pour maintenir une dynamique de réussite, il faut que les succès soient supérieurs aux échecs.
- Réussir est un acte autonome qui engendre une indépendance qu'il faut être capable d'assumer : vis-à-vis de soi et vis-à-vis des autres.
- La réussite nous appartient même si nous sommes contents qu'elle fasse, *aussi*, plaisir aux autres.

CHAPITRE 9

Poser un diagnostic

Poser un diagnostic est fondamental. Poser un diagnostic ne signifie pas mettre une étiquette. Ni que l'on veuille mettre l'enfant dans une « case ». Ni considérer que l'on recherche une pathologie. Poser un diagnostic, c'est chercher à comprendre ce qui se passe. C'est mettre en place une investigation sérieuse et complète pour apporter des réponses, pour repérer l'origine et la nature des difficultés, leurs conséquences, pour intervenir avec la prise en charge la mieux adaptée. Toutes les difficultés ne relèvent pas des mêmes indications. Il faut comprendre pour agir efficacement. En évitant les errances diagnostiques et les prises en charge sans effets et sans fins, seulement parce que le trouble n'a pas été précisément identifié.

Quand faut-il s'inquiéter ?

➤ *« Il faudrait aller consulter »*

La phrase tombe comme un couperet. On passe soudain d'un enfant banal à un enfant « à problème ». En tout cas, on le vit comme cela. Et on s'inquiète. Et on s'interroge. Que s'est-il passé ? Est-ce que je suis responsable ? Qui est responsable ? etc. Mille et une questions, mille et une inquiétudes surgissent de cette petite phrase. Et l'on observe trois réactions : 1) les parents qui s'affolent, qui se précipitent chez tous les professionnels, qui accusent tout le monde et se culpabilisent eux-mêmes, 2) les parents qui, à l'inverse, minimisent les difficultés et se disent que cela passera avec l'âge, ne veulent ou ne peuvent entendre que leur enfant a un problème, 3) ceux enfin qui prennent la mesure de l'alerte et cherchent des réponses pour aider leur enfant. Cette dernière position est à privilégier car, malgré l'inquiétude provoquée par cette petite phrase, cela signifie en tout cas que des indices inhabituels sont apparus sur le parcours de l'enfant et qu'il faut les prendre en compte : est-ce une difficulté passagère ou un trouble plus sérieux ?

➤ *Du normal au pathologique…*

On est dans un continuum. Le même comportement n'aura pas la même signification selon l'âge de l'enfant. Il n'y a pas de différence de nature entre un comportement considéré comme normal à un certain âge et pathologique à un âge différent. Ce qui veut dire que tel comportement est banal à 8 ans mais pathologique à 15.

Tout parent comprend par exemple qu'un enfant de 6 ans qui pleure parce que son ami ne l'a pas invité à son anniversaire, c'est une réaction émotionnellement normale, en revanche un grand adolescent qui s'effondre parce qu'il n'est pas convié à une fête, c'est inquiétant. On voit bien également la différence entre un enfant avant 10 ans qui refuse d'aller se coucher et de dormir et le jeune adolescent de 15 ans qui traîne le soir, ce qui est courant à cet âge. Et si votre petit garçon de 2 ans proteste bruyamment parce que vous lui refusez un jouet il n'y a rien de réellement inquiétant, mais si à 12 ans il fait une crise de colère violente et devient agressif parce que vous n'acceptez pas qu'il reste des heures sur ses jeux vidéo, c'est beaucoup plus grave... En général, les parents savent bien faire la part des choses, cela relève du seul bon sens et les parents en ont.

➤ *Difficulté normale ou trouble réel ?*

On ne doit jamais s'inquiéter d'emblée. Car le risque parfois est de transformer une difficulté éphémère en... problème. Trop souvent les parents s'affolent dès le premier obstacle sur le parcours de l'enfant. Leur inquiétude, qu'ils projettent, peut cristalliser la situation. Dans tout apprentissage, il existe des moments régressifs, des passages à vide, des difficultés moins bien surmontées. L'apprentissage est jalonné de ces moments qui sont « normaux » et ne doivent pas être « pathologisés » ou « psychologisés ». Laissons à nos enfants une forme de souplesse dans leur rythme d'acquisitions. Laissons-les se confronter à la difficulté pour qu'ils prennent du plaisir à la surmonter et à réussir. Acceptons ces « moments sans » qui sont des moments à respecter dans la vie scolaire et personnelle de nos enfants.

➤ *Le facteur durée*

La durée permet de différencier ce qui relève d'une difficulté banale ou d'une difficulté sérieuse dont il est indispensable de se préoccuper.

> Ne pas savoir lire à Noël au CP n'engage pas l'enfant vers l'échec scolaire. Mais si en CE1, il déchiffre toujours mal, un bilan permettra de comprendre.
> L'enfant qui a un coup de cafard ou d'amour et qui est moins investi sur les apprentissages scolaires n'est pas un enfant dépres-

sif ! En revanche, si son malaise dure et qu'il se coupe de son environnement pendant plusieurs mois, cela devient plus sérieux et une consultation s'impose.

➤ *Ne pas banaliser un trouble grave*

Je rencontre Grégoire avec ses parents car il y a une menace de redoublement de la première. Grégoire a décroché et les parents s'inquiètent. En consultation, j'apprends que Grégoire s'enferme dans sa chambre depuis déjà plusieurs mois, ne prend plus ses repas en famille, refuse de voir du monde, n'a plus de copains et pas de contacts avec les autres. Il ne communique plus avec ses parents depuis déjà longtemps. Grégoire ne dort plus et passe des heures sur son ordinateur. Et puis je constate que la pensée de Grégoire est très morcelée, qu'il a des idées inquiétantes dans la tête, que son angoisse est massive… Seul le motif scolaire avait poussé cette famille à consulter, considérant que leur fils avait une conduite normale d'adolescent… Le père précise : « Moi aussi, j'étais sauvage à son âge ! »

Le jeune Grégoire en question était pourtant en train de décompenser (c'est le terme employé lorsqu'une difficulté se transforme en pathologie) sur un mode grave avec des troubles totalement banalisés par les parents.

➤ *Les troubles les plus bruyants ne sont pas toujours les plus inquiétants*

« Il faut se méfier de l'eau qui dort. » Dans le cadre des troubles de l'enfant, c'est très vrai. Ce sont souvent les garçons qui manifestent bruyamment leurs difficultés, que celles-ci proviennent de problèmes scolaires ou affectifs. Ils se font vite remarquer par les enseignants et épuisent précocement les parents. Comme nous l'avons vu, les garçons dominent dans les consultations psychologiques. Les filles vivent leurs troubles différemment, les manifestations sont plus discrètes. Mais les décompensations sont parfois très sévères, surtout à l'adolescence, quand elles « craquent ».

Au-delà de ces généralités, garçons ou filles peuvent exprimer leur souffrance de nombreuses manières, pas toujours visibles pour l'entourage. Quelquefois même si masquées ou déguisées que l'on se méprend sur la sévérité du problème ou qu'on l'interprète autrement. En toute bonne foi. Je ne veux pas dire que si un enfant semble aller bien, il va peut-être mal et que tous les enfants sont suspects ! Loin de moi cette idée. Mais je souhaite quand même attirer l'attention sur des enfants moins expansifs et qui peut-être intériorisent leur malaise.

➤ *Question de bon sens*

Contrairement à un discours psy qui a longtemps dominé, les parents, intuitivement, savent quand leur enfant va vraiment mal et a besoin d'aide, ou encore quand leur enfant a une réelle difficulté qui dépasse la difficulté normale. Le plus souvent, vous pouvez vous faire confiance et ne pas vous laisser influencer.

➤ *« C'est son tempérament ! »*

Les parents peuvent expliquer les comportements déviants de l'enfant sous le prétexte que c'est son tempérament et qu'il n'y a aucune raison de s'inquiéter. Ce qui est parfois vrai, et il faut le prendre en compte, et quelquefois faux, c'est un prétexte pour dénier les troubles.

Qu'est-ce que le tempérament ?

On peut le définir comme un ensemble d'attitudes, de comportements et de conduites stables dans le temps, sous-tendu par des facteurs biologiques et génétiquement déterminés. Selon son « tempérament » l'enfant sera plus *vulnérable* ou plus *résilient* à tel type de trouble ou à telle situation de l'environnement. Un écart trop grand entre le tempérament de l'enfant et l'attente de l'environnement peut favoriser l'émergence d'un trouble donné. En clair, s'il s'agit d'un enfant plutôt timide et réservé et qu'on l'oblige constamment à s'affirmer et s'imposer dans un groupe, on peut voir apparaître une vraie anxiété sociale. Un enfant de personnalité inquiète peut développer une pathologie anxieuse si on attend de lui une grande réussite et qu'il a en permanence peur de décevoir.

✔ **Il est important d'ajuster l'éducation et les demandes que l'on fait à nos enfants en fonction de leur personnalité. C'est une question de respect de l'enfant.**

Quand consulter ? Le fil conducteur

Pour décider de consulter, l'indice principal c'est la souffrance. Elle n'est jamais acceptable !

➤ *Un trouble qui se révèle à l'école*

C'est souvent à l'entrée à l'école, et parfois dès la maternelle, que les parents prennent conscience d'une difficulté particulière de leur enfant. Jusque-là, dans le milieu familial, rien n'attirait l'attention. Il est vrai que les parents s'adaptent à leur enfant et peuvent considérer comme normaux certains comportements. Surtout quand il s'agit du premier enfant et que les parents n'ont pas beaucoup de repères. Il bouge beaucoup, c'est normal pour un enfant, il parle mal, mais les parents comprennent son langage et ne s'alarment pas, il mord ou griffe les autres enfants, c'est parce qu'il n'a pas l'habitude d'en voir, quand il sera à l'école, cela ira mieux… Voilà des attitudes fréquentes de parents avant l'entrée en maternelle. Puis, lorsque la maîtresse les convoque pour leur dire qu'il y a un problème, les parents s'étonnent car ils ne soupçonnaient rien. C'est la confrontation avec la « norme » scolaire qui a fait apparaître le décalage de leur enfant. Il est légitime que les parents ne se soient pas inquiétés avant. En d'autres termes et si on reprend l'exemple de l'enfant qui mord : ce n'est pas grave ponctuellement et lorsque cela peut s'expliquer dans un contexte particulier. Mais si l'enfant, dès qu'il est en présence de petits copains, mord systématiquement pour entrer en contact, cela devient un signal d'alerte.

Au CP, cela s'accélère. C'est une classe où les différences individuelles s'expriment vite. Les apprentissages de la lecture, de l'écriture, du calcul, sont les premiers touchés lorsqu'un trouble existe. C'est aussi la première classe où l'on demande à l'enfant calme, concentration, application, ce qui permet de prendre conscience d'autres types de difficultés potentielles.

✔ **Même s'il faut rester prudent et ne pas s'alarmer au premier signe, l'école est le révélateur d'un trouble de l'apprentissage. Et les enseignants sont en première ligne pour alerter les parents.**

Consulter pour quoi faire ?

➤ *Objectif : mettre du sens*

Consulter, lorsqu'il s'agit d'aller voir un psy, reste pour certains parents une démarche inquiétante. Même si la consultation s'est considérablement banalisée et que l'on ne va plus voir le psy « quand on est fou », celui-ci garde encore l'image de « celui qui peut lire dans les pensées » et qui va peut-être diagnostiquer une « maladie mentale ». Ce qui, bien évidemment, fait peur ! Mais le psy est bien loin aujourd'hui de ces pratiques. Son métier auprès des enfants en difficulté est d'aider les parents et l'entourage à comprendre ce qui se passe et à chercher une aide qui convienne à tout le monde.

Quelquefois, quand on est en prise directe avec son enfant, on n'arrive pas bien à faire la part des choses. On est trop engagé dans la relation affective pour être objectif et prendre du recul. Le recours à un « observateur » extérieur, à un professionnel expérimenté, va permettre de mettre la difficulté de l'enfant en perspective. On pourra alors faire un point sur la situation et réfléchir ensemble aux solutions et aux alternatives.

> « Vous voyez, ce que vous dites, je le savais, mais je n'avais pas les mots pour le dire », disent régulièrement les parents lorsqu'on leur explique le trouble. Mettre des mots permet de « penser » le problème. Ce n'est plus un ensemble de difficultés éparpillées auxquelles on réagit au coup par coup, mais un tableau clinique complet avec des signes qui s'articulent les uns aux autres et des difficultés qui prennent sens. Cela devient un diagnostic qui va permettre d'envisager une aide qui donnera à l'enfant les moyens de dépasser ses difficultés. La démarche à entreprendre peut être concrètement déterminée.

C'est un soulagement et une ouverture sur des perspectives d'amélioration et d'évolution positive.

➤ *On peut aussi consulter pour rien et c'est déjà beaucoup !*

Aller consulter peut simplement permettre d'être rassuré. On vient parler de ce qui nous inquiète. Et déjà cela va mieux. D'abord parce qu'on le partage et que quelqu'un nous écoute. Vraiment. Et puis parce que, quand on expose ce que l'on a dans la tête, cela permet de faire le tri et de réorganiser nos idées. Ce qui quelquefois suffit à nous faire mieux comprendre pourquoi on se faisait du souci et à trouver simplement les solutions. Un peu comme quand le soir au coucher on tourne et retourne tous nos problèmes sans trouver le sommeil et que l'on ne voit aucune issue, alors qu'au matin, en l'évoquant avec son conjoint, un proche ou même un collègue de bureau, tout s'éclaircit dans notre esprit.

✔ **Le psy cela sert aussi à cela : nous rendre les idées plus claires. Et c'est important car le parent repart de la consultation tranquillisé et confiant dans les possibilités de son enfant et dans ses compétences de parent.**

➤ *Ne pas médicaliser systématiquement*

L'enfant en difficulté scolaire n'est pas un enfant malade. Même si certains troubles peuvent faire envisager la prise de traitement. Ce n'est pas parce que les exigences du système scolaire deviennent de plus en plus élevées et que trop d'enfants sont rapidement mis en difficulté qu'il faut transformer un problème de société en problème médical. Ne sombrons pas dans les excès créés par un système. Avant de consulter, prenons tranquillement la mesure des choses.

À l'inverse, cause ou conséquence, l'échec scolaire est un problème de santé publique dont il faut réaliser l'ampleur à l'échelle nationale et internationale et ses conséquences sur la santé mentale de l'enfant.

La démarche diagnostique

➤ *Que fait le psy ?*

La démarche diagnostique est une démarche complexe. Elle s'appuie à la fois sur l'observation de l'enfant, sur l'analyse de la situation, sur l'exploration des difficultés actuelles.

L'observation de l'enfant se fait au moment de la consultation : comment l'enfant répond à nos questions, comment il se comporte dans la relation avec nous, comment il interagit avec ses parents… Ce sont les premiers éléments diagnostiques. Très déterminants car ils vont conditionner la suite de l'investigation.

L'analyse passe par l'anamnèse, c'est-à-dire l'histoire de l'enfant depuis sa naissance, dans sa famille, dans ses premiers apprentissages, dans ses relations aux autres… On retrace la genèse des difficultés actuelles, les premiers signes, l'évolution, etc. C'est une sorte d'historique qui décrit le parcours de l'enfant. Parfois, l'enfant apprend des éléments de son histoire ou de celle de sa famille qu'il ignorait. Et certains symptômes s'expliquent déjà. Y compris des « hérédités » familiales de dyslexie, d'inhibition, d'anxiété, de difficultés scolaires diverses. L'enfant se sent moins seul face à ses problèmes. Un premier point est marqué. Et pour les parents, une façon de relativiser les difficultés de leur enfant.

> « Vous savez, moi aussi j'ai eu le même problème à son âge », me dit ce père dont le fils adolescent consulte pour refus scolaire.
> Je m'empresse d'enchaîner : « Ah oui ! alors c'est formidable ! Vous allez nous expliquer comment vous avez fait pour vous en sortir et réussir ! Vous allez nous donner des pistes pour aider votre fils ! »

Et voilà un père qui se retrouve cothérapeute et surtout qui prend sous les yeux de son fils une place insoupçonnée :

1. Celui-ci apprend que son père a vécu la même chose, ce qui crée entre eux une complicité nouvelle.
2. Son père se dévoile sous un jour nouveau en parlant à son fils de son parcours, de ses fragilités et de ses ressources.

Dans cette consultation, un grand chemin a déjà été fait pour réconcilier l'enfant avec l'école… et avec son père !

✔ **La première consultation permet aussi aux parents de découvrir leur enfant avec un autre regard.**

Dans mes consultations, je rencontre toujours la famille avec l'enfant et je fais parler l'enfant d'abord. Devant ses parents. Je l'invite à me parler de lui, de ses projets, de ses loisirs, de ce qu'il aime et lui fait plaisir, de m'expliquer lui-même ses difficultés, ce qu'il en comprend, ce qu'il ressent. Selon son âge, je lui demande aussi de me dire comment il pense que ses parents voient les choses et pourquoi ils s'inquiètent. Et lui, s'inquiète-t-il et pourquoi ?

Quand, à l'issue de cet entretien pendant lequel je demande aux parents de rester en retrait, je leur donne enfin la parole, ils avouent souvent être très surpris de ce qu'a dit leur enfant. Ils le découvrent sous un autre angle.

Ils se rendent compte que leur enfant accorde de l'importance à des éléments qui leur paraissaient à eux insignifiants, et qu'il minimise ce qui les inquiète eux beaucoup, ils entendent parfois pour la première fois que leur enfant aime ou déteste telle ou telle chose, ils comprennent que certaines de leurs attitudes ou de leurs propos le font souffrir ou le stressent, bref… c'est une nouvelle rencontre avec leur enfant et souvent l'occasion d'une redécouverte. En fin de consultation, les parents ont une visibilité plus précise de ce que vit leur enfant et de ce qui le fait souffrir, lui. On peut commencer à comprendre, ensemble, ce qui se passe vraiment.

➤ *Le même symptôme peut appartenir à des tableaux cliniques différents*

La démarche diagnostique demande une grande rigueur. On ne peut poser un diagnostic sur un seul signe. Une même manifestation, une même difficulté, un même symptôme peuvent avoir plusieurs sens et appartenir à des troubles différents. Seuls des faisceaux de signes apparaissant dans un contexte déterminé permettent d'orienter le diagnostic. Faire un diagnostic différentiel est indispensable pour la prise en charge et la compréhension approfondie des troubles. Sans cette démarche, on risque non seulement de passer à côté de la difficulté réelle, mais encore de l'aggraver.

➤ *Une question de base : est-ce que tu travailles ?*

Répondre oui ou non à cette question induit des façons différentes de comprendre les difficultés de l'enfant. Et permet déjà à l'enfant de réfléchir à son propre fonctionnement.

En consultation, lorsque l'enfant répond non, je lui dis qu'alors, tout va bien. Qu'il est normal que cela ne marche pas, que je préfère cette réponse à l'idée qu'il travaille beaucoup et que cela ne marche pas. Que je suis rassurée. L'enfant est souvent surpris par cette façon d'aborder le problème. Et rassuré à son tour sur l'objectif de cette consultation. Je ne suis pas là pour le juger mais pour le comprendre et l'aider.

Le bilan psychologique : une étape essentielle

➤ *En quoi consiste-t-il ?*

Le bilan psychologique est une photographie du fonctionnement de l'enfant à un moment donné de son parcours. Le bilan est une situation relationnelle dans laquelle le psychologue va utiliser une série de tests standardisés et validés. Il existe un grand nombre de tests qui poursuivent des objectifs complémentaires : échelles d'intelligence, tests d'aptitude et de raisonnement, tests de mémoire, d'attention, de structures logiques… mais aussi épreuves de personnalité, questionnaires de comportements, échelles d'anxiété, de dépression, tests de motivation, etc.

Comment se déroule un bilan ?

Un bilan peut être décrit comme un ensemble d'activités variées : questions orales, questionnaires avec réponses à choisir, expression verbale des connaissances ou du raisonnement, manipulation de matériel, exercices de logique, créativité à partir de dessins ou de formes abstraites, exercices d'observation… Le choix des tests est fait par le psychologue qui détermine les épreuves qui permettront de bien comprendre la difficulté. Les psychologues utilisent le plus souvent des tests identiques, mais les interpréteront différemment selon la problématique de l'enfant. La durée du bilan est fonction du nombre d'épreuves. Il peut durer entre une heure et quatre heures en une ou plusieurs fois selon le nombre de tests. Le bilan se déroule en présence de l'enfant seul et du psychologue. Il ne s'agit pas d'une situation où l'enfant va se sentir jugé, mais au contraire d'un moment où l'enfant se sent en confiance pour s'exprimer pleinement. Pour les enfants, le bilan est vécu le plus souvent comme une situation très privilégiée où toute l'attention lui est consacrée. Très loin de la situation scolaire, la passation d'un bilan débloque déjà de nombreuses difficultés.

✔ **Attention : seuls les psychologues diplômés sont habilités et autorisés à pratiquer des tests psychologiques. Ils sont les seuls formés à leur analyse et à leur interprétation. Toute pratique d'un bilan par d'autres professionnels de santé, y compris les médecins, est non autorisé.**

L'objectif du bilan

L'objectif du bilan est de fournir des données objectivables sur la nature, la gravité et le sens des difficultés actuelles de l'enfant et d'évaluer leur poids dans l'équilibre psychologique général. Le fonctionnement de l'enfant doit également être resitué dans son histoire, son parcours, son environnement familial et social.

Le bilan permet de repérer avec précision où en est l'enfant à la fois sur le plan de son fonctionnement intellectuel et de son fonctionnement affectif. Il permet de répondre à la question : qu'est-ce qui se passe ?

Faire un bilan, c'est explorer comment l'enfant se situe face aux apprentissages.

• Comment il restitue, comment il mémorise, comment il mobilise ses capacités d'attention, quelles stratégies il met en œuvre, quels sont ses points forts, ses points faibles, comment il gère son stress, quels sont les facteurs émotionnels qui entravent ses capacités d'apprendre…

• Mais aussi comment sa personnalité est-elle structurée, peut-on repérer des difficultés psychologiques qui viennent perturber ses apprentissages, comment négocie-t-il entre ces différents secteurs de personnalité…

Le bilan donne une visibilité approfondie sur l'enfant. Un peu comme si on avait alors sous les yeux une « carte de son territoire » : on voit où sont les creux et les bosses, les chemins, les sources, les champs cultivés et ceux restés en friche, les forêts sombres où il faudra aller tailler à la hache pour se frayer un passage… Mais on repère aussi les ressources, car elles vont servir de points d'appui pour accompagner l'enfant. Les ressources doivent toujours être renforcées. L'enfant doit en prendre conscience et se les approprier. C'est une étape essentielle du bilan. Car souvent l'enfant, à cause de ses difficultés, ne se rend plus compte de tout ce qu'il a en lui de positif, de compétences, de possibilités. Retrouver ses ressources permet déjà une relance de l'enfant, la mise en route d'une nouvelle dynamique.

➤ *Un éclairage pour la prise en charge*

L'analyse du bilan permet de déterminer la « porte d'entrée » par laquelle on va pouvoir passer pour aider efficacement l'enfant. Quelles sont, exactement, l'origine et la nature de ses difficultés ? Faire un bilan permet d'adapter la prise en charge, de déterminer comment cibler l'aide dont l'enfant a besoin. En évitant de tâtonner, de perdre du temps. En étant le plus efficace possible car on sait sur quoi travailler, ce qui est en jeu.

Et puis, grâce au bilan, on pourra évaluer les effets de cette prise en charge. C'est-à-dire qu'on peut, en fin de prise en charge, retester l'enfant en fonction des difficultés initialement repérées et s'assurer que l'intervention a rempli les objectifs fixés, que cela va mieux, que le trouble s'est amélioré. Et, éventuellement, réorienter ou ajuster une nouvelle prise en charge pour compléter et redonner à l'enfant l'ensemble de ses ressources.

Un bilan est une situation particulière

Prenons une image : quand on fait un bilan avec un enfant, c'est un peu comme si on le mettait dans un bocal avec un verre grossissant. On l'observe fonctionner. C'est une situation privilégiée car l'enfant ne risque rien, il est en confiance et en sécurité. Dans ce bocal, on repère quelle est la réalité de son fonctionnement. Si, quand on le « sort du bocal », il fonctionne différemment, alors cela nous donnera d'autres pistes pour comprendre. Pourquoi dans telle situation les choses se passent de cette façon, et pourquoi à l'école l'enfant se comporte différemment ou n'utilise pas les compétences observées pendant le bilan ?

➤ *La nécessité d'un bilan complet*

✔ **Intégrer les dimensions affectives et intellectuelles du fonctionnement de l'enfant est une démarche incontournable.**

Le bilan ne peut se révéler vraiment pertinent que lorsqu'il ouvre sur une compréhension globale de l'enfant en intégrant les dimensions intellectuelles et affectives de son fonctionnement. Il n'y a pas d'un côté des problèmes intellectuels et de l'autre l'organisation affective. Même si, dans un bilan, on utilise d'une part des tests d'intelligence ou de raisonnement et de l'autre des épreuves de personnalité, il s'agit d'un découpage arbitraire nécessaire seulement pour l'évaluation. Les difficultés intellectuelles de l'enfant n'auront pas le même sens selon sa personnalité. Réciproquement, les données de l'exploration intellectuelle s'éclairent à la lumière de la personnalité. Comment, en effet, comprendre la personnalité d'un enfant et ses éventuelles fragilités si on ne connaît rien de son profil intellectuel ? Les deux approches se complètent et s'enrichissent mutuellement.

Ignorer le fonctionnement et la structure cognitive d'un enfant peut conduire à des diagnostics fantaisistes de troubles psychologiques et à des psychothérapies qui n'amélioreront pas l'enfant. Ses difficultés étaient ailleurs et on est passé à côté. Un trouble des apprentissages n'est pas amélioré par une psychothérapie. Même si cela permet à l'enfant de reprendre confiance en lui, les effets de la psychothérapie s'annulent dès que l'enfant est de nouveau confronté à ses difficultés. C'est une psychothérapie sans fin qui décourage tout le monde.

À l'inverse, prendre en compte un trouble des apprentissages dans sa seule perspective cognitive sans le resituer dans la dynamique globale de la personnalité de l'enfant, c'est prendre le risque d'en ignorer la dimension affective. Et puis certains troubles psychologiques conduisent à d'authentiques difficultés d'apprentissage, nous l'avons vu, dont les manifestations ressemblent à celles qui proviennent d'un trouble spécifique.

> Par exemple, rééduquer un trouble de l'attention uniquement sur son versant cognitif alors que les difficultés de concentration sont dues à une grande anxiété ou à des affects dépressifs, est non seulement voué à l'échec mais ne permettra pas à l'enfant d'aller mieux ; ni au niveau des apprentissages, ni sur un plan psychologique.

Ou encore, mettre en place une psychothérapie parce que l'enfant se sent nul et se décourage alors que l'on n'a pas repéré qu'il souffrait d'une dyspraxie à l'origine de ses difficultés ne fera qu'empirer le problème : cela ne va pas mieux à l'école et l'enfant se dévalorise de plus en plus car il se sent d'autant plus responsable qu'il voit un psy pour l'aider.

✔ **Faire la part des choses est une étape essentielle. La prise en charge et l'évolution en dépendent.**

Le bilan psychologique : ce qu'il faut retenir

— Le bilan psychologique :

• a pour objectif l'exploration attentive du fonctionnement de l'enfant dans sa double dimension affective et intellectuelle,

• pour une compréhension approfondie des difficultés actuelles,

• afin de mettre en place la prise en charge précisément adaptée.

— On ne recherche pas uniquement pourquoi cela ne marche pas mais comment faire pour que cela marche.

— Il n'y a pas de bons ou de mauvais résultats à un bilan. Un bilan permet *toujours* d'apporter des réponses et une compréhension fine du fonctionnement de l'enfant. C'est un outil précieux pour mieux comprendre et accompagner son enfant sur la voie du plein épanouissement.

Le compte rendu de bilan : des clefs déterminantes

➤ *Un moment fort et privilégié*

L'analyse des résultats aux tests va donner sens aux difficultés de l'enfant. On comprend ce qui se passe et pourquoi. On peut « relire » l'histoire de l'enfant et de ses difficultés à la lumière de cette analyse. Et cela représente le plus souvent un grand soulagement. Nommer les difficultés, mettre un nom sur un trouble, expliciter les imbrications possibles qui ont conduit aux difficultés actuelles, permet de penser clairement. On éloigne les doutes, les hypothèses changeantes, les peurs, les questions, et on peut retrouver son enfant dans la réalité de ce qu'il est, quels que soient les problèmes qui sont les siens.

> Prenons un exemple : un enfant agressif avec ses copains peut être amené à comprendre qu'il agit de la sorte pour lutter contre son sentiment d'infériorité, car il se sent toujours en position d'infériorité. Les attaquer lui donne une illusion de puissance. L'éclairage du bilan va aider l'enfant et sa famille à *faire le lien* entre le comportement inadapté et la souffrance sous-jacente. L'enfant n'est pas agressif parce qu'il est méchant. Son comportement traduit son malaise et sa fragilité. On a vite tendance à interpréter le comportement inadapté d'un enfant selon sa propre perception des choses qui elle-même dépend de multiples facteurs. Avec un bilan, on peut remettre la difficulté en perspective et en comprendre la signification réelle comme les rapports qu'elle entretient avec d'autres facteurs : le contexte personnel, affectif, familial, scolaire… de l'enfant. Le bilan permet d'élargir le champ et de ne pas réduire la difficulté à une seule cause et à une compréhension limitée.

➤ *Tout ce qui change déjà…*

Au moment de la restitution du bilan, il se passe plusieurs choses essentielles :

Les parents modifient la représentation qu'ils avaient de leur enfant

Ils le voient différemment. Un bilan permet souvent un réaménagement de la dynamique familiale.

> Par exemple, quand depuis longtemps les parents considéraient leur enfant comme paresseux, incapable de faire des efforts, qu'ils apprennent qu'il a un trouble réel et qu'il est malheureux de ne pas y arriver ; qu'il fait en réalité beaucoup d'efforts, qu'il aimerait faire plaisir à ses parents, mais que vraiment il n'y arrive pas, ce sont de vraies retrouvailles. Souvent très émouvantes. Parents et enfants vont alors pouvoir repartir sur de nouvelles bases et construire de nouvelles relations dans un contexte de compréhension mutuelle.

Les parents sont apaisés dans leur culpabilité

En comprenant les difficultés précises de leur enfant, ils peuvent se dégager de la part de responsabilité qu'ils s'étaient attribuée. C'est de leur enfant qu'il s'agit. Ce sont *ses* difficultés dont il faut s'occuper. On met à distance la confusion entre *c'est à cause de nous* et sa symétrie *c'est de sa faute.*

> « Je sais, je le stresse trop. C'est pour cela qu'il stresse lui aussi. » Une idée très répandue parmi les parents inquiets. Avec le bilan, on remet chaque chose à sa juste place. Ce qui appartient à l'inquiétude des parents. Ce qui relève des difficultés de l'enfant.

L'enfant est soulagé

Il a été authentiquement compris. Il n'a plus besoin de masquer, de se défendre, de résister. Les choses sont à plat et on peut tous les observer, tranquillement, ensemble. Il n'est plus seul à porter ses difficultés. Elles sont partagées et partageables.

L'enfant peut se réapproprier ce qu'il est

Vraiment. L'enfant est souvent pris dans un discours *sur lui*. Ses parents, ses enseignants, les adultes en général parlent de lui, ont une vision de lui parfois éloignée de ce qu'il ressent, de ce qu'il comprend de lui-même et de ses problèmes. Et d'ailleurs parfois l'enfant finit par adhérer à ce discours. À croire qu'il s'agit effectivement de lui. Qu'il est vraiment comme cela. Ce que l'on peut enfin dire de lui grâce au bilan le réconcilie avec lui-même.

> « Tu vois, ce que je dis de toi, c'est ce que tu m'as permis de comprendre à travers l'analyse de ton bilan, de tes tests. Ce n'est pas moi qui le pense toute seule. » Voilà souvent ce que je dis aux enfants au moment des résultats des tests. Et pour l'enfant cela change tout. Si je lui dis par exemple que ses tests montrent qu'il est intelligent, j'insiste sur l'idée que je ne dis pas cela pour lui faire plaisir mais seulement parce que c'est ce qu'il a montré de lui. Et seulement lui.

Les enseignants peuvent réajuster leurs appréciations sur leur élève

Comprendre les raisons des difficultés de leur élève aide les enseignants à considérer différemment ses problèmes scolaires ou de comportement. Cela leur donne des clefs pour mieux l'accompagner et l'aider. Il ne faut pas oublier que les enseignants sont eux aussi souvent très démunis face à un élève en difficulté et qui résiste à toute tentative pédagogique. En connaissant le fonctionnement de l'enfant, de nouvelles perspectives sont possibles sur le lieu même de l'école. Au grand soulagement de tous.

➤ *Une première étape de la prise en charge*

« Vous savez, c'est étonnant, remarquent certains parents lors de la première séance de prise en charge, cela va beaucoup mieux depuis qu'il a fait ce bilan. Il s'est vraiment passé quelque chose ! »

Que s'est-il passé ? Plusieurs choses en réalité :

• En passant les tests, l'enfant a pu ressentir sa façon de fonctionner, de penser, d'être. Dans un espace protégé où il s'est senti en confiance. Non pas jugé mais soutenu. Loin du regard de ses parents, de ses copains, de ses enseignants. Et c'est très nouveau. Et très réconfortant de pouvoir exprimer ce que l'on est sans peur d'être critiqué, mais en étant au contraire encouragé. On se rend alors compte de ce que l'on est capable de faire. Et c'est très rassurant.

• L'enfant a pris conscience qu'il « n'est pas si nul ». Le bilan lui a montré l'étendue de ses compétences et de ses possibilités. En localisant et en identifiant ce qui l'empêchait de réussir, l'enfant a retrouvé une image globale de lui-même plus positive. C'est l'ébauche de la construction d'une nouvelle identité.

• Se comprendre et être compris : c'est un réel soulagement. L'enfant se sent moins seul. Il sait que désormais il va pouvoir compter sur les autres. Qu'il ne sera plus jugé sur ce que l'on *voit* de lui, mais sur ce que l'on *sait* de lui. L'enfant a retrouvé une nouvelle confiance dans ceux qui l'entourent. Il a moins peur.

➤ *Le bilan à l'adolescence*

Il est souvent bien difficile de « traîner » chez le psy un adolescent qui va mal. Méfiant, certain de ne pas avoir de problèmes et convaincu qu'il n'a besoin de rien ni de personne, l'adolescent résiste à ses parents inquiets. Proposer un bilan à un adolescent est souvent un moyen efficace pour le convaincre de l'utilité de la démarche. Il ne s'agit plus d'aller parler à un psy de ses difficultés, mais de faire le point sur soi-même.

« Je vais essayer de te donner des clefs pour mieux te comprendre, toi. Tu en feras ce que tu voudras. Mais tu sauras ce sur quoi tu peux compter, ce que tu as en toi, quelles sont tes ressources et tes fragilités », voilà ce que je propose aux adolescents que je rencontre. Et souvent, cela permet de passer le cap. Car faire un bilan, c'est néanmoins créer un espace transitionnel où l'adolescent va pouvoir « poser » ses difficultés, mais dans un environnement vécu comme moins dangereux, moins intrusif. Pendant un bilan, l'adolescent « fonctionne » sur du matériel qu'il perçoit comme neutre dans un contexte non menaçant pour son intégrité psychique. En exerçant sa pensée, l'adolescent réanime une part de lui-même.

✔ **À l'adolescence, le bilan devient un véritable médiateur thérapeutique, et souvent un tremplin pour amorcer une prise en charge.**

À l'adolescence, se comprendre est primordial et le bilan offre cette opportunité. Face aux nombreuses questions sur soi-même et sur son avenir, le bilan ouvre de nouveaux horizons et, le plus souvent, l'adolescent finit par adhérer complètement à la démarche. La confiance est instaurée, la carapace s'ouvre et on peut arriver à aider l'adolescent en difficulté. Et quelles que soient ses difficultés.

➤ *Quand la souffrance de l'enfant est difficile à entendre…*

Le bilan va mettre au jour la ou les difficultés de l'enfant. En réponse à une demande, à une inquiétude des parents qui veulent comprendre ce qui se passe. Les parents attendent souvent des réponses « scientifiques » à leur inquiétude pour apaiser leur propre tension émotionnelle. Le fait qu'il puisse y avoir une réponse rationnelle, indépendante de toute cause psychologique, est rassurante. Lorsqu'on diagnostique effectivement un trouble spécifique des apprentissages, les parents sont soulagés. Enfin, on va pouvoir faire quelque chose de concret, d'efficace. Et dans ce cas, les parents prennent facilement en compte que c'est douloureux pour leur enfant. Ils peuvent l'intégrer.

Mais quelquefois les réponses que l'on va apporter à l'issue du bilan seront bien éloignées de la demande initiale. Ou en tout cas bien loin de ce que les parents sont prêts à entendre. Et de la souffrance, pourtant bien réelle, de leur enfant.

> La mère de Daniel consulte car elle pense que les difficultés de son fils viennent d'une probable précocité jamais diagnostiquée. À la première consultation, Daniel apparaît comme un enfant perdu, inquiet face à sa mère de ses réponses hésitantes aux questions que je lui pose. Pendant le bilan, l'anxiété massive de Daniel l'envahit. Visiblement paniqué à l'idée de ne pas être à la hauteur de ce qu'attend sa mère il perd ses moyens, s'embrouille, se crispe face aux épreuves. Il est difficile de l'apaiser et de relativiser l'importance de ce bilan. Il demande en cours de test à parler de ses peurs : de ne pas y arriver, de décevoir sa mère, de ne plus être aimé. La souffrance de cet enfant est importante. Au

moment de la restitution des résultats, la mère ne peut accepter mes explications. L'enfant me regarde éploré, cherchant dans mes yeux un soutien à sa détresse. Mais plus j'essaie de faire passer à sa mère que Daniel est anxieux, angoissé, qu'il faut l'entendre et l'aider, plus elle se « braque ». Elle critique les tests, mon analyse, ma compréhension de son fils « qu'elle connaît mieux que moi ! » et repart furieuse, décidée à aller faire tester son fils ailleurs… Pauvre Daniel !

Les parents de Marion pensent que les difficultés de leur fille sont un simple problème d'adolescente. Qu'elle est démotivée et qu'il s'agit d'un passage ; mais le bilan révèle des difficultés plus sérieuses et profondes. La dépression est ancienne et la personnalité fragile. Marion lutte depuis longtemps et arrivait à se maintenir à niveau au prix de nombreux efforts. Mais le passage à l'adolescence a fait craquer ses mécanismes adaptatifs. Et sa souffrance et sa pathologie transparaissent aujourd'hui. Les parents ne peuvent l'intégrer. Ils veulent attribuer à la seule anxiété du lycée les difficultés de leur fille. Lui disent qu'il faut qu'elle « se bouge », qu'on est tous passés par là. En déniant le désarroi de leur fille, ils bloquent toute possibilité d'aider et de soulager sa souffrance.

Bien sûr, il est très difficile pour des parents de comprendre que leur enfant va mal. C'est douloureux, profondément douloureux de se sentir soudain démuni devant son enfant. De découvrir qu'il souffre alors qu'on ne se doutait de rien. En tout cas pas de cela, pas comme cela. Et on cherche des justifications, des explications pour éloigner ce que l'on ne veut pas entendre. C'est normal. La culpabilité des parents dans ces moments-là est très forte. Et parfois insoutenable. Mais, progressivement, il faut pouvoir regarder les choses en face et accepter ce que vit son enfant. C'est aussi un acte d'amour.

CHAPITRE 10

Choisir la prise en charge adaptée

C'est la question essentielle des parents. Légitime et centrale. Quand le diagnostic est posé, quand les difficultés ont été analysées, quand on a compris l'origine du trouble, il s'agit de savoir comment faire pour aider l'enfant afin qu'il retrouve le plus vite possible l'ensemble de ses ressources pour être relancé sur son parcours.

Pour prendre en charge efficacement un enfant

• *Considérer qu'il y a urgence.* Il faut agir et intervenir rapidement face à un enfant en difficulté, et ce, quelle que soit cette difficulté : le développement intellectuel et psychologique est en jeu. Il est indispensable de considérer avec sérieux l'échec scolaire et ses conséquences psychologiques, affectives, sociales, familiales.
• *Expliquer clairement* ce que l'on a compris des difficultés de l'enfant, ce que l'on va faire et pourquoi, ce que l'on peut en attendre et dans combien de temps. Nous devons, nous les professionnels, expliquer aux parents, à l'enfant mais

aussi le plus souvent possible aux enseignants. Expliquer pourquoi et comment s'est développé et installé le trouble et quelles sont ses conséquences attendues. Expliquer permet de mettre du sens sur ce qui se passe. Déculpabilise parents et enfants. Donne des pistes aux enseignants.

• *Offrir à l'enfant une perspective intégrative.* Ne pas avoir une vision unique de ses troubles. Le plus souvent l'enfant a besoin d'une prise en charge pluridisciplinaire et correctement coordonnée.

• *Hiérarchiser les priorités.* Ce qui signifie que l'on sait par quoi on va commencer, quel est l'aspect du trouble dont il faut se préoccuper en premier lieu. Les interventions complémentaires se mettront ensuite en place pour une prise en charge complète de la difficulté.

• *Contrôler l'efficacité.* Il ne s'agit pas de mettre en place un suivi, une rééducation, une psychothérapie sans bien savoir à quel moment on pourra sérieusement considérer que l'enfant va mieux. C'est trop souvent ce qui se passe : on démarre avec un psy puis on « attend » que le psy décide de la fin de la prise en charge. Or, on *doit* vérifier que le travail engagé remplit les objectifs fixés. On ne peut pas se contenter d'une appréciation subjective. Il faut s'assurer que ça « marche ». Et si la prise en charge ne permet pas les améliorations espérées il faut en changer. Et vite. Contrôler suppose plusieurs démarches complémentaires : 1, l'enfant doit en ressentir des bénéfices concrets, sur un plan scolaire et personnel ; 2, les parents doivent percevoir une évolution ; 3, l'école doit noter une amélioration ; 4, le professionnel (que je place volontairement en dernier) doit considérer que son intervention est adéquate. Autre démarche nécessaire : le post-test. Faire un bilan, c'est aussi s'offrir la possibilité d'objectiver les améliorations. Refaire des tests en cours ou à la fin de la prise en charge permet de contrôler la progression et de déterminer la suite à donner : qu'est-ce qui va mieux ? Sur quoi maintenant devons-nous travailler ? Le contrôle de l'efficacité d'une prise en charge me semble déontologiquement une charte que tout parent devrait exiger…

• Le psy doit instaurer un partenariat avec les familles. « On ne nous dit rien » est la plainte qui revient le plus souvent dans les enquêtes de satisfaction. C'est malheureusement encore souvent vrai ! Ce qui est très surprenant, car comment ne pas impliquer les parents dans la prise en charge de leur enfant ? Ne sont-ils pas les premiers concernés ? En souffrance eux aussi ? Les parents ont également besoin d'aide. C'est un manque de respect de les éloigner ainsi de la prise en charge de leurs enfants et de les laisser à la porte du cabinet sous prétexte que c'est une histoire entre l'enfant et le psy. Les laconiques « ça avance » prononcés aux parents inquiets ne peuvent être acceptables. Ce sont des pratiques qui me mettent en colère ! On ne peut prétendre, en recevant l'enfant une heure ou moins par semaine, détenir la compréhension unique de ce qui se passe et être les seuls à suivre l'évolution de l'enfant. Les parents doivent être des alliés thérapeutiques. Nous devons travailler en étroite collaboration avec eux. En les impliquant, en leur donnant des conseils pour la vie quotidienne, en les tenant informés de l'évolution mais aussi de nos doutes, en alimentant nos suivis de ce qu'ils rapportent du vécu à la maison, en les écoutant et en les rassurant, en réfléchissant ensemble sur les aménagements ou changements nécessaires… Alors, on aide l'enfant à avancer beaucoup plus solidement. La vie de l'enfant, c'est d'abord sa famille et même s'il reste certains domaines qu'il est important de laisser dans le secret de la consultation, beaucoup de choses peuvent et doivent être partagées avec les familles. C'est rassurant pour tout le monde, et d'abord pour l'enfant.

• *Travailler en collaboration avec les équipes éducatives.* C'est à l'école que les troubles de l'enfant sont les plus pénalisants. C'est autour des difficultés scolaires que la consultation a eu lieu. C'est avec l'école que nous pouvons, que nous devons collaborer afin d'œuvrer dans le même sens : aider l'enfant à réussir. Il ne s'agit pas de se substituer aux instances internes à l'Éducation nationale (psychologue scolaire, médecin scolaire, etc.), mais d'engager un dialogue avec les équipes pédagogiques. Il est trop fréquent que les « psys » restent fermés à des échanges avec le milieu scolaire sous prétexte, une fois encore, que c'est l'histoire de l'enfant et qu'elle ne regarde pas l'école. Et les enseignants sont souvent découragés lorsqu'ils tentent de savoir quelque chose auprès des psys. Leur démarche est souvent vouée à l'échec sous prétexte de secret professionnel. Partager avec l'école ne veut pas dire que nous devons tout dire de ce que nous partageons avec l'enfant. Bien sûr que non ! Mais une juste mesure est indispensable : donner des clefs aux enseignants afin de leur procurer les outils nécessaires pour accompagner leur élève en difficulté, mais aussi recueillir leur vision et leur compréhension des problèmes de l'enfant. C'est un enrichissement mutuel dont le bénéficiaire est l'enfant. Pour la famille, cela constitue aussi un relais récon fortant : il est parfois difficile pour les parents d'évoquer les diagnostics avec les enseignants. Ils ne savent pas bien quoi dire, comment le dire et comment cela sera perçu. Savoir que les professionnels communiquent entre eux autour de leur enfant leur enlève un poids indiscutable.

• *Modifier la représentation que l'enfant a de ses parents.* Souvent les enfants, surtout les plus jeunes, pensent naïvement que leurs parents font tout ça « pour les embêter ». Ils ne comprennent pas toujours la démarche car ils la vivent comme une accusation à leur égard. Ils interprètent les mots des parents : « On vient vous voir parce que ça ne va pas, il y a tel ou tel problème… comme : regardez comme mon enfant ne me convient pas. » Un peu caricatural mais fréquent, car les enfants se culpabilisent vite (comme les parents !) et s'attristent de cette déception qu'ils pensent infliger à leurs parents en n'étant pas conformes à leurs attentes.

Un préambule important de toute prise en charge consiste à restaurer les parents aux yeux de l'enfant, à les replacer dans leur rôle de parents aimants et attentifs au bonheur de leurs enfants et non pas comme des parents juges et accusateurs.

J'engage le dialogue :

« Est-ce que tu sais que ta mère a un gros problème ?

— Ah bon !

— Mais vraiment un très gros problème ! »

À ce stade-là, l'enfant est vraiment perplexe. Selon les relations qu'il a avec sa mère, il jubile, s'inquiète, s'étonne que j'affirme une chose pareille et quête les réactions que va avoir sa mère. Sans compter que la mère, elle non plus, n'en mène pas large car elle ne voit pas bien où je veux en venir. En général je fais un peu monter la tension et le suspens.

Puis je demande à l'enfant :

« Tu as une idée ?

— …

— Tu veux que je te le dise ?

— Ben oui !

— Tu es sûr ? »

Et je finis par exprimer très distinctement :

« Le problème avec ta mère c'est qu'elle t'aime ! »

Ce « scénario » fait souvent lâcher les tensions. L'enfant est décontenancé. La mère émue. L'enfant et sa mère se regardent. Quelque chose passe dans leurs yeux. C'est un contact différent qui permet une reprise. J'explique alors à l'enfant (et pendant tout ce discours la mère approuve muettement) que si sa mère ne l'aimait pas elle s'en ficherait. Qu'elle ne se préoccuperait pas de lui et de l'aider. Que sa réussite dans la vie la laisserait indifférente. Et que là ce serait un réel problème. Grave. Et aux lourdes conséquences. Car des parents qui démissionnent, qui ne s'inquiètent pas, qui laissent faire, c'est horrible pour les enfants. C'est de l'abandon.

Les différentes prises en charge

Face aux troubles des apprentissages, le choix de la ou des prises en charge est un réel enjeu. L'essentiel est d'aborder le trouble dans sa globalité et de ne pas se restreindre à une seule modalité d'intervention. Il est souvent indispensable d'associer simultanément ou successivement plusieurs modalités thérapeutiques dont la complémentarité permettra d'optimiser l'efficacité.

Une prise en charge combinée

Par exemple, un enfant souffrant d'un trouble de l'attention sera rééduqué par le neuropsychologue pour améliorer ses stratégies attentionnelles et ses capacités de concentration, mais aussi par la psychothérapeute à médiation corporelle qui travaillera sur la gestion du stress et de l'hyperactivité. Puis, un psychothérapeute pourra compléter la prise en charge pour réduire l'anxiété et travailler sur la confiance en soi retrouvée. L'enfant, ainsi armé, pourra repartir sur son chemin en pleine possession de ses moyens cognitifs et psychologiques.

✔ **Répétons-le : un trouble d'apprentissage a toujours des répercussions psychologiques, un trouble psychoaffectif a toujours des incidences sur le travail scolaire.**

La panoplie des prises en charge est vaste. Le choix est souvent difficile. Il doit toujours être guidé par ce qui convient à l'enfant et non par les convictions personnelles d'un psy. Ce qui reste trop fréquent.

Nous avons évoqué, dans le cadre de chaque chapitre, quelle thérapie il convenait d'envisager face à tel type de difficulté. Nous en reprenons ici les grandes lignes, parmi les thérapies les plus orientées autour des troubles de l'apprentissage.

➤ *Les rééducations neuropsychologiques*

Elles sont primordiales face aux troubles des apprentissages. Basées sur les connaissances actuelles du fonctionnement cognitif, ce sont de véritables rééducations actives, centrées sur le trouble et ses conséquences : trouble de l'attention, de la mémoire, du raisonnement, trouble visuo-spatial (dyspraxie), dyscalculie…

Le neuropsychologue propose un travail d'entraînement des fonctions déficientes et de mise en place de stratégies efficaces. À base d'activités concrètes, d'exercices, d'apprentissages répétés… L'enfant est également amené à prendre conscience de son mode de fonctionnement pour mieux le contrôler. Il apprend à devenir maître de ses stratégies et de son fonctionnement cognitif.

➤ *La psychothérapie à médiation cognitive*

C'est la psychothérapie intégrative par excellence. C'est-à-dire une psychothérapie qui intègre les connaissances d'un ensemble de théories psychologiques sans rester figée sur un seul modèle. C'est une approche nouvelle et innovante particulièrement indiquée et efficace dans le cadre des troubles de l'apprentissage. La pensée et ses particularités en sont son principal objet.

• En quoi consiste-t-elle ?

La psychothérapie à médiation cognitive est une véritable réanimation cognitive. C'est un travail thérapeutique autour de la relation qu'a l'enfant avec les activités intellectuelles.

« Prendre le risque de penser est un enjeu de la prise en charge[1]. » Un enfant en difficulté d'apprentissage, quelle qu'en soit la cause, a désinvesti sa pensée. Il a perdu tout plaisir à activer sa pensée. Et il en a peur, souvent, de penser. Soit parce qu'il ne s'en sent plus capable, soit parce que penser l'a fait souffrir. L'objectif thérapeutique central va alors devenir : aider l'enfant à réapprivoiser sa pensée. Et, comme le Petit Prince avec le renard, il ne faut pas brusquer les choses. Il est essentiel d'y aller progressivement, pas à pas.

Comment ? En faisant « avec » l'enfant. En « pensant ensemble ». L'enfant peut ainsi s'appuyer et intégrer la pensée de l'autre pour la confronter à la sienne propre. En introduisant dans la relation thérapeutique un « médiateur » cognitif. C'est-à-dire que l'on va trouver des supports pour réfléchir sur des situations ou des problèmes concrets. Sans que cela soit codifié à l'avance. Mais dans l'échange avec l'enfant on repérera une donnée, une préoccupation, une compétence, à partir de laquelle on inventera un « problème à penser ». Cela pourra aussi passer par de la manipulation d'objet. On « fait » quelque chose ensemble. Faire des choses avec les mains libère la pensée. Toute « énigme cognitive à résoudre » pourra faire l'objet de la séance. Dans cette forme de thérapie, l'enfant et le thérapeute

1. M. L. Verdier-Gibello, Actes du Colloque *L'Enfant en mal d'apprendre*, Marseille, mai 2004, éd. Anthea.

sont des partenaires, coauteurs et coacteurs du contenu de la séance. Tout se crée à chaque rencontre, à chaque moment de la rencontre.

Dans cette forme de thérapie tout est mis en œuvre pour que l'enfant puisse éprouver sa pensée :

– Je suis capable de penser.
– Je pense et j'en prends conscience.
– Je prends du plaisir à penser.
– Comment je pense ?
– Est-ce que ça marche quand je pense ?
– Comment je peux jouer avec ma pensée ?
– Comment je peux la partager ?

✔ **L'enfant doit retrouver du plaisir à penser et prendre le risque de penser... pour réussir.**
Les situations mises en œuvre en cours de thérapie visent à confronter l'enfant à ses capacités de réussir pour qu'il puisse petit à petit réinvestir sa pensée de façon autonome et efficace. Et avec plaisir.
La psychothérapie à médiation cognitive est une thérapie résolument dynamique et interactive : on pense ENSEMBLE.
C'est une thérapie créative qui s'invente dans l'ici et maintenant de la relation.

Et si finalement c'était une mise en acte de la célèbre phrase de Descartes : *Cogito ergo sum*, Je pense donc je suis !

Jeu thérapeutique que vous pouvez aussi pratiquer avec vos enfants : jouer à découvrir la pensée de l'autre. Principe : je pense à quelque chose (catégorie prédéfinie) et par un jeu de questions/ réponses, je dois deviner ce à quoi pense l'autre. On inverse ensuite les positions entre l'adulte et l'enfant. D'apparence simple et banale, ce petit jeu atteint pourtant des objectifs essentiels : 1, jouer avec sa pensée et la pensée de l'autre ; 2, activer des représentations mentales que l'on peut partager. Variante : « Tu penses à un nombre » et on essaie de deviner par approximations successives.

• Les effets thérapeutiques des psychothérapies à médiation cognitive sur les troubles psychoaffectifs.

Spontanément on pense que ce type de thérapie n'est adapté qu'aux seuls troubles de la pensée. Et pourtant ! C'est une modalité thérapeutique qui montre d'excellents résultats pour des enfants qui souffrent de troubles psychologiques divers : d'un trouble de l'image de soi à la dépression en passant par des troubles plus sévères du développement. Dans le cas de troubles cognitifs, c'est une thérapie qui n'a pas comme objectif exclusif de rééduquer une fonction défaillante mais de s'intéresser aussi aux dysfonctionnements affectifs associés. Le thérapeute doit toujours avoir en tête une double lecture de la situation en jeu : une lecture concrète des processus cognitifs à l'œuvre et une lecture subjective des résonances psychoaffectives que cette situation entretient avec la dynamique psychique générale de l'enfant. Cependant, cette double lecture donnera rarement prétexte à interprétation mais intervient comme guide de déroulement de la séance pour le thérapeute. Le passage est constant entre les différents niveaux, entre les différentes sphères de la personnalité, intimement liées.

• Comment ça marche ?

Réactiver la capacité à penser c'est réactiver la dynamique globale de l'enfant. Activer la capacité à penser permet de structurer l'expérience émotionnelle, permet d'organiser la pensée, de la structurer. Et qu'ainsi, le monde en devienne moins menaçant. Qu'il s'agisse du monde interne, ses peurs intimes, ses angoisses enfouies… ou du monde extérieur, avec sa complexité et ses dangers.

L'intérêt majeur de la psychothérapie à médiation cognitive est qu'elle permet de relancer la pensée à travers des situations vécues par l'enfant comme non dangereuses. Il peut alors s'aventurer dans sa pensée pour progressivement arriver à se penser lui-même.

Explication par l'exemple : un enfant psychotique vit avec des angoisses qui perturbent son adaptation à la réalité et désorganisent sa pensée. Si je propose à cet enfant une thérapie dite verbale, c'est-à-dire dans laquelle je l'invite à exprimer avec des mots ses peurs, ce qui l'inquiète, si je l'encourage, même par le dessin ou par un jeu, à symboliser son monde intérieur avec ses fantômes, je suis directement *sur* ce qui, justement, constitue sa pathologie. À l'inverse, si je propose à cet enfant de *penser, de faire quelque chose avec moi* qui mobilise sa réflexion, sa curiosité, ses ressources intellectuelles, je lui donne les moyens de penser sans danger. Je le fais *penser* et résoudre des conflits. Mais pas les mêmes, bien sûr. Pas ceux dont on a l'habitude de parler : *les conflits psychiques.*

En amenant l'enfant à se confronter aux conflits cognitifs (problèmes complexes à résoudre et dont la solution semble impossible), je l'aide à mobiliser ses capacités d'élaboration de ces fameux conflits psychiques. Et ce sans interprétation et de façon souvent plus construite et stable qu'une thérapie plus classique.

Et la psychothérapie à médiation cognitive fonctionne à un double niveau : l'explicite, ce que nous faisons ensemble, et l'implicite, les messages verbaux transmis par le thérapeute et les orientations qu'il donne à la séance. On s'appuie sur la structuration du réel pour trouver ou retrouver des repères internes qui, à leur tour, vont permettre de structurer la réalité interne. Le point clef de la thérapie consiste à gérer en permanence les intrications subtiles qui se jouent entre les formes cognitives de la pensée, conscientes et inconscientes, et les processus de pensée fantasmatiques et narcissiques.

> Je reçois à l'hôpital un petit garçon de 6 ans. Ses troubles sont sévères : il ne tient pas en place, hurle sans raison, pousse à bout tous les adultes, mord dès qu'on s'approche de lui, se roule par terre… Un diagnostic de trouble du développement (trouble sévère de l'organisation de la personnalité) est posé. À la première consultation l'enfant se tient loin de moi. Refuse de répondre à mes questions. Saute sur sa mère dès que celle-ci me parle. Farouche, déjà habitué des cabinets de psy, il semble bien disposé à ne pas collaborer. En présence de sa mère, sans un mot, je renverse une boîte d'objets en bois de formes et de couleurs diverses : il y a des carrés, des ronds, des triangles, des rouges, des bleus, des jaunes… Et je me mets à commenter mon activité : « Tiens, je vais faire des maisons de papiers ! » Et je dispose quelques feuilles blanches sur la table qui seront chacune une « maison ». « Alors, comment je vais ranger tout ça ? C'est important que chaque chose ait une place. Que ce ne soit pas tout mélangé. » Je vous décrypte : ici, je parle concrètement des pièces de bois, mais symboliquement de la nécessité de faire de l'ordre dans sa tête. Sinon tout est mélangé et on s'embrouille et on a peur. Je fonctionne à un double niveau, vous l'avez compris. Je continue : « Bon, voilà, je vais mettre les rouges ici. » Puis, toujours à haute voix, je m'interroge : « Mais où je vais mettre ce rond rouge, avec les couleurs rouges ou avec les formes rondes ? » Perplexe, je fais plusieurs essais, et je commente… Et l'enfant, doucement, s'approche du bureau… Je fais discrètement signe à la maman qu'elle peut nous quitter. L'enfant regarde mon dispositif, et, petit à petit, tentera de m'aider à trouver des solutions, puis nous en chercherons ensemble. Nous allons nous mettre à réfléchir tous les deux, à penser ensemble et à envisager des issues aux différents problèmes qui se posent à nous… Et nous ne parlerons jamais de sujets plus intimes, plus chargés émotionnellement. En tout cas pas tout de suite… Ce que je raconte là est

l'amorce du style qui sera celui de nos rencontres. Quelques mois plus tard, cet enfant est moins agité, il arrive à construire une pensée structurée, il accepte de réfléchir et de partager avec les autres. Il va mieux. Comme toujours il est bien difficile sur un seul exemple de faire la part des choses entre les facteurs thérapeutiques spécifiques qui ont permis à cet enfant d'aller mieux. D'autres formes de thérapies auraient peut-être tout aussi bien réussi. Mais notre expérience clinique avec de nombreux enfants montre l'effet structurant pour la pensée et pour la dynamique psychologique globale de cette option thérapeutique différente.

✔ **La psychothérapie à médiation cognitive : une thérapie innovante qui travaille sur les versants cognitif et affectif des difficultés de l'enfant.**

— Faire penser pour parvenir à se penser soi-même.
— Penser ensemble pour parvenir à penser tout seul.
— Penser autour d'« objets cognitifs » vécus comme non dangereux pour se rendre compte que l'on peut penser.
— Résoudre des difficultés cognitives pour dénouer nos conflits psychiques.

➤ *Les psychothérapies de l'enfant et de l'adolescent*

Nous n'entrerons pas dans la multitude des approches thérapeutiques et dans les combats que se livrent certains défenseurs de tel type de psychothérapie. Il est clair cependant que les thérapies adaptées aux enfants souffrant de troubles d'apprentissage et/ou en difficulté sur leur parcours scolaire doivent permettrent une amélioration la plus rapide et objectivable possible. Ce qui signifie qu'il est le plus souvent indispensable que le thérapeute soit dans une position active et interactive. Beaucoup plus que dans une attitude d'écoute attentive et de compréhension muette. L'enfant est « en marche », il a besoin qu'on l'aide, au sens vrai du terme, qu'on l'accompagne un bout de chemin, pour qu'il sorte des problèmes et des difficultés qui sont les siennes. Maintenant. Le travail plus en profondeur, le travail « archéologique » à la recherche des racines du mal, sera réservé à des pathologies chroniques ou à des époques de vie où l'enjeu du développement est au second plan. Un adulte peut se permettre de faire un travail sur lui-même qui dure plusieurs années. Un enfant, non.

➤ *Les thérapies à médiation corporelle*

Le corps est la base de tous les apprentissages. Notre corps est l'acteur et le vecteur de notre participation au monde. Les premières expériences cognitives s'expérimentent avec le corps avant de s'inscrire dans la pensée.

Les thérapies corporelles sont d'un apport précieux chez les enfants en difficulté. Faire un travail avec le corps, c'est retrouver le chemin du développement et réinscrire des étapes cognitives inachevées ou incomplètes.

La relaxation thérapeutique permet un réaménagement cognitif. Particulièrement indiquée dans les dysharmonies cognitives ou les retards du raisonnement, c'est une thérapie centrale dans les troubles d'hyperactivité, les troubles de l'attention, de gestion du stress…

La relaxation thérapeutique permet de se recentrer. De rassembler en soi des émotions, des perceptions, des sensations, des représentations dispersées. L'enfant se retrouve et peut s'appuyer sur une structure interne plus solide.

La relaxation peut être le préambule à d'autres formes de thérapies. Quand on travaille par exemple sur la visualisation de situations positives, le corps doit être dans un état de réceptivité optimale.

Dans tous les troubles de l'anxiété, la relaxation trouve naturellement sa place.

Véritable thérapie de gestion du stress, elle est d'un apport précieux dans les troubles des apprentissages : en apprenant à maîtriser ses émotions négatives, en apprenant à canaliser son état interne, en apprenant à contrôler ses réactions émotives et physiologiques, l'enfant est mieux préparé pour affronter toutes les situations stressantes de sa vie scolaire.

Le formidable pouvoir de la respiration

Quand on s'entraîne à réguler sa respiration, on abaisse le niveau de stress. On se met dans un état psychologique et physiologique propice à l'apprentissage. Dans les thérapies de gestion du stress, il est essentiel que les enfants prennent conscience que ce pouvoir, c'est le leur ! En apprenant tout simplement des techniques de respiration, ils peuvent reprendre le contrôle d'eux-mêmes. Ils redeviennent maîtres à bord ! Et pour les enfants en difficulté qui se sentent toujours soumis aux attentes inaccessibles des autres et qui pensent qu'ils ne peuvent rien y faire, voilà un formidable moyen d'inverser la vapeur. Apprendre à gérer leur stress leur permet, enfin, de contrôler quelque chose. Quelle première victoire !

➤ *Les thérapies d'affirmation de soi*

Votre enfant est inhibé, il ne participe pas en classe, il a du mal à prendre la parole, à s'exprimer librement, il a toujours peur de se tromper, il a du mal à accepter la critique, les interrogations orales sont un supplice pour lui ?...

Ou bien il est souvent seul dans la cour, a du mal à se faire des amis, est timide et réservé avec les autres, parle peu, rougit facilement ?... Autant d'indications pour les thérapies d'affirmation de soi, thérapies concrètes, directement issues du courant de l'approche cognitivo-comportementale.

Les troubles narcissiques autour de l'image de soi, de l'affirmation de soi, de la peur du jugement des autres, de la construction en fonction du regard des autres... sont presque toujours présents lorsque l'enfant souffre d'une difficulté scolaire.

✔ **Les thérapies d'affirmation de soi sont des thérapies qui permettent de faire prendre conscience à l'enfant des pensées qui s'activent automatiquement face aux situations problèmes et des émotions qui les accompagnent.**

On chemine avec l'enfant dans les méandres de sa pensée : on découvre quelles sont les pensées qui le déstabilisent, qui lui font peur, qui le bloquent face à certaines situations... Pourquoi a-t-il trop souvent cette sensation de ne pas être aimé, d'être rejeté, critiqué, jugé ?... Pourquoi et de quoi s'inquiète-t-il ? Qu'est-ce qui lui fait perdre toute confiance en lui ?

On sait combien la confiance en soi est le socle indispensable pour réussir les projets que l'on entreprend. Quels qu'ils soient. À l'école, avoir une image positive de soi, se sentir compétent sont les ingrédients indissociables de la réussite. Nous l'avons vu.

Les thérapies d'affirmation de soi ont pour objectif d'aider l'enfant à construire de lui-même une image plus positive, solide, fiable. L'enfant apprend à s'affirmer et à affronter l'environnement sans crainte de jugement. Une thérapie pour devenir autonome et responsable face aux apprentissages et à la complexité de la vie.

Les thérapies d'affirmation de soi, qui peuvent se pratiquer en individuel ou en groupe, utilisent beaucoup le jeu de rôle pour mettre l'enfant en situation et lui faire vivre et partager les émotions qu'il ressent. Elles seront ensuite analysées et des pensées et émotions alternatives seront proposées à l'enfant qui pourra les expérimenter et en ressentir l'apaisement.

➤ *La guidance interactive*

Dans certaines situations, il est parfois nécessaire de prendre les parents en charge. Non pas pour leur faire porter le poids de la culpabilité des troubles de leur enfant. Surtout pas. Mais pour les guider dans leur fonction de parents quand ils sont débordés par les difficultés. Être parent est une lourde tâche. Une mission difficile. Pour laquelle nous avons peu d'apprentissages. Nos seuls modèles sont souvent nos propres parents. Les responsabilités sont lourdes et les angoisses des parents bien compréhensibles. La guidance parentale est un véritable « coaching », selon la terminologie à la mode, qui engage la famille dans une réflexion sur son fonctionnement. On repère et on analyse, ensemble, les situations qui posent problème et on introduit des modalités mieux adaptées pour le développement et la réussite de l'enfant et le bien-être familial.

La guidance parentale peut s'avérer la seule voie possible dans certaines situations ou même la seule adaptée. Le désarroi des parents et le « chaos » dans lequel se trouve la famille ne permet plus à l'enfant de trouver des repères sécurisants. Une spirale se met vite en place entraînant chacun des membres de la famille dans des souffrances importantes et culpabilisantes : tout le monde se rejette la faute et personne ne peut envisager d'issue.

➤ *Les enjeux de la prise en charge de l'adolescent*

Le sentiment d'échec (*je suis nul*) est le plus souvent la pierre angulaire de la pathologie de l'adolescent. La base de la consultation avec l'adolescent est une relation de confiance, mais qui doit s'établir sur une confiance réciproque. Non pas : « Je suis l'adulte ou le professionnel qui *sait* et qui peut te comprendre », mais : « On est là tous les deux pour *essayer* de comprendre et j'ai besoin de toi pour que l'on imagine ensemble les moyens de t'aider. » Ce terme *imagine* est d'une grande importance car il signifie qu'il n'y a pas de solution toute faite, de mode d'emploi, mais une création nouvelle et unique qui est adaptée à cet adolescent-*là*. Ce qui implique une forte capacité créative et une empathie importante de la part du psy. Probablement plus importante qu'avec les enfants plus jeunes ou avec les adultes. De plus, la relation de confiance est toujours difficile à établir car il faut se méfier d'une attitude séductrice qui enfermerait l'adolescent, où se créerait une relation fondée sur des bases fausses. Et puis, et peut-être surtout, avec l'adolescent, il est essentiel de trouver la bonne distance entre parler et écouter. L'adolescent a besoin d'être entendu mais, ô paradoxe, a pour cela besoin que le psy parle !

➤ *« Chacun trouve son psy »*

C'est une phrase de Jean-Romain, 17 ans. C'est une phrase pleine de bon sens et d'une évidence que l'on ne doit pas perdre de vue : quand une psychothérapie ne fonctionne pas, ce n'est pas parce que le patient « résiste », qu'il est un mauvais patient ou, à l'inverse, que le psy est incompétent. C'est peut-être tout simplement que le psy ne correspond pas à cet enfant-là, à ce moment-là, à cette famille-là.

Une psychothérapie est d'abord une rencontre. Entre deux personnes. Chacun doit se sentir en confiance. Avoir envie de travailler ensemble. C'est un engagement réciproque. Quel que soit l'âge de l'enfant. Ce qui signifie que le psy doit pouvoir rapidement reconnaître que son travail n'est pas celui qui convient. Et le dire à la famille. Sans se sentir attaqué dans ses compétences. De son côté, la famille doit assumer de se désengager d'un travail qui apporte trop peu à son enfant. Sans se sentir aux prises avec une quelconque dictature psy.

Je considère que l'on a le droit, même enfant, de choisir son psy. Et de s'arrêter chez celui chez qui on se sent bien. Les enfants ressentent très bien cela. Ils savent intuitivement ce qui leur fera du bien. On ne leur fait pas suffisamment confiance. On se retrouve pourtant fréquemment dans des suivis interminables qui n'avancent pas mais où on maintient l'enfant sous prétexte que c'est normal que ce soit long… Est-ce toujours la bonne interprétation ?

Ne nous méprenons pas : je ne dis pas qu'il faut errer de psy en psy avec l'illusion que tout va s'arranger d'un coup de baguette magique. Je ne dis pas non plus qu'une prise en charge doit obligatoirement être courte pour être efficace. Parfois il est indispensable d'engager un travail thérapeutique sur du long terme. Mais on ne peut raisonner avec l'enfant sur les mêmes bases qu'avec l'adulte : l'enfant est en développement, il joue son avenir. Un échec scolaire peut modifier le cours de son existence. On ne peut pas revenir en arrière. D'une certaine façon, avec l'enfant, on n'a pas le temps de se tromper…

➤ *Le psy n'est pas un rival*

Une alliance thérapeutique forte existe souvent entre le thérapeute et l'enfant. Cette alliance découle de l'investissement de l'enfant dans sa prise en charge et du soulagement qu'il y trouve. Cela renforce et accélère l'efficacité du travail thérapeutique. Quel qu'il soit. Mais ce lien est parfois compliqué à vivre pour les parents. Certains peuvent ressentir de la rivalité vis-à-vis du psy. Ils peuvent avoir l'impression que le psy réussit là où eux ont eu des difficultés ou, pire encore, que l'enfant « préfère » son psy. Ils ont du mal à comprendre que leur enfant parle avec cet « étranger » alors qu'il communique peu avec ses propres parents. Ils sont jaloux. Et, certaines fois, les parents interrompent la prise en charge pour ce seul motif, inconscient. L'enfant prend du plaisir à venir voir son psy et les parents le supportent mal.

L'explication, c'est la confusion des places : le psy n'est pas à la même place que les parents. Le lien n'est pas affectif sur le même mode. C'est un attachement ponctuel, nécessaire à l'efficacité de la thérapie. Pour que la thérapie soit réussie, il est indispensable que ce lien existe et que l'enfant investisse complètement sa thérapie. Point. Le psy ne se substitue pas aux parents. Il n'est pas là pour renvoyer aux parents l'image qu'il est « plus fort » qu'eux avec leur enfant et qu'ils sont de mauvais parents. Il est là pour « soigner » leur enfant et pour qu'il s'épanouisse dans sa vie et en premier lieu avec sa famille. Et n'oublions pas : sans les parents le psy ne peut rien ! L'alliance avec eux est primordiale et nécessaire. Le psy peut être un levier essentiel pour aider l'enfant mais il ne peut être efficace seul.

➤ *Les thérapies de la réussite*

Le concept n'existe pas vraiment. Et pourtant ! Dans le travail thérapeutique auprès des enfants, la tendance la plus fréquente est de s'intéresser à ce qui ne marche pas. Et de réfléchir à comment cela pourrait aller mieux. C'est bien. Mais n'est-ce pas dommage d'oublier que chez tout enfant, et chez chacun d'entre nous d'ailleurs, il y a toujours des domaines qui fonctionnent bien ? Même très bien. Et même lorsqu'on va mal.

Il me semble primordial de se pencher sur les domaines de compétence de l'enfant. Pour deux raisons : 1, cela lui permet de se rendre compte que certaines choses marchent bien. C'est rassurant. Sur le plan de l'image de soi, c'est un appui important. Que l'on peut renforcer. 2, cela permet de réfléchir différemment : pourquoi, là, ça marche ? Comment tu fais ? Sur quoi tu t'appuies ? Comment on pourrait le développer pour l'utiliser dans les domaines où c'est plus difficile ? Etc.

On se préoccupe de ce qui marche, on repère comment on fait pour réussir, quand on a réussi, pour le transférer sur ce qui est plus difficile.

On peut utiliser des situations hors cadre scolaire, comme une activité sportive ou de loisir. Qu'as-tu ressenti ? Comment t'es-tu organisé ? Quelles sont les compétences que tu as utilisées ?

Ces techniques, que j'appelle *thérapie de la réussite*, peuvent très facilement être pratiquées à la maison. C'est très important que les parents s'intéressent, aussi, à ce qui marche, à ce qui est positif. Cela témoigne de la confiance qu'ils ont dans leur enfant. Et permet d'engager un dialogue autour de secteurs valorisants. L'enfant se sent reconnu dans sa globalité et non pas uniquement stigmatisé par ses difficultés. C'est une bascule décisive.

Récapitulons

— Prendre en charge l'enfant suppose une compréhension approfondie de ses difficultés.

— La prise en charge doit être adaptée, ciblée et son efficacité doit être contrôlée.

— À chaque trouble correspond une modalité thérapeutique. Elles ne sont pas interchangeables, mais doivent se compléter si nécessaire.

— Pour être efficace, un partenariat doit s'instaurer entre le professionnel, la famille et l'école : c'est le gage de la réussite pour l'enfant.

— Les troubles ou les difficultés de l'enfant doivent être clairement expliqués. À tous.

— Les parents doivent toujours être impliqués, ce sont eux qui ont la charge de l'éducation de leur enfant. Ils doivent être informés et accompagnés. Les parents d'un enfant en difficulté ont toujours besoin, eux aussi, d'être aidés.

Conclusion

« Est-ce que je peux lâcher mon psy ? » me demande Valentine pleine d'espoir ! Oui, bien sûr ! Surtout ! pourrait-on ajouter ! Parce que ça signifie qu'elle va bien. Qu'elle n'a plus besoin d'être accompagnée. Qu'elle peut reprendre la route toute seule, SA route. Et l'enjeu est bien là. Donner aux enfants, à nos enfants, tous les atouts pour devenir autonomes et faire les choix qui leur conviennent. L'objectif d'une scolarité la mieux réussie possible est d'être libre. De choisir. C'est l'enjeu de notre société actuelle. Et notre mission à nous, parents, est de les guider. Et pour cela il faut d'abord comprendre, face à la difficulté qui survient, comment on peut les aider. Le mieux possible. Avec le maximum d'efficacité. Ce qui suppose de bien repérer l'origine de la difficulté mais aussi ses conséquences et la façon dont on peut y remédier. Les parents doivent aussi devenir des parents « experts », non pas pour se substituer aux professionnels spécialisés, mais pour être des partenaires éclairés. C'est ce dont les enfants ont besoin : avoir autour d'eux des adultes bienveillants qui œuvrent dans le même sens pour leur permettre un plein épanouissement. C'est dans cet esprit que j'ai écrit ce livre.

Annexes

Vos croyances les plus intimes… Questionnaire

Comment utiliser ce questionnaire ? Il ne s'agit ni d'un test, ni d'un jugement sur votre façon de penser. Il n'y a pas de « prêt-à-penser » idéal. Ce qui est important, pour vous et votre enfant, c'est de réfléchir à ce que vous croyez tous les deux autour de l'école. Quelles sont vos convictions intimes ? Avez-vous les mêmes avec votre enfant, votre conjoint ? Est-ce que ces croyances sont positives ou plutôt négatives ? Est-ce qu'elles peuvent permettre à l'enfant de progresser, ou est-ce qu'elles risquent au contraire de le bloquer ? Est-ce que c'est à cause d'idées fausses ou d'idées toutes faites que vous vous inquiétez ?

Il n'est pas nécessaire de savoir si ces croyances sont « vraies » ou « fausses » mais seulement de réfléchir à leur incidence. Pour beaucoup, vous trouverez des réponses dans ce livre, certaines pourront être approfondies avec des supports complémentaires. Le seul objectif est de réfléchir à vos croyances et d'en mesurer l'impact.

Un petit point à pratiquer et à partager en famille. Pour réfléchir, ensemble, à des questions importantes qui sont rarement discutées.

Devant chacune des propositions, mettez une phrase d'interrogation *: est-ce que je pense que… ?* Certaines questions sont générales et peuvent s'appliquer à vous ou à l'enfant, d'autres sont formulées à la première personne pour que l'enfant se sente directement concerné.

Dernière précision : certaines propositions peuvent ou doivent être pensées dans leur sens opposé. Par exemple : *plus on est intelligent, plus on apprend*, peut se poser en négatif *: je pense que si je ne suis pas intelligent je ne pourrai jamais apprendre.*

C'est à vous !

➤ *Est-ce que je pense que… ?*

Sur l'intelligence

- Plus on est intelligent, mieux on apprend.
- L'intelligence, on l'a ou on ne l'a pas.
- Quand on est intelligent, on a un bon métier.
- L'intelligence se développe avec l'âge.
- Quand on est fort en classe, cela veut dire qu'on est intelligent.
- L'intelligence, c'est de famille.
- Pour réussir, ce n'est pas l'intelligence qui compte.
- En travaillant, j'améliore mon intelligence.
- Si on est intelligent, on n'a aucune raison de ne pas réussir à l'école.

Sur l'apprentissage

• Pour apprendre, il faut faire des efforts.
• On n'apprend que ce que l'on aime.
• Apprendre, c'est toujours difficile.
• Personne n'aime apprendre.
• Que j'apprenne ou que je n'apprenne pas, à l'école ça sert à rien.
• Si je n'arrive pas à apprendre, c'est que je suis nul.
• Si je le décide, je peux être un bon élève.
• Pour être bon en français, il faut lire beaucoup.
• On est matheux ou on ne l'est pas.
• Même si je travaille plus, je n'aurai pas de meilleures notes.
• Si j'ai compris, ce n'est pas la peine que j'apprenne.
• Pour y arriver, il suffit d'avoir envie.

Sur la mémoire

• Pour bien apprendre, il faut apprendre par cœur.
• Si je n'ai pas compris, je ne peux pas retenir.
• Pour bien mémoriser, il faut revenir plusieurs fois sur ce que j'ai à apprendre, sinon ça ne rentre pas solidement.
• Il y a des personnes qui ont plus de mémoire que d'autres.
• Certaines personnes n'arrivent à retenir que certaines choses.
• Si je n'ai pas une bonne mémoire, je ne peux rien y faire.

Sur le travail scolaire

• Plus il y a de devoirs à faire à la maison, plus l'enfant apprendra sérieusement.
• Le travail à la maison, ça ne sert à rien.
• À la maison, il suffit de relire les cours le soir pour connaître sa leçon.

• Un enfant doit travailler tous les soirs même quand il n'a pas de devoir à faire.
• S'il ne travaille pas pendant les vacances, il va tout oublier.
• Ce sont les parents qui doivent faire travailler leur enfant.
• Les enfants doivent faire leur travail tout seul sinon ça ne sert à rien.

Sur la concentration

• On ne peut faire qu'une chose à la fois.
• Pour être attentif, il faut travailler dans le calme.
• Plus on bouge, plus on est concentré.

Sur les difficultés scolaires

• Des difficultés à l'école peuvent être liées à un manque de maturité.
• Si mon enfant n'y arrive pas, c'est qu'il n'est pas motivé.
• C'est un paresseux, c'est normal qu'il soit en échec !
• Si on ne réussit pas à l'école, on rate sa vie.
• Il n'y a aucune raison qu'il ait des difficultés scolaires.
• S'il a des difficultés, c'est sûrement de ma faute (de parent).

Et si vous rédigiez, ensemble, vos croyances partagées, celles sur lesquelles vous vous êtes mis d'accord ? Et que vous reveniez dessus selon les circonstances. Quand vous « bloquez » les uns ou les autres face à une situation d'apprentissage… Vous y trouverez peut-être des clefs !

Où trouver des spécialistes ?

C'est la question la plus délicate. De façon tout à fait paradoxale, l'inquiétude autour des difficultés scolaires de l'enfant est largement partagée et pourtant les spécialistes bien formés au diagnostic et à l'intervention sont encore trop rares.

Vous trouverez bien sûr des pédopsychiatres, des psychologues, neuropsychologues, psychothérapeutes… dans un certain nombre de lieux de soin psychologique institutionnels : services hospitaliers de psychiatrie de l'enfant et de l'adolescent, CMPP (centres médico-psycho-pédagogiques), CMP (centres médico-psychologiques). Ce sont des structures publiques et sectorisées, c'est-à-dire réparties par zones géographiques d'habitations. Il en existe dans toutes les villes.

Vous pouvez également vous adresser à des professionnels exerçant en libéral et installés en ville. Ils sont nombreux.

La vraie difficulté est de trouver un lieu de consultation qui propose une approche globale. C'est dans cet objectif que j'ai créé, à Marseille, le centre Cogito'Z, le premier centre français de diagnostic et de prise en charge des troubles des apprentissages scolaires. J'espère que d'autres suivront, la nécessité est réelle.

Pour essayer d'y voir plus clair

• Le psychiatre est médecin, il est formé pour comprendre et soigner la maladie mentale. Il prescrit des médicaments.
• Le psychologue est formé à la psychologie de l'enfant et de l'adulte. Ses études universitaires durent cinq ans et sont validées par un diplôme professionnalisant qui lui permet d'exercer. Le psychologue va chercher à comprendre la

nature et les conséquences de la difficulté et vous accompagner pour résoudre le problème. Le psychologue est le seul formé et habilité à pratiquer tests et bilans psychologiques. Pour vous assurer de ses compétences, vous pouvez consulter la liste Adeli auprès de la DDASS (Direction départementale des affaires sanitaires et sociales) de votre région qui enregistre les diplômes de chaque psychologue. Cela protège contre l'exercice illégal de la profession.
• Le neuropsychologue est un psychologue qui s'est spécialisé en psychologie cognitive. Il maîtrise tout ce qui relève du dysfonctionnement intellectuel et a appris à le rééduquer.
• Le psychothérapeute a suivi une formation pour « soigner » les problèmes ou les souffrances psychologiques. Ce sont le plus souvent des psychiatres ou des psychologues qui ont complété leur cursus. Il faut être très vigilant car le métier de psychothérapeute n'est pas encore réglementé en France et tout le monde peut se décréter thérapeute avec toutes les dérives que cela entraîne. Il est plus raisonnable de vous assurer au préalable que le psychothérapeute a bien un diplôme de médecin-psychiatre ou de psychologue !

Il faut aussi savoir qu'il existe de nombreuses écoles de psychothérapie dont les objectifs et les méthodes d'intervention sont différentes. Elles correspondent en général à un type de difficulté et elles ne sont pas interchangeables. On choisit une thérapie en fonction de son efficacité reconnue face à une difficulté précise.
• La psychanalyse correspond à une « école » de psychothérapie. Les recommandations de prudence sont les mêmes que pour les autres psychothérapeutes. La psychanalyse est rarement indiquée face aux difficultés scolaires. De plus, c'est une thérapie souvent longue qui ne se prête pas à la nécessité de dégager rapidement un enfant de ses difficultés.
• Le psychomotricien est formé en quatre ans dans des écoles spécialisées. Il rééduque tous les troubles de la coordina-

tion motrice et, quand il a reçu une formation spécifique, il prend en charge les dyspraxies visuo-spatiales et visuo-constructives.

Pour tous les troubles spécifiques du langage comme la dyslexie :

- Des « centres de références » répertoriés par le ministère de la Santé ont été créés dans toutes les grandes villes. Ils sont rattachés à l'hôpital. Vous y trouverez des neuropédiatres, des phoniatres, orthophonistes, psychologues. Les centres travaillent en réseau avec des professionnels en ville.
- Les orthophonistes sont les professionnels de santé formés et spécialisés pour le diagnostic et la rééducation des troubles du langage. Les orthophonistes ont suivi une formation universitaire de quatre ans. Certains sont également formés en neuropsychologie et peuvent rééduquer un certain nombre de troubles « dys ». De très nombreux orthophonistes sont installés en libéral et vous en trouverez un facilement. Pour faire un bilan orthophonique, il faut demander une ordonnance à son médecin généraliste.

Ressources bibliographiques

ANDRÉ Ch., *L'Estime de soi*, Odile Jacob, 1998.

BASTIEN C., 1997, *Les Connaissances de l'enfant à l'adulte*, Armand Colin, 1997.

BASTIEN C., BASTIEN-TONAZZION M., *Apprendre à l'école*, Armand Colin, 2004.

BÉLIVEAU M.-C., *Au retour de l'école…*, Hôpital Sainte-Justine, Québec, 2004.

BERGER M., *Les Troubles du développement cognitif*, Dunod, 1996.

DELANNOY C., *La Motivation*, Hachette éducation, 1997.

DORTIER J.-F., *Le Cerveau et la pensée*, Sciences humaines éditeur, 1999.

FLAGEY D., *Mal à penser, mal à être*, Érès, 2002.

GEORGE G., *Mon enfant s'oppose. Que dire ? Que faire ?*, Odile Jacob, 2002.

GIBELLO B., *La Pensée décontenancée,* Bayard, 1995.

GIORDAN A., *Apprendre !*, Belin, 1999.

GRÉGOIRE J., *Évaluer l'intelligence de l'enfant*, Mardaga, 1995.

HUTEAU M., LAUTREY J., *Évaluer l'intelligence*, PUF, 1999.

JAMIS R., *Ce qui me gêne avec les psys,* J.-C. Lattès, 2003.

LIEURY A., *La Mémoire*, Mardaga, 1992.

MAZEAU M., *Déficits visuo-spatiaux et dyspraxies de l'enfant*, Masson, 2000.

PIAGET J., *La Représentation du monde chez l'enfant*, PUF, 1972 (4e éd.).

PLEUX D., *De l'enfant roi à l'enfant tyran*, Odile Jacob, 2003.

SIAUD-FACCHIN J., *L'Enfant surdoué. L'aider à grandir, l'aider à réussir*, Odile Jacob, 2002.

THOMAS J., WILLEMS G., *Troubles de l'attention, impulsivité et hyperactivité chez l'enfant*, Masson, 2001.

VERDIER-GIBELLO M. L., « Comment les enfants apprennent-ils ? », *Enfances et psy.*, n° 24, Érès, 2004.

VERDIER-GIBELLO M. L., « Restaurer les contenants de pensée », *Perspectives psychiatriques*, n° 9, IV.

Remerciements

J'ai toujours trouvé convenue cette page de remerciements. Un peu comme un passage obligé que l'on écrirait par convention. Dans mon premier livre, je l'avais évitée. Peut-être parce que je ne savais pas comment m'y prendre. Mais cette fois-ci cette page est pour moi incontournable. Essentielle.

Tout d'abord je veux exprimer une nouvelle fois à Odile Jacob ma sincère reconnaissance de m'avoir accueillie « chez elle » et de m'avoir donné la possibilité de m'exprimer à travers ce livre en m'accordant sa confiance. La collaboration avec son équipe et en particulier avec Gaëlle Fontaine et Marie de Oliveira a toujours été chaleureuse, amicale, et leur professionnalisme m'a accompagnée à chaque étape. Je peux dire que je me sens vraiment chez moi dans cette grande maison d'édition. C'est une chance formidable.

Le pilier de ma vie professionnelle, celui qui m'a tout enseigné, qui m'a donné envie de comprendre, d'aller plus loin, qui a ouvert ma curiosité dans de multiples domaines, est le professeur Bernard Gibello. Homme d'exception, avec une clairvoyance, un regard visionnaire sur la psychologie, des idées lumineuses, une théorie originale et féconde. Un immense merci et une profonde reconnaissance. J'ai eu le privilège de le côtoyer et de travailler avec lui. J'ai eu une chance insolente.

Puis, c'est vers mes enfants que je me tourne. Ce qu'ils sont, ce que j'ai partagé avec eux m'a beaucoup appris, m'a permis de me poser de nombreuses questions, m'a obligée aussi à me remettre régulièrement en perspective. Chacun d'eux, dans son style, avec sa personnalité et son parcours, a une identité forte et remarquable. Je suis fière d'eux. Et, si mon mari n'avait pas assumé l'intendance générale pendant ces mois d'écriture (comme d'habitude, d'ailleurs !), s'il n'avait pas été là à chaque instant pour me soutenir, me faire rire, m'énerver, me distraire, je n'aurais jamais pu écrire ce livre. C'est un homme rare.

Et comment ne pas parler de l'équipe qui m'entoure à Cogito' Z ! Je me dis presque chaque jour qu'il est exceptionnel de travailler avec des professionnelles de cette compétence, totalement impliquées dans leur travail, attentives à chaque enfant et à chaque famille, humainement engagées pour toujours trouver les moyens d'aider au mieux les enfants qui leur sont confiés. La dynamique d'équipe est formidable et donne une cohésion et une énergie incomparables à notre travail de tous les jours. Elles ont eu la gentillesse de relire mes manuscrits et m'ont fait des commentaires particulièrement pertinents qui m'ont permis d'ajuster certains de mes propos. Je les en remercie très sincèrement et affectueusement. Je tiens à les citer, par ordre d'entrée dans ma vie professionnelle : Françoise Ayme-Granier, Coralie Laubry-Choux, Françoise Barthelemy, Audrey Platania, Marianne Herrero, Marine Ambrosioni, Olga Pazkan. Avec une mention spéciale pour Caroline Baiocchi, elle comprendra. C'est un plaisir immense de travailler avec elles.

Enfin, je voudrais dire que ce livre n'est pas le mien. Il provient de toutes ces rencontres, de tous ces enfants, de tous ces parents, de toutes ces histoires de vie qui m'ont donné les clefs pour réfléchir et pour comprendre. Nos connaissances théoriques ne sont rien si elles ne sont pas nourries et transformées par la clinique. Ce que je peux écrire, c'est grâce à eux, grâce à vous. Merci.

DU MÊME AUTEUR
CHEZ ODILE JACOB

L'Enfant surdoué. L'aider à grandir, l'aider à réussir, 2002.

Ouvrage proposé par Christophe André

CET OUVRAGE A ÉTÉ TRANSCODÉ
ET MIS EN PAGES CHEZ NORD COMPO (VILLENEUVE-D'ASCQ)
ET ACHEVÉ D'IMPRIMER SUR ROTO-PAGE
PAR L'IMPRIMERIE FLOCH À MAYENNE
EN MARS 2006

N° d'impression : 65228.
N° d'édition : 7381-1702-X.
Dépôt légal : mars 2006.
Imprimé en France